TAMBORES À DISTÂNCIA

Joe Mulhall

TAMBORES À DISTÂNCIA

viagem ao
centro da
extrema direita
mundial

tradução de Teresa Dias Carneiro

Título original: *Drums in the Distance: Journeys into the Global Far Right*
Copyright © Mulhall, 2021
Tradução para a língua portuguesa © 2022, Casa dos Mundos / LeYa Brasil, Teresa Dias
Carneiro
Publicado mediante acordo com Joe Mulhall por intermédio de Villas-Boas & Moss
Agência e Consultoria Literária.

Todos os direitos reservados e protegidos pela Lei 9.610, de 19.02.1998.
É proibida a reprodução total ou parcial sem a expressa anuência da editora.

Editora executiva
Izabel Aleixo

Produção editorial
Ana Bittencourt e Carolina Vaz

Preparação
Rowena Esteves

Revisão
Carolina M. Leocadio

Diagramação e projeto gráfico
Alfredo Rodrigues

Capa
Thiago Lacaz

Dados Internacionais de Catalogação na Publicação (CIP)
Angélica Ilacqua CRB-8 / 7057

Mulhall, Joe
    Tambores à distância: viagem ao centro da extrema direita mundial / Joe Mulhall;
tradução de Teresa Dias Carneiro. – São Paulo: LeYa Brasil, 2022.
    288 p.

ISBN 978-65-5643-187-1
Título original: Drums in the Distance: Journeys into the Global Far Right

1. Ciências políticas 2. Direita e esquerda (Ciências políticas) I. Título II. Carneiro, Teresa
Dias

22-1884   CDD 320.5

Índices para catálogo sistemático:
1. Ciências políticas

LeYa Brasil é um selo editorial da empresa Casa dos Mundos.

Todos os direitos reservados à
Casa dos Mundos Produção Editorial e Games Ltda.
Rua Frei Caneca, 91 | Sala 11 – Consolação
01307-001 – São Paulo – SP
www.leyabrasil.com.br

A meus amigos da HOPE not hate

Sumário

Prefácio à edição brasileira	9
Introdução	13
1. Do Partido Nacional Britânico ao Brexit	33
2. O movimento contrajihadista e o protesto antimuçulmano nas ruas	57
3. O efeito do extremismo islâmico e o Estado Islâmico	75
4. A extrema direita europeia e a crise migratória	94
5. Milícias americanas e a Ku Klux Klan	120
6. A ascensão do presidente Trump	151
7. Por dentro da direita alternativa internacional	168
8. Identitários na terra e no mar	194
9. A Índia de Modi e o nacionalismo hindu	218
10. O Brasil de Bolsonaro, a pandemia global e a mudança climática	236
Conclusão	257
Agradecimentos	263
Notas	266
Índice	279

Prefácio à edição brasileira

Durante minha infância e juventude, o Brasil era um país infinitamente intrigante para mim. Ou, pelo menos, a visão que eu tinha do país era. Eu me apaixonei pela primeira vez pela ideia do Brasil durante a Copa do Mundo de 1998 na França. Com meus 10 anos de idade, Ronaldo era a coisa mais incrível do mundo para mim. Sua força, sua habilidade com a bola e seu ritmo alucinante me convenceram de que ele era o melhor jogador a já ter pisado em campo em toda a história. Meu pai recebeu uma oferta de emprego no Brasil, e eu implorei para que ele aceitasse. De forma inocente, eu me via jogando futebol nas favelas que tinha visto na televisão. Infelizmente, ele recusou o emprego, o que garantiu que minha visão do Brasil continuaria um sonho romantizado. Quando cheguei à adolescência, o Brasil me empolgou por outros motivos: a consciência da beleza natural, a Amazônia com seu interior sombrio, a vida selvagem exótica, tudo isso ao som da música da Tropicália, com sua mistura viciante de pop psicodélico e raízes brasileiras. Para um menino que cresceu na chuvosa Grã-Bretanha, o Brasil era, e ainda é, um país de grande entusiasmo, fascínio e curiosidade.

Agora, como adulto cujo trabalho é pesquisar e monitorar a extrema direita internacional, minha visão do Brasil começou a mudar. O Rio de Janeiro continua a ser a metrópole bela e animada com a qual sempre sonhei, mas algumas nuvens começaram a pairar acima da estátua do Cristo Redentor. Em 2018, assisti aterrorizado a Jair Bolsonaro se tornar presidente com o slogan "Brasil acima de tudo, Deus acima de todos". Isso me lembrou o tradicional slogan da extrema direita britânica, "Grã-Bretanha em primeiro lugar", ou os coros de "Estados Unidos em primeiro lugar" que eu ouvira nos comícios de Trump em Ohio, em 2016. Às vezes é reconfortante perceber que você não está sozinho. Outras vezes, perceber que fenômenos semelhantes estão acontecendo em vários lugares do mundo só torna tudo mais apavorante. A eleição de Bolsonaro foi um desses momentos, outro indicativo de que estamos tomando um rumo preocupante.

Este livro não é sobre um europeu julgando o Brasil. Venho de um continente com uma história vergonhosa de colonialismo racista e de um país que, no pós-Brexit, olha cada vez mais para o próprio umbigo. O objetivo deste livro é tentar entender a ameaça que a extrema direita impõe a todos nós e explicar como o que está acontecendo no Brasil também está acontecendo em outros lugares do mundo. A vitória de Bolsonaro representa que o Brasil se uniu à Índia, aos Estados e Unidos e a partes da Europa ao cair sob o feitiço de xenófobos nacionalistas. Até recentemente, Trump, Modi e Bolsonaro formavam um bloco de extrema direita no topo da política mundial, o que significa centenas de milhões de pessoas vivendo em países dirigidos por governos eleitos de extrema direita, desestabilizando três das maiores democracias do planeta. As diferenças entre esses países são, é claro, tão numerosas quanto suas semelhanças. Não há uma explicação única para o que estamos testemunhando. Porém, apesar de a ascensão da direita em cada país ter suas próprias causas, enraizadas em experiências e histórias singulares, existem semelhanças que ajudam a lançar luz sobre esses tempos assustadores.

O crescimento da extrema direita internacional já produziu resultados perigosos – assim como a esperada ascensão no terrorismo de extrema direita e a crescente proliferação de leis discriminatórias

Prefácio à edição brasileira   11

são os efeitos menos óbvios, e às vezes os mais perigosos, sobre as grandes questões globais. Um exemplo é o modo como a extrema direita no poder, sobretudo no Brasil e nos Estados Unidos, prejudicou desastrosamente a luta internacional contra a mudança climática. Numa época em que a cooperação transnacional é necessária para lidar com a crise climática, líderes políticos de extrema direita negam a realidade e aniquilam seu progresso. Igualmente aterrorizante é o efeito que a extrema direita tem exercido sobre a atual pandemia global de covid-19 e o papel que desempenhará nos anos vindouros. No Brasil, Bolsonaro menosprezou a ameaça como sendo "histeria" da mídia e "uma gripezinha", enquanto Trump, quando ainda no poder, espalhou desinformações perigosas, fechou as fronteiras dos Estados Unidos e fomentou a retórica antichinesa. Na Europa, Viktor Orbán se aproveitou da crise para decretar poderes emergenciais irrestritos e garantir autoritarismo absoluto.

Nos próximos anos, é provável que testemunhemos uma turbulência econômica generalizada e altos níveis de desemprego, que criarão um solo fértil para ainda mais políticas populistas e de extrema direita. Em vez de proporcionar segurança de fato, a extrema direita invocará e decretará mais repressão em fronteiras nacionais. Em tempos de crise, os que pedem que "cuidemos dos nossos primeiro" serão mais ouvidos do que antes, e tudo isso será agravado por indivíduos on-line espalhando *fake news* e estimulando a narrativa do "nós contra eles".

Às vezes eu gostaria de estar vivendo uma época mais simples e mais inocente na qual o pouco tempo em que eu pensava no Brasil era para me maravilhar com a beleza do uniforme do time de 1998, a camisa amarela com listras verdes, o short azul e as meias brancas. Infelizmente, o Brasil se tornou hoje um jogador central na história global da ascensão da extrema direita. É impossível entender essa ameaça atual sem explorar em profundidade a história pregressa do país. Para entender as *fake news* internacionais e a desinformação, o racismo, o populismo, o aquecimento global ou até mesmo a covid-19, é preciso tentar entender o Brasil, que é o que parte deste livro se propõe a fazer.

A boa notícia é que há esperança. Em 2020, Donald Trump perdeu a eleição, o que mostra que a ascensão da extrema direita não é, de forma alguma, inevitável. Em 2022, o Brasil irá às urnas, dando uma nova oportunidade para que os opositores da política do ódio e da divisão tenham suas vozes ouvidas. Quando as pessoas se unem, se organizam e revidam, é possível vencer. E, por esse motivo, os olhos do mundo estão voltados para o Brasil.

Abril de 2022

Introdução

Eram cerca de 8 horas da manhã quando entrei no pub da Wether-spoon no aeroporto de Stansted. Enquanto esperava no bar lotado, rodeado de festas de despedida de solteiro, notei um homem à minha direita que se destacava dos grupos de jovens de vinte e poucos anos em roupas formais. Ele usava uma polo Fred Perry, preta com detalhes em listras cor de champanhe no colarinho e nos punhos e uma guirlanda de louros bordada no lado esquerdo do peito. A camisa estava enfiada dentro da calça jeans Levi's, com a bainha enrolada até as canelas e presa por uma presilha preta com grampos prateados. O que mais chamava atenção eram seus coturnos cor de cereja, tão brilhosos quanto sua cabeça raspada. Procurei por tatuagens nos braços, a maneira mais comum de distinguir um *skinhead* racista do original não racista. Dobrada por cima do braço esquerdo estava uma jaqueta Merc Harrington tradicional vinho, com barra e punhos listrados, bolsos laterais embutidos e forro quadriculado, deixando sobressair apenas a metade inferior da tatuagem de um *skinhead* crucificado. Até então, inconclusivo. Contudo, ao esticar o braço direito para pagar a bebida, uma grande tatuagem da runa Odal ficou bem visível. O símbolo, originalmente uma letra do alfabeto rúnico pré-romano, foi adotado pelos nazistas, usado por algumas divisões da Waffen SS e posteriormente acolhido por fascistas no pós-guerra. Como se ainda fosse necessária uma confirmação adicional, juntou-se a ele um grupo de *skinheads* vestidos de forma semelhante, sendo que um deles – o mais corajoso ou talvez o mais burro – usava uma camiseta branca estampada com uma figura encapuzada montada num cavalo branco empinando sobre as patas traseiras. Acima da estampa, a inconfundível logo da Ku Klux Klan. No mesmo instante, entendi que eles estavam indo para o mesmo lugar que eu: Varsóvia.

Era novembro de 2018 e eu estava a caminho da Polônia com um colega da HOPE not hate [Esperança, não ódio – HNH, na sigla em inglês], a organização antifascista britânica onde trabalho. Está-vamos indo assistir à marcha do Dia da Independência polonês, um evento enorme que se tornou uma data importante no calendário da extrema direita internacional. Íamos nos infiltrar na manifestação, fotografar participantes internacionais e voltar para Londres com nossos achados. Meu colega tinha perdido a hora e ainda estava num táxi a caminho do aeroporto, então terminei minha bebida e saí do bar para embarcar no avião sem ele. Ao entrar na estrutura semelhante a um estábulo que faz as vezes de portão de embarque em Stansted, meu peito se apertou ao praticamente tropeçar num grupo de ativistas do núcleo britânico do movimento jovem de ex-trema direita Geração Identitária [Génération Identitaire, ou GI]. Felizmente, eles não me notaram – o que foi uma sorte, já que meus colegas da HNH e eu tínhamos passado o último ano atacando-os na imprensa com uma série de denúncias. Escondi-me por trás de um jornal e comecei a suar frio quando a ficha caiu: eu ficaria trancado num espaço confinado com racistas de todos os tipos pelas próxi-mas duas horas e meia sem ter para onde fugir caso um deles me reconhecesse. Não estava especialmente preocupado com a turma de adolescentes da GI, mas os cerca de quinze *skinheads* inebriados eram outra história. Decidi embarcar no último minuto, entrando no avião por último e pela porta traseira. Meu colega chegou quando as portas do avião estavam para se fechar, e felizmente chegamos a Varsóvia sem incidentes.

A visão que nos saudou ao desembarcarmos foi perturbadora. Aviões despejavam hordas de ativistas da extrema direita dos quatro cantos do mundo, junto a nacionalistas poloneses retornando para as celebrações. Os eventos das 48 horas seguintes foram a personificação da natureza da extrema direita internacional contemporânea: nacionalistas tradicionais representando vários partidos políticos reuniram-se a nazistas, que priorizavam a raça em vez da nação, e a movimentos de extrema direita transnacionais modernos como a direita alternativa (*alt-right*), os identitários e os "contrajihadistas" antimuçulmanos, todos no foco dos meios de comunicação alternativos e de transmissões ao vivo feitas pela nova geração de influenciadores de extrema direita. O ódio se globalizou, e aquela manifestação estava ali para provar.

Por volta das 10 horas da manhã, as ruas em volta do Palácio da Cultura e Ciência – o vasto edifício de tijolos aparentes que se sobressai por sua altura na região central de Varsóvia – já estavam tomadas por bandeiras vermelhas e brancas. A maior parte da multidão usava faixas com a bandeira polonesa ao redor do braço, as moças traziam flores vermelhas e brancas no cabelo, os chapéus e cachecóis dos rapazes estavam orgulhosamente adornados com a águia polonesa. A manifestação se assemelhava a qualquer outra celebração nacional, com famílias e amigos patriotas se reunindo para comemorar o centenário da restauração da soberania no país em 1918. Porém, sob um olhar mais atento, um quadro mais sinistro se descortinava. Alguns usavam cachecóis estampados com a versão supremacista branca da cruz céltica, enquanto outros que fluíam pela saída da estação do metrô ostentavam tatuagens com a runa Odal e o sol negro da SS nazista nos braços e rostos, às vezes parcialmente ocultados por máscaras e balaclavas com caveiras estampadas.

A multidão fervorosa começou a se avolumar por volta do meio-dia na rotatória Dmowski. Conforme canções nacionalistas eram

16 TAMBORES À DISTÂNCIA

evocadas pelas ruas fechadas, alguns grupos se amontoavam em torno de uma tenda verde, cujo teto ostentava a logo com o braço e a espada recurvados do Acampamento Nacional Radical [Obóz Narodowo-Radykalny – ONR, em polonês]. As mesas sobre cavaletes estavam cheias de crachás, adesivos, camisetas, bandanas – onde se lia "Boa noite, esquerda", com a imagem de um homem pisando em outro – e uma seleção de livros incluindo o que parecia ser uma versão autopublicada em polonês da notória obra *A indústria do Holocausto*, de Norman Finkelstein. Os homens que recebiam o dinheiro usavam balaclavas, calças cargo, jaquetas *bomber* e coturnos pretos. O ONR é um grupo fascista (denominado em homenagem a uma organização antissemita dos anos 1930) famoso por organizar várias manifestações em Myślenice, cidade da Polônia meridional, para marcar o aniversário das revoltas antissemitas na cidade em 1936. Reunindo-se a eles como coorganizadores da manifestação estava a All-Polish Youth, uma organização de jovens de extrema direita virulentamente homofóbica cujo lema é "Juventude, fé, nacionalismo". Eles montaram a própria tenda ao lado da do ONR, ergueram suas bandeiras triangulares – uma espada com fundo verde – e começaram a distribuir adesivos e panfletos.

Conforme as 2 horas da tarde, horário de início da marcha, se aproximavam, grupos ainda maiores de homens encapuzados se reuniam, e o primeiro dos inúmeros sinalizadores vermelhos foi aceso. A cidade ecoava com o som de rojões, fazendo os manifestantes pularem e se encolherem. O que tinha começado como uma gota se transformara numa inundação conforme as pessoas irrompiam de todas as ruas transversais, vielas e estações de metrô. A presença policial era inconcebivelmente pequena, com apenas grupos esporádicos espalhados no entorno, ainda que armados com rifles semiautomáticos e fileiras de cartuchos atravessadas no peito. Essa manifestação foi mobilizada pelos próprios organizadores da extrema direita. As ruas ao longo do caminho estavam repletas de ativistas da organização All-Polish Youth, rostos cobertos, fita isolante na cor vermelha enrolada nos braços, alguns usando capacetes militares e óculos de proteção. O ONR tinha um caminhão com sistema de amplificação de som para incitar a multidão. À distância, eu ouvia a batida fraca de um tambor para manter os cantos ritmados – em manifestações de extrema direita, é comum ouvir os tambores bem antes de vê-los. Então o hino nacional polonês foi entoado nos alto-falantes, e a multidão, nesse momento composta de dezenas de milhares de pessoas, explodiu num canto arrebatado, com inúmeros sinalizadores vermelhos iluminando o céu cinzento de novembro. As pessoas acendiam fogos de artifício que explodiam acima da multidão. A marcha estava prestes a começar.

A semana que antecedera a manifestação tinha sido incerta e tumultuada para os organizadores. Poucos dias antes da data marcada, a prefeita de Varsóvia, Hanna Gronkiewicz-Waltz, proibira a manifestação, alegando grande probabilidade de deflagração de violência e discursos de ódio. Poucas horas depois, o presidente da Polônia, Andrzej Duda, do partido Lei e Justiça, anunciou que o Estado polonês organizaria sua própria marcha, que seria simultânea e seguiria o mesmo caminho da planejada pelos fascistas.

Seguiram-se negociações e chegou-se a um acordo entre as autoridades polonesas e a extrema direita, em que o presidente e um pequeno grupo do governo marcharia primeiro, seguido de perto pela manifestação principal. Quando a marcha estava prestes a começar, Duda subiu na traseira de um jipe militar verde, pegou o microfone e se dirigiu à enorme multidão diante de si, naquele momento composta facilmente de 200 mil pessoas. Ao olhar em volta, ele teria visto uma massa de bandeiras do ONR fascista, bandeiras verdes da organização All-Polish Youth, um grande contingente de bandeiras do grupo fascista italiano Forza Nuova e um mar de *skinheads* vestindo jaquetas *bomber*. Isso não o deteve.

Apesar de estarmos com a cabeça zonza pela noite virada em Varsóvia, meu colega conseguiu escalar um ponto de ônibus para fazer uma filmagem. Faltou-me agilidade e tive que me contentar com um muro alto de onde saquei minha máquina fotográfica. Ele cuidaria das filmagens e eu, das fotos. A multidão era tão grande que levou três horas para os manifestantes passarem pelo ponto de partida. No momento em que isso aconteceu, a cidade estava coberta pela escuridão, iluminada apenas pela massa de sinalizadores vermelhos. Junto com os fascistas poloneses e italianos em número assustadoramente grande havia uma hoste de outras figuras internacionais. Estava previsto um discurso do famoso ativista antimuçulmano britânico Tommy Robinson (nome verdadeiro Stephen Yaxley-Lennon), que fora cancelado alguns dias antes, apesar de dois de seus companheiros terem comparecido ao evento e parecerem estar trabalhando em conjunto com o youtuber canadense racista da direita alternativa Stefan Molyneux. Também percebemos vários vloggers britânicos com jaquetas trazendo o nome de Tommy Robinson bem visível, bem como os ativistas britânicos James Goddard e Tracy Blackwell. Também estava presente o autoproclamado "jornalista" norte-americano Jack Posobiec da *alt-lite* (a seção da direita alternativa preocupada mais com cultura do que com raça).

A manifestação fluiu em direção à ponte Poniatowski, sobre o largo rio Vistula, e seguiu para o Estádio Nacional. Centenas de bombinhas foram jogadas pela extremidade da ponte e caíram sob os arcos, produzindo ruídos agudos que reverberaram para o alto. Os sinalizadores e as bombas de fumaça nos cobriram de cinzas e queimaram nossos olhos. Após atravessarmos a ponte, nos dirigimos para o parque atrás do estádio. Centenas de milhares de pessoas balançavam bandeiras até onde a vista alcançava.

No centro, havia um amplo palco onde dois padres fizeram orações, seguidas de discursos mais políticos. À direita e à esquerda, estavam concentradas bandeiras fascistas da All-Polish Youth e do Acampamento Nacional Radical, uma imagem reminiscente de Nuremberg nos anos 1930. Homens mascarados realizaram uma cerimônia de queima da bandeira da União Europeia. Apesar de muitos manifestantes não serem neonazistas ou fascistas, estando ali apenas para celebrar a independência de seu país, a extrema direita era tão onipresente que ninguém poderia fingir não saber quem estava à frente daquele evento. Contudo, estavam felizes de caminhar ao lado deles, ouvir seus discursos e se unir a seus cantos. O próprio presidente caminhava poucos metros à frente das bandeiras fascistas, sem dúvida ao alcance do som dos tambores do ONR.

Fora algumas brigas entre manifestantes e organizadores à direita do palco, o dia transcorreu em relativa paz. Mas isso não tornou o evento nem um pouco menos aterrorizante. Os números eram maiores do que o esperado, superando os do ano anterior, e a displicência com que os fascistas eram tratados – e a boa vontade do presidente de entrar em acordo com eles – só confirmava a crescente normalização da extrema direita que testemunhamos no mundo inteiro. A noite acabou com uma apresentação de fogos de artifício e mais cantos, conforme a multidão se dispersava. De volta ao Palácio da Cultura e Ciência, no centro de Varsóvia, percebi que as ruas já estavam vazias e o tráfego afluía de novo.

———

Quando me envolvi pela primeira vez com a política antifascista nos idos de 2010, era inconcebível que apenas uma década depois mais de 1,9 bilhão de pessoas viveriam em países com governos com inclinações fascistas. Em 2020, esses países incluíam três das cinco nações mais populosas do mundo, com os Estados Unidos sob a direção do então presidente Donald Trump, o Brasil sob a presidência de Jair Bolsonaro e a Índia sob o governo do primeiro-ministro Narendra Modi. Na Europa, o presidente Andrzej Duda e o primeiro-ministro Mateusz Morawiecki, ambos do partido Lei e Justiça, governam a Polônia, enquanto a Hungria é dirigida pelo primeiro-ministro Viktor

Orbán, do partido Fidesz. Nesse ínterim, a direita radical está presente nas câmaras parlamentares por todo o continente europeu e compõe vários governos de coalizão, inclusive os da Bulgária, Estônia, Itália e Eslováquia. Em outros lugares, partidos como o Partido dos Democratas Suecos, o Partido da Liberdade da Áustria, o Alternativa para a Alemanha, o Partido Popular Dinamarquês, o Vox, na Espanha, e o Partido dos Finlandeses saíram vitoriosos nas urnas. Ao mesmo tempo, vimos a ascensão de novos movimentos transnacionais de extrema direita como o *alt-right,* que abarcou a internet e reescreveu o manual do ativismo de extrema direita. Os últimos anos também testemunharam uma onda de terrorismo de extrema direita numa escala nunca imaginada uma década atrás.

Na época, eu tinha acabado de me formar na faculdade e morava ilegalmente num apartamento sublocado que o governo alugava para pessoas de baixa renda, perto da estação Gospel Oak, na zona norte de Londres. Passava os dias numa cama dobrável, num quarto ridiculamente pequeno sem televisão e com uma internet horrível, comendo pêssegos em calda e ouvindo o álbum *Time Out,* do quarteto de Dave Brubeck, sem parar. O tédio era pontuado pela minha participação como integrante do que na época eu considerava a melhor banda de todos os tempos, a Mad Moon Sea. Ao ouvir as fitas demo, fica claro que éramos imperdoavelmente medíocres, entrando no ritmo apenas ocasionalmente, o que não é o ideal já que eu era o baterista. Hoje, ao conhecer pessoas novas e lhes contar o que faço, me perguntam com frequência: "Como você decidiu trabalhar com isso?". Sempre quis ter uma resposta dramática e inspiradora do tipo: "Li *Longa caminhada até a liberdade,* do Mandela, e isso mudou a minha vida" ou "Chorava quando observava crianças de diferentes níveis sociais brincando juntas num evento de caridade promovido por pessoas de diferentes credos". A verdade é que briguei com o cantor e fui chutado da banda, o que me deixou desempregado, vivendo de auxílios governamentais e confinado num quarto no qual eu podia tocar nas quatro paredes sem me mexer. Eu só precisava de algo para fazer e me candidatei para um estágio voluntário na HOPE not hate (HNH), para fazer campanha contra o Partido Nacional Britânico de extrema direita em Dagenham, Essex, nas eleições gerais que se aproximavam. É claro que na época eu não sabia, mas essa decisão mudaria minha vida completamente. Na década seguinte, passei de entregar panfletos antifascistas de porta em porta para me infiltrar num grupo miliciano norte-americano de extrema direita, armado até os dentes, onde recebi um fuzil e fui mandado para a fronteira com o México.

A função da HNH é monitorar e desarticular as atividades de grupos radicais organizados e, como pesquisador, me infiltrei em organizações em ambos os lados do Atlântico, comparecendo a centenas de eventos de extrema direita no Reino Unido, na Europa e na América do Norte. Ao participarmos de manifestações e reuniões secretas, obtemos informações sem precedentes sobre os planos e as atividades internas dos grupos, mas também temos que conviver com ativistas, aprendendo sobre suas motivações e sua política do ódio. Eu estaria mentindo se não admitisse que existe um prazer real nesse tipo de pesquisa, na adrenalina viciante e no terror irresistível de estar no meio de bombas, batidas policiais e reuniões clandestinas. Mais tarde, quando meus dias de infiltrado chegaram ao fim, vieram as longas noites insones por dirigir operações, aterrorizado pelos amigos e colegas que estavam correndo risco no meu lugar. Também houve momentos de imensa tristeza, como ao encontrar uma mulher tremendo de frio num chão de concreto empoeirado em Zakho, no norte do Iraque, que tinha acabado de sofrer um aborto espontâneo ao fugir das forças do Estado Islâmico. Ou a sensação de inutilidade absoluta que se sente ao ver migrantes implorando desesperadamente por ajuda ao tentar cruzar o Mediterrâneo de Tânger para a Espanha. É claro que nem tudo é apavorante ou triste. Para cada momento depressivo e trágico nesse trabalho, há um momento de alegria e inspiração. Ser abraçado por refugiados emocionados dando seus primeiros passos nas praias da Europa, ouvir histórias de resistência bem-sucedida ou ver a determinação de jovens indianos fazendo manifestações contra a discriminação em Chenai e Nova Délhi. Este livro tece dez anos de infiltrações e operações para a HNH na tão importante história da ascensão da extrema direita nos últimos cinquenta anos. Usa histórias pessoais e *insights* como forma de entender a escala do problema que enfrentamos atualmente e lançar luz sobre as pessoas por trás dele.

Na última década, posso apontar vitórias e momentos de orgulho quando senti que realmente tinha feito a diferença – mas a verdade é que estamos perdendo. Quando comecei a fazer campanha em 2010, nosso objetivo era deter a tomada de controle de uma câmara municipal pelo Partido Nacional Britânico [British National Party, BPN], e, depois de uma das maiores campanhas antifascistas da história britânica, tivemos um sucesso estrondoso. Os anos imediatamente seguintes agora parecem dias tranquilos, quando colecionávamos vitórias, uma atrás da outra. Num certo momento, a ameaça da extrema direita organizada era tão pequena que deixei a HNH para fazer doutorado. Na época, meu ativismo antifascista era visto pelos meus amigos e parentes como sincero, mas desnecessário. Num mundo pós-Onze de Setembro, a visão geral era que eu deveria estar focando minha atenção nos islamitas em vez de na extrema direita. Para minha tristeza, ninguém mais pensa assim.

Uma das razões pelas quais as pessoas começaram a encarar a ameaça mais seriamente nos últimos anos foi devido ao terrorismo sangrento de extrema direita. Entre os países mais atingidos estava a Alemanha, que presenciou uma série de ataques terroristas. Em outubro de 2019, um terrorista de extrema direita matou duas pessoas num tiroteio em Halle, na Saxônia-Anhalt; mais nove pessoas foram mortas em fevereiro de 2020 em dois tiroteios em bares de narguilé, na cidade de Hanau, estado de Hesse. Isso veio como resultado dos acontecimentos espantosos em torno das atividades do grupo Clandestinidade Nacional-Socialista que incluíram o assassinato de nove imigrantes entre 2000 e 2006, o assassinato de um policial em 2007 e três explosões de bombas em Nuremberg em 1999 e em Colônia em 2001 e 2004. Infelizmente, a Alemanha não foi o único país a sofrer com terrorismo de extrema direita na última década.

Na Noruega, em 2011, Anders Behring Breivik atirou sem piedade em 69 pessoas na ilha de Utøya e matou outras oito pessoas com um carro-bomba em Oslo. Nos Estados Unidos, em junho de 2015, Dylann Roof, um supremacista branco, assassinou nove afro-americanos durante um tiroteio em massa numa igreja em Charleston, na Carolina do Sul. Mais recentemente, houve dois tiroteios em massa com motivações antissemitas, primeiro em outubro de 2018 na sinagoga Árvore da Vida, em Pittsburgh, matando onze pessoas, e depois na sinagoga Poway, na Califórnia, em abril de 2019, matando uma pessoa e ferindo outras três. Em seguida, em agosto de 2019, houve o massacre de outras 22 pessoas inocentes numa loja do Walmart em El Paso, Texas, num ataque anti-hispânico. O Reino Unido não ficou de fora das matanças, com o assassinato de Jo Cox, membro do Parlamento, em 2016, e um ataque a uma mesquita no Finsbury Park, na zona norte de Londres, com uma van em 2017. Provavelmente teria havido mais derramamento de sangue se não fosse pelo trabalho corajoso do ex-nazista que se tornou antifascista Robbie Mullen, ao lado dos meus colegas da HNH Nick Lowles e Matthew Collins, que, juntos, detiveram o assassinato de outro membro do Parlamento por integrantes do grupo terrorista nazista Ação Nacional em 2018.

O ataque mais mortal dos últimos anos ocorreu em 15 de março de 2019, quando um terrorista de extrema direita invadiu a mesquita Al Noor durante a oração de sexta-feira e, depois, o Centro Islâmico de Linwood, em Christchurch, Nova Zelândia, matando 51 pessoas e ferindo outras 49. O assassino, um australiano, se inspirou nas ações de Darren Osborne, um terrorista britânico que atropelou treze pessoas com uma van; de Anton Lundin, que atacou uma escola sueca; de

Dylann Roof, que atacou uma igreja nos Estados Unidos; e do assassino em massa norueguês Anders Breivik. Seu pronunciamento mostrou que sua ideologia derivou das ideias do fascista britânico Oswald Mosley e do slogan das "14 Palavras"* popularizado pelo movimento supremacista branco norte-americano. Também sinalizou pontos de referência históricos populares entre os integrantes do movimento "contrajihadista" antimuçulmano e foi motivado em grande parte pelos princípios fundamentais do movimento "identitário" europeu. Antes do ataque, ele passara um tempo na França, Croácia, Bulgária, Hungria, Turquia e Bósnia-Herzegovina, e todas essas viagens influenciaram sua posição política. Entre as vítimas daquele dia, junto com muçulmanos da Nova Zelândia, estavam migrantes e refugiados do Paquistão, Índia, Malásia, Indonésia, Turquia, Somália, Afeganistão e Bangladesh. O ataque em Christchurch foi uma verdadeira tragédia internacional perpetrada por um único homem, mas motivada por um movimento global.

Muitos desses ataques terroristas foram realizados por indivíduos não associados a partidos políticos de extrema direita tradicionais, mas com frequência por movimentos de extrema direita transnacionais menos organizados, que carecem de estrutura formal. Apesar de todos esses grupos terem organizações formais internas, eles são com frequência pós-organizacionais. Milhares de indivíduos, no mundo todo, oferecem pequenas doações de tempo e, às vezes, de dinheiro para colaborar com objetivos políticos comuns, completamente fora das estruturas organizacionais tradicionais. Esses movimentos carecem de líderes formais, mas contam com figuras-símbolo, muitas vezes extraídas de uma seleção crescente de "influenciadores" de extrema direita em redes sociais. Durante a maior parte do período do pós--guerra, "estar na ativa" exigia encontrar um partido, participar, fazer

---

* Slogan criado por David Lane, membro da organização The Order: *"We must secure the existence of our people and a future for White Children".* [Devemos assegurar a existência de nosso povo e um futuro para as crianças brancas.] (N. da E.)

campanha eleitoral, bater de porta em porta, distribuir panfletos e comparecer a reuniões. Agora, do conforto e da segurança de suas próprias casas, os ativistas de extrema direita podem se engajar na política assistindo a vídeos no YouTube, acessando sites de extrema direita, batendo papo em fóruns, conversando por meio de serviços de chat de voz como o Discord e tentando converter usuários nas principais plataformas de redes sociais, como o Twitter e o Facebook. O fato de que tudo isso pode ser feito de forma anônima diminui enormemente o custo social do ativismo.

Esses novos movimentos podem ser comparados a uma hidra com muitas cabeças. Se um ativista ou líder proeminente cair em desgraça, isso não é mais um golpe fatal. Outros surgirão, e os difamados serão descartados. O fator mais importante é que esses movimentos são verdadeiramente transnacionais. Apesar de, em geral, terem como principal preocupação questões locais ou nacionais, os ativistas invariavelmente as contextualizam de forma continental ou até mesmo global. Com frequência, ativistas do mundo todo se unem por curtos períodos para colaborar com certas questões, e essas redes frouxas atuam como sinapses transmitindo informações para os quatro cantos do planeta. Um islamófobo enfurecido porque um restaurante de fast-food de sua cidade está servindo frango *halal* pode fazer uma postagem numa rede social e a história se disseminará. Se percebida por um ativista especialmente influente e com muitos seguidores nas redes sociais, essa história local será adotada e depois distribuída por islamófobos que pensam de forma semelhante no mundo todo e funcionará como mais uma "evidência" da ameaça da "islamificação".

Tudo isso quer dizer que, se quisermos entender de verdade a extrema direita contemporânea, precisaremos mudar nosso modo de pensar. Vivemos num mundo que vem encolhendo e estamos interconectados como nunca antes. Nossa capacidade de viajar, de nos comunicar e de colaborar para além de nossas fronteiras teria sido

26 Tambores à distância

inconcebível há uma geração e, apesar de essas oportunidades não serem de forma alguma distribuídas de maneira uniforme, elas abriram vias para o progresso e o desenvolvimento que antes eram impossíveis. Porém uma maior interconectividade também criou novos desafios. As ferramentas à nossa disposição para construir um mundo melhor, mais justo, mais unido e mais colaborativo também estão nas mãos de quem as está usando para semear a divisão e o ódio. Se quisermos entender os perigos representados pela política do ódio e da divisão, não podemos mais olhar apenas para nossa rua, nossa comunidade ou até mesmo nosso país. Precisamos pensar para além de partidos políticos, organizações formais e fronteiras nacionais.

Este livro visa fazer isso ao contar a história da extrema direita de uma perspectiva internacional, delineando suas diferentes manifestações – sejam partidos políticos, grupos de protestos nas ruas, naziterroristas ou indivíduos trabalhando on-line – e explorando os muitos fatores que contribuem para essa ascensão atual. Entre as experiências pessoais que relatarei estão o período que passei infiltrado no movimento miliciano norte-americano e na Ku Klux Klan, assim como as reuniões dos principais grupos antimuçulmanos e conferências da direita alternativa extremista das quais participei. No Reino Unido, compareci a literalmente centenas de manifestações de extrema direita e me infiltrei em reuniões de fascistas extremistas. Fui a eventos de extrema direita na Suécia, Dinamarca, Alemanha, Polônia e República Tcheca e, para entender a ascensão do nacionalismo hindu, viajei para a Índia durante um período de revoltas antimuçulmanas violentas. Também cuidei de operações de infiltração para outras pessoas, inclusive a do meu colega Patrik Hermansson, que aguentou bravamente ficar um ano disfarçado. Essa experiência foi transformada no documentário *Undercover in the Alt-Right* [*Infiltrado no movimento alt-right*, no Brasil]. A pesquisa acadêmica e jornalística é muito valiosa para entender adequadamente a extrema direita, mas, com muita frequência, esses grupos mentem ou moderam suas posições políticas quando sabem que alguém os está observando. Às vezes é apenas com a participação direta que é possível realmente revelar a verdade.

Também tentei entender melhor os aspectos impulsionadores por trás da ascensão desses movimentos no mundo todo. Passei um tempo em comunidades afetadas por políticas de extrema direita como Dagenham, Burnley e Stoke, no Reino Unido, e no Cinturão da Ferrugem, nos Estados Unidos, explorando os efeitos da desindustrialização, da globalização e das dificuldades econômicas. Mas a economia, sozinha, não consegue explicar a bagunça na qual estamos imersos. Fatores culturais e sociais também desempenham um papel. A chamada "crise migratória" sem dúvida teve um importante efeito sobre a ascensão da extrema direita europeia. Em 2015, viajei para as ilhas gregas para testemunhá-la em primeira mão, passando noites nas praias e me encontrando com refugiados e migrantes no momento em que davam seus primeiros passos em solo europeu. Mais recentemente, voltei ao Mediterrâneo para me encontrar com migrantes no Marrocos, na esperança de fazer o mesmo.

Por fim, não há nenhuma maneira de contar a história da extrema direita moderna sem explorar o papel do terrorismo islâmico. A onda de atrocidades terroristas islâmicas desde o Onze de Setembro e, em especial, a enxurrada de ataques nos últimos anos jogaram lenha na fogueira da extrema direita internacional. Apesar de algumas pessoas terem simplificado em excesso a relação entre a extrema direita e o extremismo islâmico, há sem dúvida uma relação entre os dois fenômenos. Durante muitos anos, pesquisei o grupo terrorista Al-Muhajiroun no Reino Unido, comparecendo a dezenas de suas manifestações em Londres. Muitas das pessoas que encontrei nesses eventos, inclusive o líder Anjem Choudary, acabaram condenadas por crime de terrorismo. Outras seguiram para a Síria e o Iraque para lutar pelo Estado Islâmico e muitas morreram lá. Em 2014, as segui numa viagem para o norte do Iraque, poucos meses após a dramática queda de Mossul.

28 Tambores à distância

Juntas, essas histórias – algumas publicadas anteriormente pela HOPE not hate, mas todas revisadas e atualizadas neste livro – não apenas acrescentarão mais detalhes, mas também, espero, contribuirão para o entendimento da ameaça atual.

———

A diversidade de indivíduos, partidos e movimentos discutidos neste livro, desde Donald Trump a naziterroristas, suscita a questão: como todos eles podem ser chamados de extrema direita? Debates sobre terminologia, seja "extrema direita" ou "fascismo", preencheram livros muito maiores do que este. Apesar de "extrema direita" ser um termo muito amplo, seus componentes estão unidos por um conjunto comum de crenças básicas. Jean-Yves Camus e Nicolas Lebourg assinalam em *Far-Right Politics in Europe* [*A política de extrema direita na Europa*] que:

> Movimentos de extrema direita desafiam o sistema político existente, tanto suas instituições quanto seus valores (liberalismo político e humanitarismo igualitário). Eles sentem que a sociedade está em decadência, o que é exacerbado pelo Estado: assim sendo, lançam-se no que acreditam ser uma missão redentora. Constituem uma contrassociedade e se retratam como uma elite alternativa. Suas operações internas não se baseiam em regras democráticas, mas na emergência de "elites verdadeiras". Em seu imaginário, ligam a história e a sociedade a figuras arquetípicas (...) e glorificam valores irracionais e não materialistas (...). E, por fim, rejeitam a ordem geopolítica tal como existe. [1]

Apesar de "extrema direita" ser um termo abrangente, é necessário subdividi-lo em duas partes inerentes: a direita radical democrática e a extrema direita mais extremista. O cientista político Cas Mudde explica que a extrema direita "aceita a essência da democracia, isto é, a soberania popular e o governo da maioria", ao passo que a direita radical "aceita a essência da democracia, mas se opõe a elementos fundamentais da democracia *liberal*, em especial os direitos das minorias, o estado de direito e a separação dos poderes".[2] Apesar de ser uma distinção útil, vale observar que grande parte da aceitação da democracia pela direita radical é tática ou performativa. Várias vertentes da direita radical, mas não todas, podem atualmente ser descritas como "populistas", o que Mudde define como "uma ideologia (tênue) que considera a sociedade, em última instância, como separada em dois grupos homogêneos e antagônicos, as pessoas puras e a elite corrupta, e que argumenta que a política deve ser uma expressão da *volonté générale* [vontade geral] das pessoas".[3]

Outro termo importante e sempre difícil de definir é o "fascismo", que faz parte da extrema direita. Mas o que é fascismo? Mesmo 22 anos após Mussolini ter tomado o controle da Itália, George Orwell identificou a dificuldade de encontrar uma única definição consensualmente derivada, perguntando: "Por que, então, não podemos ter uma definição clara e geralmente aceita? Lamentavelmente, não conseguiremos chegar a uma definição – pelo menos, ainda não".[4] É uma lástima, mas ainda estamos longe de um consenso, apesar do surgimento nos últimos vinte anos de um campo chamado "estudos do fascismo", criado com esse objetivo. Uma questão é o uso indevido e disseminado do termo. Durante os eventos da chamada "Semana da Liberdade de Expressão", organizados pelo provocador de extrema direita Milo Yiannopoulos na Califórnia em 2017, o campus de Berkeley ecoou o som do canto antifascista "Fora Trump, fora KKK, fora EUA fascista". Cartazes, pôsteres e panfletos sujaram as ruas, muitos deles se referindo a Trump como "fascista". Trump é muitas coisas. Ele é racista, misógino, nativista e de extrema direita, mas não é fascista. Segundo o historiador e pesquisador do fascismo Roger

Griffin: "Você pode ser racista, xenofóbico, chauvinista e ainda assim não ser fascista".[5] É claro que nada disso é novo. Lá atrás, em 1944, Orwell já lamentava:

> Vai-se constatar que, do modo como é usada, a palavra "fascismo" é quase desprovida de significado. Numa conversa, é claro, é usada até mesmo mais desarrazoadamente do que quando impressa. Ouvi o termo ser aplicado a agricultores, a lojistas, ao Crédito Social, ao castigo corporal, à caça à raposa, às touradas, ao Comitê de 1922, ao Comitê de 1941, a Kipling, Gandhi, Chiang Kai-Shek, à homossexualidade, aos programas de rádio de Priestley, aos Albergues da Juventude, à astrologia, às mulheres, aos cães e a não sei o que mais.[6]

Contudo, apesar da corrupção desleixada de um termo profundamente sério, a palavra "fascismo" não perdeu sua utilidade para a classificação de políticos e organizações, apesar dos argumentos de alguns historiadores. Como Robert O. Paxton com razão declara: "O termo *fascismo* deve ser resgatado do uso malfeito que vem tendo, e não jogado fora em razão desse uso. Ele continua sendo indispensável. Precisamos de um termo genérico para o que é um fenômeno geral (...)".[7] Alguns rejeitam o termo, argumentando que o fascismo morreu em 1945 com a queda da Alemanha nazista, enquanto outros vão ainda mais além e argumentam que seu uso deve ser restringido à Itália de Mussolini. Gilbert Allardyce, por exemplo, argumenta que: "Fascismo não é um termo genérico. A palavra 'fascismo' não tem significado fora da Itália".[8] No entanto, como explica Graham Macklin em *Failed Führers* [*Führers fracassados*], apesar das condições históricas "terem deixado de existir após 1945" e do fascismo do pós-guerra carecer "de uma crise econômica e existencial mais ampla da qual derivou sua 'importância' durante o período entreguerras, isso não quer dizer que as variantes do pós-guerra deixaram de ser 'fascismo'".[9]

Nem o frequente uso incorreto do termo nem a diversidade do fenômeno são causas suficientes para abandoná-lo de vez, apesar de tudo isso dificultar extremamente a definição do que queremos dizer quando usamos a palavra "fascismo". Contudo, o enigma de como definir um fenômeno amplo, difuso e profundamente variado com um único termo pode ser superado com a adoção de um "tipo ideal". Das inúmeras definições de "tipo ideal", a mais próxima a ter alcançado um consenso é a fornecida por Roger Griffin, que define "fascismo genérico" como um "gênero de ideologia política cujo cerne mítico em suas várias permutações é uma forma palingenética* de ultranacionalismo populista".[10]

Apesar de tudo isso parecer conversa de acadêmicos, não é. É importante diferenciar os grupos de extrema direita dos fascistas, já que há implicações tanto para o Estado quanto para os antifascistas. Juntar todos sob o termo "fascista" resulta em buscar combater o partido do Brexit de Nigel Farage com a mesma tática que se usaria contra um grupo naziterrorista. A forma como entendemos e definimos elementos da extrema direita é o primeiro passo para descobrir como fazer oposição a eles.

Muitos pensaram que a marcha rumo ao progresso e à igualdade era uma via de mão única, mas a última década mostrou que esse não é o caso. No mundo todo, estamos testemunhando a volta da extrema direita, o que representa uma ameaça verdadeira a muitos dos direitos e liberdades que acreditávamos estar garantidos. Apesar desses direitos e liberdades terem sido desiguais e certamente não universais, estamos tomando um rumo preocupante, algo que pode ser visto em vários continentes simultaneamente – e, em muitos países no mundo todo, os próprios pilares da democracia liberal estão começando a oscilar. As diferenças de país para país são, é claro, tão numerosas quanto suas semelhanças; não há uma explicação única para o que estamos testemunhando. Porém, apesar da ascensão da

---

* Palingênese é o conceito de renascimento ou recriação.

direita em cada país ter as suas próprias causas, enraizadas em experiências e histórias singulares, há semelhanças que ajudam a lançar luz sobre esses tempos assustadores. Quanto melhor entendermos a ameaça que enfrentamos no mundo todo, mais aptos estaremos para contra-atacar. Espero que este livro contribua para esse exercício de compreensão.

1
Do Partido Nacional Britânico ao Brexit

Eu estava na calçada do lado oposto a uma delegacia de polícia com um rolo de pintura extensível em cada mão. Estava escuro e as ruas estavam silenciosas àquela hora da noite, mas nosso plano já começava a parecer um pouco cru. A qualquer momento, um policial sairia da delegacia e nos perguntaria o que estávamos fazendo ali – e eu certamente não tinha uma resposta plausível. Um retoque noturno na pintura, talvez? Com certeza não ia colar. Eu estava diante de um enorme outdoor do Partido Nacional Britânico (BNP, na sigla em inglês) preso ao nível do chão na parede externa de uma casa com varanda. "Pessoas como você votam no BNP", dizia o cartaz, estampando uma foto de uma idílica família branca. Meu amigo Cookie estava atrás de mim segurando um galão de dez litros de tinta branca brilhante. O plano era simples: jogaríamos tinta no cartaz e eu usaria os rolos para espalhá-la, depois entraríamos correndo no carro de um terceiro amigo à espera e fugiríamos.

Cientes da proximidade da delegacia de polícia, sabíamos que tínhamos de ser silenciosos e rápidos. O que poderia dar errado? Fiquei de frente para o cartaz, com os rolos a postos.

– No três – sussurrei. – Um, dois, tr…

Antes de terminar, dez litros de tinta me atingiram na nuca. Eu me virei para o idiota do meu cúmplice sem crer no que tinha acontecido.

– Desculpe, eu escorreguei – disse ele, tímido.

Virei-me para olhar para o outdoor. Tínhamos conseguido fazer o que parecia impossível – o outdoor estava intacto, nem uma gota tinha respingado nele. Eu, por outro lado, estava coberto de tinta da cabeça aos pés. Começando a entrar em pânico, me transformei num rolo humano e esfreguei meu corpo da esquerda para a direita sobre o outdoor, sujando com o máximo de tinta possível. Meu colega pegou o rolo, passou para cima e para baixo nas minhas costas e depois o passou no outdoor. Eu havia me tornado uma bandeja de tinta. Fizemos o que foi possível e depois corremos para o carro à espera.

– Você não vai entrar no meu carro de jeito nenhum.

– Quê?

– Você não vai entrar no meu carro coberto de tinta.

– Você só pode estar brincando! Tem uma delegacia de polícia logo ali.

– Vai estragar os bancos.

– Este carro já é uma porcaria. Vou entrar!

– Não vai, não!

– Vou entrar!

– Não vai!

Pulei no banco com um baque.

– ACELERE A MERDA DESSE CARRO!

Nossa operação tinha começado com o pé esquerdo. Mesmo assim, seguimos para o próximo outdoor discutindo quem pagaria pelo estofamento destruído.

O próximo outdoor publicitário ia ser ainda mais difícil. Em vez de estar ao nível do chão, esse estava suspenso. Para pintá-lo, tínhamos bolado um plano engenhoso de encher copos plásticos baratos com tinta, fechá-los com fita adesiva e então jogá-los como bombas. Encostamos perto de um outdoor grande que estava posicionado na beira da autoestrada A13. Um lado era para o BNP, o outro era um cartaz do Partido de Independência do Reino Unido [UK Independence Party, UKIP] que dizia "5.000 novas pessoas se assentam aqui toda semana: diga não à imigração em massa". Cookie pegou um dos copos e mirou antes de jogá-lo no cartaz. Contudo, em vez de se espatifar, o copo quicou e eu só tive tempo de ver um copo cheio de tinta vindo direto na direção da minha cabeça. Não era possível. De novo, não. Saí da reta na hora certa, o copo zuniu do lado do meu rosto e se espatifou no chão perto de mim. Olhei para o outdoor limpinho e depois para minhas pernas salpicadas de tinta.

– Acho melhor encerrarmos por hoje.

———

Durante todo o período do pós-guerra, a capacidade da extrema direita britânica de exercer influência para além dos confins de sua estreita atuação política dependeu de sua coesão e amplitude. Apesar de ser imprudente medir a ameaça da extrema direita puramente em termos de força eleitoral ou número de manifestantes nas ruas – basta um único extremista de direita para jogar uma bomba num bar ou assassinar um parlamentar –, sua capacidade de influenciar o debate político, especialmente sobre questões como imigração e integração, esteve em geral ligada à importância relativa e à escala dos partidos políticos e movimentos de rua. Desde 1945, houve ciclos de unidade e divisão que corresponderam a períodos de relativa influência, declínio e obscuridade.

Em 1948, 51 organizações fascistas e de extrema direita se reuniram em Farringdon Hall, Londres, formando o Movimento da União [Union Movement, UM] sob a liderança do famoso líder fascista britânico do pré-guerra sir Oswald Mosley.[1] Apesar de oficialmente ter durado até os anos 1990, o UM, que enfrentou uma oposição feroz, permaneceu notável por mais uns poucos anos até cair de novo na obscuridade. O ano de 1967 testemunhou um segundo período de

36 Tambores à distância

coalescência, com a formação da Frente Nacional [National Front, NF] após a fusão da Liga dos Legalistas do Império com o então Partido Nacional Britânico e membros tanto do Movimento da Grã-Bretanha [Greater Britain Movement] quanto da Sociedade de Preservação Racial. Apesar de nunca ter obtido muito apoio, a NF se tornou um nome familiar durante os anos 1970 e foi um ponto fixo na paisagem política, alcançando o ápice em 1979, quando apresentou 303 candidatos à eleição geral, para logo depois ter seu tapete puxado pela infame entrevista de Margaret Thatcher na televisão em 1978, em que disse que os britânicos temiam ser "inundados" por imigrantes, e pela intensidade da campanha feita pela Liga Antinazista. Em consequência, seguiu-se um período de cisão e declínio nos anos 1980.

Em 7 de abril de 1982, um partido de extrema direita rival surgiu, brigando pelo espaço político anteriormente ocupado pela Frente Nacional. Com o passar do tempo, se tornou o partido fascista mais bem-sucedido em termos eleitorais da história britânica. O Partido Nacional Britânico (BNP) foi formado por John Tyndall, que trouxe consigo antigos ativistas da Frente Nacional e seu grupo dissidente, a Nova Frente Nacional. Além da continuidade de pessoal, havia uma continuidade de ideologia política, com o nacionalismo racial explícito permanecendo como o pilar central da plataforma do partido.[2] Tanto que, em 1986, Tyndall e o editor do jornal do BNP foram sentenciados a um ano de prisão por conspirarem para incitar o ódio racial.[3] Apesar do BNP ter concorrido em eleições durante a década de 1980, ele permaneceu sendo um partido das ruas, mais conhecido por manifestações provocativas e agressivas. No fim da década, lançaram a campanha "Direitos para Brancos", que pretendia explorar as crescentes tensões raciais em comunidades multiculturais exacerbadas por distúrbios econômicos e sociais provocados, em cidades industriais, por uma década do governo de Margaret Thatcher. Seu primeiro sucesso eleitoral veio em setembro de 1993, com a vitória impactante de Derek Beackon para vereador da Isle of Dogs, uma grande península em East London, ba-

Do Partido Nacional Britânico ao Brexit   37

nhada em três lados pelo rio Tâmisa. A vitória se tornou emblemática para o BNP, que se beneficiou do ódio local causado por décadas de negligência após o declínio da outrora poderosa atividade portuária, combinado com uma crise de habitação local que muitos julgavam ser culpa da crescente comunidade bengali.[4] Transição demográfica e recessão econômica eram uma mistura potente, e o BNP estava sempre pronto para fornecer respostas fáceis para questões complexas, uma tática que lhes possibilitou emergir como uma ameaça eleitoral aterradora desde a virada do século.

Em 1999, a liderança do partido mudou de mãos para Nick Griffin, um fascista de longa data vindo de Barnet, na zona norte de Londres, que aderira à Frente Nacional com apenas 14 anos, era formado em Cambridge e tinha um histórico de racismo extremado e negação do Holocausto. Ele aderira ao BNP em 1995, tornando-se editor de duas publicações extremistas, *Rune* e depois *Spearhead*, em que construiu uma reputação de linha-dura que argumentava que "Precisamos converter políticos em brutamontes".[5] Em 1998, seu extremismo o pôs em maus lençóis perante a lei quando foi condenado por incitar ódio racial e recebeu uma pena de nove meses de prisão, que cumpriu em liberdade.[6] Naquele momento, parecia surpreendente que Griffin fosse se tornar o grande modernizador do BNP, o homem que tirou a extrema direita britânica da obscuridade e a levou ao Parlamento Europeu.

De olho no sucesso do projeto modernizante realizado na França pela Frente Nacional de Jean-Marie Le Pen, Griffin tentou tornar o BNP uma opção eleitoral mais viável ao alterar o modo como ele se apresentava, sem falar de suas crenças centrais. Embora essas ações fossem corretamente criticadas por muitos antifascistas como sendo uma transformação superficial, elas começaram a render dividendos nas urnas. Apesar de continuar sendo um projeto político racista, antissemita e homofóbico, o partido começou a profissionalizar tanto sua imagem quanto suas estruturas, um movimento encapsulado em sua decisão de finalmente desistir de sua política de repatriamento compulsório de pessoas não brancas. Griffin entendeu que o rótulo de antissemita e racista era o primeiro obstáculo para o alcance de sucesso nos principais meios. Tanto que, em julho de 2001, o BNP até lançou seu "Comitê de Ligação Étnica", concebido para "organizar a atividade de publicidade com não brancos que se expressavam favoravelmente quanto ao BNP" – tudo isso pensado para quebrar a imagem pública do BNP como um partido de "racistas".[7] Assim sendo, no início dos anos 2000, o BNP descartou publicamente os elementos mais explícitos de seu racismo contra negros tradicional e passou a mirar num alvo mais provável de angariar o apoio público: islamitas e muçulmanos.

A decisão do BNP de mudar o foco de seu racismo para outra comunidade não é nova para a extrema direita britânica. Durante todo o período do pós-guerra, a extrema direita buscou um alvo para sua ira, um Outro, tendo como objetivo subjacente a tentativa de garantir um apoio público mais amplo e a entrada na política nacional predominante. Nos anos imediatamente posteriores à Segunda Guerra Mundial, a extrema direita britânica ainda estava obcecada por seu inimigo tradicional, os judeus, um alvo que, na era pós-Holocausto, só servia para isolá-los ainda mais dos principais partidos. Contudo, conforme a hostilidade pública em relação à chegada de comunidades não brancas cresceu, grande parte da extrema direita do Reino Unido mudou seu foco para os recém-chegados.[8] Nos anos 1970, a extrema direita estava pronta para apreender qualquer capital político disponível mirando na comunidade que eles sentissem que ia angariar um apoio público mais amplo. É preciso dar uma breve olhada em como a extrema direita reagiu à chegada de asiáticos ugandenses em 1972 para entender como a imigração dominou a pauta entre o fim dos anos 1940 e o início dos 1970, com a percepção de que essa era *a* questão que poderia ajudá-los a se libertar de seu exílio pós-Holocausto. A Frente Nacional, então o principal partido de extrema direita da Grã-Bretanha, atacou a decisão compassiva do primeiro-ministro Edward Heath de conceder asilo a muitos asiáticos ugandenses com uma campanha política agressiva, mas astuta. O resultado do oportunismo ágil levou a um rápido crescimento de seu grupo de afiliados militantes.[9]

A próxima mudança veio nos anos 1980, quando a principal meta da extrema direita começou aos poucos a se mover de todos os imigrantes, com uma ênfase no racismo contra negros, para uma política antimuçulmana mais específica. Matthew Collins, antigo organizador da Frente Nacional que se tornou antifascista, aponta com precisão o caso Salman Rushdie como sendo o momento em que essa mudança ocorreu: "O livro de Salman Rushdie foi quando a extrema direita percebeu pela primeira vez o Islã e todos os seus desafios. E isso nunca mudou. Desde então, o problema sempre foram os muçulmanos".[10] Apesar de grande parte da extrema direita britânica ter começado a mirar especificamente os muçulmanos nos anos 1980 e 1990, a guinada para o Islã e os muçulmanos como alvo principal foi consolidada pelo BNP em 2001. Nesse ano, houve uma série de tumultos em cidades do norte da Inglaterra com grandes comunidades do sul da Ásia (Oldham, Bradford, Harehill e Burnley), que testemunharam a irrupção de tensões étnicas. Em pouco tempo, a retórica do BNP em torno dos tumultos mudou visivelmente. Quando os primeiros distúrbios surgiram, em maio, o jornal do partido, *The Voice of Freedom*, falou de alvoroços antibrancos e "gangues asiáticas". Em julho, até alegaram estar interagindo com a comunidade muçulmana para tentar reduzir as tensões em Oldham, e Griffin se ofereceu para tentar convencer residentes brancos de Oldham a suspender o boicote a lojas muçulmanas.[11] Eles também publicaram um artigo ressaltando a ameaça apresentada pelo "fundamentalismo islâmico", que afirmava: "Seria muito injusto macular todos os muçulmanos com a violenta pecha de fundamentalistas". Contudo, com a crescente indignação pública em relação aos tumultos, o BNP percebeu claramente uma oportunidade de atrair apoio via uma campanha antimuçulmana mais ampla, conforme o ano foi passando. A primeira página da edição de agosto anunciava: "Extremistas muçulmanos por trás dos tumultos!". Então vieram os ataques do Onze de Setembro nos Estados Unidos, que só serviram para consolidar a mudança de direção do BNP para se tornar um partido indiscutivelmente antimuçulmano. Sua revista *Identity* estampou a manchete "BNP lança campanha contra o Islã", com uma foto de islamitas famosos residentes no Reino Unido, Abu Hamza al-Masri e Omar Bakri Muhammad. Nas revistas constavam artigos intitulados "Diga não ao Islã!", "Islã ou o Ocidente" e "Proíbam o abate ritual". Em outubro, o *The Voice of Freedom* trouxe um editorial assinado por Paul Golding – que mais tarde seria líder da organização Britain First [Grã-Bretanha em primeiro lugar, BF] – intitulado "O inimigo de dentro", e, em dezembro, organizaram uma manifestação do lado de fora do Parlamento com cartazes que diziam: "Islã fora da Grã-Bretanha".

Nos anos seguintes, o BNP explorou e incitou o preconceito antimuçulmano crescente. Depois, em julho de 2005, ocorreram os atentados a bomba em Londres, que de novo levaram à extensa demonização da comunidade muçulmana britânica. Griffin logo encarou os ataques como uma oportunidade e, em 2006, escreveu:

> Esse é o fator que vai dominar a política nas próximas décadas. Esse é o inimigo que o público consegue ver e entender. Essa é a ameaça que vai nos colocar no poder. Essa é a Grande Questão na qual devemos nos concentrar para despertar as pessoas e fazê-las ver o que temos a oferecer.[12]

Em meados da década, a política antimuçulmana ocupava a dianteira na política do BNP – e isso não se modificou desde então.

Contudo, apenas a adoção da islamofobia não explica o crescimento eleitoral do BNP durante a primeira década dos anos 2000. Em 2000, o BNP obteve 2,87% dos votos na seção da lista de partidos

Do Partido Nacional Britânico ao Brexit   41

das eleições para a Assembleia de Londres, resultados que indicaram que o BNP estava se beneficiando da crescente desilusão dos eleitores tradicionais do Partido Trabalhista. Depois, em maio de 2002, o BNP sacudiu a paisagem política, obtendo três assentos na Câmara Municipal em Burnley, no norte da Inglaterra, seguidas de uma série de assentos em 2003 em áreas como Broxbourne, em Hertfordshire, Heckmondwike, em Yorkshire, e Thurrock, em Essex. A diversidade das vagas que o BNP vinha ganhando, inclusive vagas tradicionais do Partido Conservador, comprovaram que as causas subjacentes ao crescimento do BNP eram mais profundas do que as puramente econômicas. Como sempre, era uma combinação de fatores, entre eles as crescentes preocupações sociais em relação ao grande número de imigrantes no período do New Labour.*[13] Segundo Daniel Trilling em sua pesquisa sobre a ascensão do BNP, o avanço eleitoral "foi um protesto de pessoas que tinham algo a perder e sentiam que estavam em risco de perder essa condição. Parecia que o ressentimento estava baseado tanto em classe quanto em raça".[14] Também central era um sentimento bem real nessas comunidades de que tinham sido ignoradas e negligenciadas pelo *establishment* político por tempo demais. Elas se sentiam impotentes e, o que era mais importante, desesperançadas. Queriam mudanças, e o BNP oferecia um megafone através do qual poderiam gritar para extravasar sua raiva.

———

Em 1953, a fábrica de automóveis da Ford em Dagenham empregava 40 mil trabalhadores num espaço de cerca de 370 mil metros quadrados. Quando cheguei à cidade em janeiro de 2010, a fábrica empregava apenas pouco mais de mil trabalhadores, e o escritório no qual tra-

---

* O New Labour [Novo Trabalhismo, em tradução livre] foi o período entre 1997 e 2010 em que o Partido Trabalhista, sob o mandato de Tony Blair, governou a Grã-Bretanha pregando uma terceira via no debate ideológico entre a esquerda e a direita. (N. da E.)

42 TAMBORES À DISTÂNCIA

balhei tinha vista para os milhares de metros quadrados de galpões fabris e de revestimento de concreto desertos. Eu pegava o trem todo dia de manhã para a estação de Dagenham Heathway e caminhava quinze minutos até chegar a New Road – até aí nenhuma novidade –, onde o escritório de campanha da HOPE not hate estava localizado. Tínhamos ocupado o andar térreo não utilizado de um prédio dilapidado de quatro andares de um sindicato que compartilhávamos com o Partido Trabalhista local. Uma parede inteira ficava tomada por um banner de lona enorme da HNH que estampava os nomes de fascistas infames em cinza e campanhas antifascistas em vermelho. Lord Haw-Haw, Union Movement, Colin Jordan, Movimento Britânico, Frente Nacional em cinza. Cable Street, 43 Group, 62 Group, Free Nelson Mandela em vermelho. Para um jovem estagiário como eu, isso servia como um lembrete diário de que a batalha por Barking e Dagenham estava fadada a ser outro momento definidor nessa luta histórica. A eleição geral estava se aproximando rapidamente, e a cidade se tornara a linha de frente contra a extrema direita britânica. O BNP tinha escolhido a comunidade como alvo principal. Na época, depois de receber cerca de 1 milhão de votos em 2009, o BNP tinha dois membros no Parlamento Europeu, um membro na Assembleia de Londres e dezenas de vereadores espalhados pelo país, doze dos quais estavam em Barking e Dagenham, tornando-o o partido de extrema direita de maior sucesso eleitoral da história britânica. Eles tinham chances efetivas de tomar o controle absoluto da câmara municipal, uma perspectiva impensável.

A HOPE not hate foi fundada em 2004 por Nick Lowles, como o braço de campanha da antiga organização antifascista Searchlight. Fundada inicialmente em 1964 pelos membros do Partido Trabalhista no Parlamento Reg Freeson e Joan Lestor, e depois relançada por Maurice Ludmer e Gerry Gable em 1975, a Searchlight era ao mesmo tempo uma revista e uma operação de inteligência antifascista. Era especializada em infiltração e exposição de grupos fascistas e foi fundamental para o fim de várias organizações nazistas do pós-guerra, inclusive o Movimento Britânico e o Combat 18. Com o passar das décadas, foi se envolvendo – quase sempre amigavelmente, no início, e depois menos – em algumas das maiores campanhas antirracistas da Grã-Bretanha, entre elas a Liga Antinazista, a Campanha contra o Racismo e o Fascismo e a Ação Antifascista Militante. A Searchlight também participou do comitê diretor da organização União Contra o Fascismo [Unite Against Fascism, UAF], mas renunciou devido a diferenças táticas, tendo como consequência as campanhas paralelas da UAF e da HNH em 2010. Lowles criou a HOPE not hate porque muitas das táticas tradicionais do movimento antifascista haviam se tornado menos eficazes no combate da ascensão do BNP. Talvez não em termos ideológicos, mas certamente em termos práticos, a extrema direita se modernizara e se profissionalizara, e muitos antifascistas estavam travando novas batalhas com táticas antigas. Houve momentos em que enormes comícios antifascistas eram realizados na Trafalgar Square, em Londres, com discursos comoventes sobre a necessidade da ressureição de campanhas do passado, enquanto o BNP estava presente em regiões como Dagenham, Stoke e Burnley, batendo nas portas e interagindo com comunidades descontentes, ignoradas e sofredoras. A HNH foi criada para voltar a essas mesmas comunidades e conversar com essas mesmas pessoas, trazendo uma mensagem diferente e mais esperançosa.

Trabalhei com uma pequena equipe de estagiários que se reportava a Sam Tarry, hoje membro do Partido Trabalhista no Parlamento por Ilford South, na época um cara entusiasmado e dinâmico cujas duas paixões eram a participação em campanhas e o levantamento de peso. Acima dele estavam pessoas da Searchlight que logo se tornaram figuras míticas para mim. Gerry Gable era uma lenda do movimento com décadas de feitos ousados. Graeme Atkinson construíra redes antifascistas cruciais na Alemanha após a queda do Muro de Berlim e dirigia a rede internacional da organização. Nick Lowles não era apenas o fundador da HNH e o editor da revista *Searchlight* mas também o homem que derrotou a Combat 18 no Reino Unido nos anos 1990 com um trabalho de inteligência antifascista audacioso. Por fim, havia a figura distante e muito "boca-suja" de Matthew Collins, antigo ativista do BNP que se tornou espião da Searchlight.

Ainda um "mauricinho" muito entusiasmado na época, apareci no primeiro dia de trabalho com um paletó de três botões, lenço de seda com estampa de cornucópias, belos mocassins estilo italiano com pingentes e um corte de cabelo *à la* Paul Weller. Logo me estenderam um maço de jornais e me mandaram entregá-los debaixo de chuva na câmara de vereadores do outro lado da rua. O clima na comunidade era tenso e partidário, o que tornava uma péssima ideia eu me destacar na multidão – então rapidamente deixei o paletó de lado. A campanha cresceu exponencialmente conforme o dia das eleições se aproximava, até que se tornou sem dúvida uma das maiores campanhas antifascistas da história do Reino Unido. O escritório sindical antes abandonado foi transformado em centro para propaganda eleitoral por telefone, registro de eleitores, engajamento de comunidades religiosas e criação e distribuição de mais de 355 mil textos de campanha hiperdirecionados. Uma série de tabloides específicos para cada zona eleitoral produzidos pelo *Daily Mirror* foi bastante eficaz. Dagenham se tornou o foco nacional da eleição, com ativistas vindo de todas as partes do Reino Unido e estrategistas e jornalistas do mundo todo chegando para acompanhar a movimentação. No ápice, conseguimos entregar 92 mil jornais em apenas três horas. Usando técnicas de processamento de dados inovadoras utilizadas na campanha presidencial de Obama em 2008, identificamos eleitores contrários ao BNP e depois trabalhamos incansavelmente para ter certeza de que poderiam e de fato sairiam de casa para votar. No dia das eleições, conseguimos bater em seis mil portas de eleitores identificados como contrários ao BNP na área. Dando sustentação a tudo isso, havia uma operação de inteligência que coletava informações internas do BNP para se certificar de que nossa campanha sabia exatamente o que eles estavam planejando o tempo todo. Correndo em paralelo à HNH, havia a campanha de reeleição do membro local do Partido Trabalhista no Parlamento Jon Cruddas, que também atraiu um número sem precedentes de cabos eleitorais. Em Barking, havia outro membro do Partido Trabalhista no Parlamento, Margaret Hodge, que na época não apoiava a HNH e se aliou à UAF.

Para mim e os outros estagiários, a campanha consistia principalmente em viver um mês após o outro entregando material de campanha de porta em porta, às vezes doze horas por dia. O antigo adágio "Guerras são longos períodos de tédio pontuados por momentos do mais profundo terror" vinha bem a calhar. Não era incomum termos os panfletos jogados na cara em reações racistas ou topar com ativistas racistas panfletando nos mesmos locais. Um dia, três apoiadores do BNP estavam do lado de fora da estação Dagenham Heathway segurando exemplares de seu jornal vergonhoso, *The Barking and Dagenham Sentinel*. Na estação, música clássica soava pelo sistema de alto-falantes para o lazer dos passageiros. De repente, "A cavalgada das valquírias", de Wagner, irrompeu, o que pareceu bem engraçado no momento. Um amigo e eu arrancamos os jornais das mãos deles e saímos correndo desesperados, com os caras no nosso encalço. Pensei que a gente tinha se safado, mas dias depois uma van branca decorada com bandeiras do BNP veio direto na minha direção. O carro subiu na calçada, fazendo com que eu tivesse que me jogar sobre uns arbustos antes de dar no pé.

Afastar a falsa aparência de respeitabilidade que o BNP apresentava ao eleitorado foi fundamental para nossa estratégia. Apesar de Nick Griffin usar terno e agir como político, seus apoiadores não eram avessos à violência. Durante um confronto com jovens asiáticos locais, um candidato do BNP chamado Bob Bailey foi filmado chutando um rapaz na cabeça. Em outra ocasião, recebemos uma dica de que eles estavam planejando confrontar nossos panfletistas do lado de fora de uma estação. Em vez de cancelar a ação, ficou decidido que eu e Simon, outro ativista da HNH, serviríamos de isca. Escondemos microfones debaixo da camisa, pegamos uma pilha de panfletos e nos posicionamos fora da estação de metrô. Do outro lado da rua, um cinegrafista se escondia atrás de arbustos com uma lente objetiva apontada para nós. Se o confronto acontecesse, queríamos deixar tudo registrado. Felizmente, acabou sendo um alarme falso.

Quando começou a contagem dos votos na noite das eleições, já estava claro que o BNP rumava para uma derrota calamitosa. Um Nick Griffin abatido entrou na contagem dizendo: "Vim para recolher os corpos, não vamos deixar nenhum morto aqui".[15] Ele sabia que seu momento histórico de vitória tinha escapado por entre os dedos. "Londres acabou", disse ele. "Vamos ter que nos tornar uma organização de direitos civis para a minoria britânica".[16] O ponto alto da noite foi o confronto entre Nick Lowles e Nick Griffin diante de uma barreira de câmeras de jornalistas. "Você ganhou em Londres, tirou Londres dos ingleses e entregou a cidade para os estrangeiros", disse Griffin.[17] A voz de Lowles estava trêmula pela vitória: "Acabou. Ganhamos em Stoke, ganhamos em Burnley, ganhamos em Sandwell, ganhamos em Solihull, ganhamos em Bradford". O segurança de Griffin se colocou entre os dois. "Estou conversando com você, Nick", disse Lowles. "Não está, não… acabou", respondeu o segurança, e ele estava certo em todos os sentidos.[18]

O resultado em Dagenham naquela noite foi desastroso para o BNP, perdendo todos os seus doze vereadores, algo que eu considerava impossível poucos meses antes. O povo de Dagenham reagiu e contra-atacou. Quando o sol nasceu sobre o vazio de concreto e a luz atravessou as janelas enfileiradas ao longo da parede do nosso escritório, coloquei a música tema do filme *A batalha britânica* de 1969 no aparelho de som. Conforme o volume dos tambores marciais aumentava e a trompa tonitruante ecoava pela sala vazia e cavernosa, estiquei meus braços como um garoto fingindo ser um avião e comecei a girar em círculos.

A eleição de 2010 foi inquestionavelmente um desastre político para o BNP. Apesar do maior número de votos, um ponto que Nick Griffin se orgulhou em ressaltar, eles só mantiveram dois dos 28 assentos de vereadores que estavam almejando.[19] Eles tinham se estressado ao máximo e enfrentado níveis sem precedentes de oposição de antifascistas, comunidades locais e outros partidos políticos. Nos anos que se seguiram, o BNP entrou em rápido declínio, perdendo membros, depois eleitores e, subsequentemente, cargos políticos. Apesar de eliminados em 2010, eles ainda conseguiram receber notáveis 563.743 votos, mas, quando chegaram às eleições gerais de 2015, os votos despencaram para apenas 1.667.[20] Embora o BNP se arraste até hoje, eles se tornaram irrelevantes e Griffin foi lançado ao ostracismo político. Contudo, o partido nunca foi a única causa do racismo social ou sentimento antimuçulmano e anti-imigrante na Grã-Bretanha; mas, com certa frequência, foi seu beneficiário. Seu declínio não marcou o fim da política do preconceito e da discriminação; o BNP apenas deixou de ser quem estava explorando essa política. Ao mesmo tempo que o partido implodia em 2010, uma nova ameaça da extrema direita já estava surgindo, a Liga de Defesa Inglesa [English Defence League, EDL], que mencionarei mais adiante.

Depois do episódio de Dagenham, fiquei na HOPE not hate fazendo trabalhos avulsos. A organização era tão secreta naquela época que, ao fim das eleições de 2010, quando a equipe deixou o escritório temporário de campanha e voltou às instalações principais, não me permitiram ir com eles. Na verdade, trabalhei para a HNH durante um ano inteiro antes de sequer descobrir onde a sede estava localizada. Apesar de o BNP ter sido varrido do leste de Londres, eles ainda tinham vereadores no resto do país e, durante vários anos, trabalhei para Nick Lowles em campanhas em North Wales, Midlands e Burnley para derrotar os vereadores restantes. Simultaneamente, comecei

48 Tambores à distância

a còlaborar com a equipe de pesquisa frequentando e fotografando eventos da extrema direita por todo o país. Contudo, o colapso do BNP não significou o fim da extrema direita britânica, e grande parte do resto dos anos 2010 se transformou numa luta por um referendo.

Apesar de o BNP ter fracassado nas urnas, seu desaparecimento não significou, de forma alguma, o declínio da política anti-imigração. Conforme adentrávamos a segunda década do século XXI, um partido político radical de direita que estivera posicionado à margem da política britânica por um quarto de século finalmente assumiu uma posição central: o Partido da Independência do Reino Unido (UKIP, na sigla em inglês). Em 2013, o primeiro-ministro conservador David Cameron prometeu organizar um referendo sobre a participação da Grã-Bretanha na União Europeia. Em grande parte, o próprio referendo era uma admissão da influência crescente do UKIP e uma tentativa infeliz de reocupar o terreno político que os *tories*** haviam perdido. Os acadêmicos Matthew Goodwin e Robert Ford argumentaram com razão que o UKIP representou "uma das ameaças mais bem-sucedidas para os partidos políticos tradicionais na história britânica moderna".[21] Para eles, o partido estava "longe de ser um partido genérico ou focado em atrair conservadores insatisfeitos; eles moldaram um apelo anti-imigrante e eurocético para eleitores desfavorecidos da classe trabalhadora que se sentiam ameaçados pelas mudanças que os rodeavam e ignorados por uma classe política estabelecida indiferente e desinteressada".[22] O UKIP era uma fera bem diferente do BNP – uma fera que exerceu um efeito muito mais importante sobre a política britânica que qualquer partido de extrema direita tinha conseguido até então.

Para a HOPE not hate, a decisão de se opor ao UKIP não era tão óbvia quanto poderia parecer olhando em retrospectiva. Como Lowles disse à época, referindo-se ao então líder, Nigel Farage: "Farage não é

---

* Tory foi um partido político da Inglaterra que surgiu no fim do século XVIII e deu origem ao atual Partido Conservador, cujos membros hoje são conhecidos como *tories*. (N. da E.)

fascista e o UKIP não é o BNP".[23] Se o UKIP não era fascista, cabia a antifascistas se opor a ele? Ao escrever sobre esse período, o historiador especializado no antifascismo britânico Nigel Copsey descreveu essa questão como uma "crise existencial" entre ativistas antifascistas e perguntou: "Isso é mesmo antifascismo?".[24] Para nós, contudo, era uma questão de oposição ao racismo e à discriminação organizados e, se isso exigia que atuássemos para além dos confins do fascismo, então que assim fosse. Na verdade, pareceu uma progressão natural. A extrema direita tinha se tornado um dos principais partidos, então restava aos antifascistas uma opção: continuar a se opor apenas aos fascistas e se tornar parte de uma batalha cada vez mais marginal, ou se expandir para a oposição a manifestações mais dominantes de políticas discriminatórias. Escolhemos a segunda opção, passando a trilhar um caminho que a HNH vinha anunciando cada vez mais, de oposição à islamofobia dentro do Partido Conservador e ao antissemitismo dentro do Partido Trabalhista. A partir de 2013, enquanto ainda fazia campanha contra os poucos vereadores do BNP remanescentes, foi tomada a decisão de tornar o UKIP nosso principal alvo eleitoral. Isso não foi bem acolhido por todos os nossos apoiadores. O ataque mais surpreendente veio do *Jewish Chronicle*, que, em 2015, escreveu um editorial intitulado "Hatred not hope" [Ódio, não esperança], em que se lia:

> Por muitos anos, este jornal apoiou a HOPE not hate, uma organização que tinha metas admiráveis, e acolhemos seus escritores em nossas páginas. Mas agora ela perdeu a pretensão de ser levada a sério. Ano passado, começou a mirar o UKIP, como se não houvesse diferença em relação à EDL ou ao BNP.[25]

Para muitos, o UKIP simplesmente não era assunto para os antifascistas. Nós discordávamos.

Comparado com o BNP, o UKIP estava numa escala completamente diferente de ameaça eleitoral. Nas eleições gerais de 2010, eles tinham recebido 900 mil votos, obtiveram 4,3 milhões de votos nas eleições europeias de 2014 e, por fim, impressionantes 3,9 milhões na eleição geral de 2015.[26] A partir de meados dos anos 2000, flertaram conscientemente com os eleitores do BNP, uma tática que se acelerou após 2010 e, em parte, contribuiu para a destruição dos sonhos políticos de Nick Griffin. Em grande parte, o sucesso do UKIP foi resultado da captura de votos de eleitores anti-imigração. O governo de coalizão da época colocou o Partido Conservador numa posição desconfortável. Desde a época de Enoch Powell, entre 1950 e 1974, eles sempre tinham sido a escolha óbvia para controles de imigração. Em 2010, com o UKIP e o BNP explorando a questão, os *tories* prometeram cortes radicais à imigração, uma promessa que não conseguiriam manter uma vez no governo.[27] Para muitos, essa foi a prova final necessária de que os partidos tradicionais não conseguiam cumprir as metas que mais lhes eram caras.

Quando chegou o referendo de 2016 sobre a saída do Reino Unido da União Europeia, Nigel Farage era uma das figuras mais conhecidas no país inteiro, e os porta-vozes do UKIP estavam em praticamente todos os programas de televisão e rádio meses a fio. Pessoalmente, no início da campanha do referendo, fiquei indeciso. Como muitos da esquerda, eu estava desconfiado da natureza não democrática das instituições da União Europeia. Contudo, conforme o dia da votação foi se aproximando, o debate foi ficando cada vez mais tóxico e racista. Liderando a acusação xenofóbica estava Farage, com uma campanha podre de pôsteres com o slogan "Breaking Point" [Ponto de ruptura] da UKIP que mostravam enormes grupos de migrantes não brancos atravessando a Europa. Ao seu lado estava o aliado de longa data Arron Banks, cuja campanha Leave.EU [Deixe a UE] disseminou uma chuva de desinformações racistas, entre elas o pôster mal-intencionado que sugeria que ficar na União Europeia resultaria em 76 milhões de turcos vindo para o Reino Unido. Quando chegou o dia do referendo, senti que a votação para deixar a União Europeia legitimaria essa política suja.

Como muitos outros, acordei em choque na manhã seguinte ao verificar que de fato a maioria tinha optado por sair da União Europeia. Gritei com meu pai, responsabilizando-o pessoalmente pelo que eu acreditava ser o egoísmo de toda a sua geração. Na verdade, ainda é cedo demais para explicar adequadamente as razões do Brexit – isso é trabalho para os historiadores. Contudo, um quadro controverso tinha começado a se formar. Apesar do choque de muitas pessoas com o resultado, a votação do Brexit tinha raízes profundas. O historiador Dave Renton argumenta que a gênese da votação do Brexit pode ser rastreada até o Discurso de Bruges de Margaret Thatcher em 1988, no qual ela comparou a União Europeia à União Soviética. Para Renton, "Esse foi o nascimento do euroceticismo britânico. Sem o Discurso de Bruges, não haveria UKIP, nem referendo, nem Brexit".[28] A melhor obra já publicada sobre o Brexit, *Brexitland*, de autoria de Maria Sobolewska e Robert Ford, ressalta os fatores de longo prazo enraizados nas mudanças políticas e sociais, tais como "o gradual desgaste entre os partidos políticos tradicionais e seu eleitorado, o retorno do conflito em relação à imigração no topo da pauta política, o surgimento de um novo partido (UKIP) mobilizando um polo da divisão identitária e a consolidação de eleitores no outro polo da divisão identitária no Partido Trabalhista".[29]

No curto prazo, os principais fatores foram uma combinação de fatores econômicos e culturais. Embora seja importante deixar claro que o Brexit não foi inerentemente extremista de direita ou fundamentalmente racista, não há dúvida de que, em seu cerne, a oposição à imigração era uma questão-chave. Como Paul Stocker explica em *English Uprising* [*Insurreição inglesa*], "a única questão maior impulsionando a votação do Brexit foi a imigração".[30] Na época, 90% das pessoas que viam a imigração como um dreno para a economia e 88% das que queriam menos imigrantes votaram a favor do Brexit, e as pesquisas de opinião indicavam que a imigração superara a economia como a questão mais importante para as decisões de voto.[31] As pesquisas feitas por Michael Ashcroft e divulgadas após o referendo revelaram que 81% dos eleitores do Brexit acreditavam que o multiculturalismo era uma "força maligna".[32]

Contudo, havia questões de classe em jogo – e um profundo sentimento de antielitismo. A campanha pela permanência foi vista por muitos apoiadores do Brexit como liderada por esnobes empanturrados de quinoa da zona norte de Londres, parte da elite política que, durante décadas, tinha ignorado, ou pior, olhado com superioridade a classe trabalhadora de cidades do norte e costeiras por toda a Grã-Bretanha. Como afirma Stocker, o voto pela saída "foi um dedo do meio apontado diretamente para o *establishment* político, que, para muitos, deixara há muito tempo de escutar as preocupações do interior da Inglaterra".[33] Para essas pessoas, tanto os *tories* quanto o Partido Trabalhista tinham ignorado suas promessas. Os motivos que impulsionaram muitos a votar no BNP eram os mesmos que fizeram com que um número significativo votasse a favor do Brexit. Vale lembrar que 64% dos votos a favor da saída vieram dos três níveis socioeconômicos mais baixos da sociedade.[34] Então, apesar de fatores culturais, tais como imigração e medo de mudanças sociais, serem sem dúvida centrais, não podemos ignorar que os fatores econômicos também tiveram um papel importante.

Em *The Rise of the Right* [*A ascensão da direita*], Simon Winlow, Steve Hall e James Treadwell argumentam que a decisão de votar pela saída da União Europeia não raro nasceu da desesperança em face das circunstâncias existentes. "Quando você não tem praticamente nada a perder, quando não vê nada de positivo no horizonte e quando está convencido de que foi traído e preterido, a 'lógica' e a 'racionalidade' não podem permanecer dominantes".[35] Como assinalam, para muitos que se encontravam nas condições econômicas e sociais mais duras, a decisão "lógica" era votar na única opção que oferecia a mais remota oportunidade de mudança substancial. "O *status quo* não lhes oferecera absolutamente nada. Os empregos disponíveis eram do pior tipo.

Não. Eles queriam cair fora. Eles queriam mudança. Queriam algo, qualquer coisa, que não fosse aquilo".[36] Por esse motivo, não é sensato separar o cultural do econômico – na verdade, um normalmente nasce do outro. Para muitos da classe trabalhadora que votaram pela saída da União Europeia, a imigração e o aumento da diversidade eram inseparáveis do declínio relativo de sua própria renda – ocasionada, na cabeça deles, devido à concorrência econômica de migrantes.[37] Isso posto, parece provável que a decisão de votar pela saída não estivesse baseada numa análise bem pensada do custo-benefício da filiação à União Europeia, mas numa raiva e numa frustração viscerais em relação às elites políticas e no desespero por mudança.

———

Encostei-me ao contorno familiar da cadeira de plástico e escorreguei a mão por entre os botões frontais do meu paletó até o bolso interno. Prestando atenção se alguém estava me observando, retirei um pedaço de papel e o desdobrei devagar, fazendo surgir uma foto. Um homem vestido de verde-cáqui segurando um fuzil com uma mira telescópica afixada em cima. Atrás dele, pendurada num mastro, estava a bandeira do Reich alemão, vermelha com uma suástica preta num círculo branco. Apesar da HOPE not hate ter concentrado muitos de seus esforços na extrema direita eleitoral, nunca tiramos os olhos dos elementos mais extremistas da cena britânica, e, nos anos que se seguiram aos episódios de Dagenham, eu me envolvi cada vez mais em pesquisa e trabalho de inteligência. Minhas instruções eram sempre vagas, mas simples. As operações de inteligência funcionam baseadas em "quanto menos você souber, melhor", e, nesse caso, eu não precisava saber de muita coisa. Deram-me a foto, um horário e uma localização e me disseram para esperar no hall de entrada da estação de trens Victoria, um prédio *art déco* grandioso e peculiar visto de fora, sujo e bagunçado visto de dentro, resultado de anos de

54 TAMBORES À DISTÂNCIA

uso e negligência. Ao encontrar a pessoa na foto, eu deveria segui-la despercebido e reportar sua localização para Matthew Collins, chefe de inteligência na HNH, que estava dirigindo a operação remotamente. Um segundo par de olhos era fornecido por Titus, uma cópia mais atarracada de Robert De Niro, especialmente habilidoso em derrubar fascistas, apesar de parecer um urso de pelúcia gigante. Ele dirigira uma organização militante nos anos 1990 e se aposentara da ação direta havia alguns anos. Agora estava ajudando a HNH na segurança.

O alvo saltou do trem e atravessou as portas duplas para chegar ao terminal. Ele era muito mais baixo do que eu estava esperando, mas reconheci a barba ruiva rala da foto. Esperando que ele passasse por mim, fechei devagar o livro que fingia ler, coloquei-o na bolsa, me levantei e comecei a segui-lo. Estava para acontecer uma reunião fascista naquela noite com ativistas vindos de todo o Reino Unido e Europa, e ele era o nosso passe para descobrir a localização da reunião. Titus e eu o seguimos até que, por fim, ele chegou ao pub da Fountains Abbey, na esquina da Norfolk Place com Praed Street, perto da estação Paddington, no centro de Londres. Era um pub vitoriano com janelas originais com molduras de chumbo, pilares de pedra pretos com detalhes decorativos dourados, bancos de um lado, barris de uísque com cinzeiros em cima do outro. Pedi uma cerveja, me sentei no canto mais afastado de frente para a porta e fiquei observando fascistas que eu só conhecia por meio de fotografias aos poucos irem entrando no pub, pedindo uma bebida, subindo as escadas e indo em direção a uma sala privada. Quando fiquei convencido de que aquele local não era apenas um ponto de redirecionamento, liguei para dar a localização. Instantaneamente, Collins "detonou" a reunião postando a notícia no grupo do Facebook da HOPE not hate. Logo em seguida, o telefone do pub começou a tocar com antifascistas denunciando o que estava acontecendo no andar de cima.

Titus e eu saímos do pub e assumimos nossas novas posições. Confiantes de que a reunião seria encerrada em breve, sabíamos que os fascistas sairiam do pub em massa, dando-nos a oportunidade perfeita de fotografar o grupo todo e saber exatamente quem tinha comparecido. Em frente ao pub, havia uma cerca de metal bloqueando a passagem de uma rua que levava ao Hospital St. Mary. Escorregamos para trás de uma ambulância estacionada atrás dos portões e montamos nossa câmera com a lente objetiva. A reunião foi interrompida e o grupo aos poucos foi saindo do pub. Houve uma discussão sobre para onde ir em seguida. Um participante, entediado com a espera, se sentou num banco e sacou um livro sobre uniformes da SS nazista, folheando as páginas, como se nada estivesse acontecendo. Tirei fotos em sequência, com a câmera fazendo o barulhinho do obturador, o único indício de onde estávamos.

– Ele nos viu – sussurrou Titus.

– Quem?

– Aquele ali – disse ele, estendendo sutilmente o dedo indicador. – Viu?

– Acho que ele não viu nada.

Eu estava errado. Ele deu um tapinha no ombro do amigo e apontou na nossa direção, antes de seguir para a rua. Só estávamos a vinte metros deles, eu de barriga para baixo, Titus apoiado num joelho só. "Corra!", gritou ele, me agarrando pelo ombro e me puxando de trás da ambulância. Quando eu fiquei de pé, havia meia dúzia deles esperando uma chance de atravessar a rua por entre o tráfego. Nós nos viramos e saímos correndo a toda velocidade em direção à entrada do hospital, com eles no nosso encalço. Passamos correndo pelos seguranças que estavam do lado de fora da emergência e através das portas duplas que levavam à enfermaria, antes de zunir por uma escada. Pulando três degraus por vez, subimos vários andares, nos recompondo o melhor possível e andando calmamente em direção a uma sala de espera. Na esperança de nos misturarmos com as pessoas ali, cada um pegou uma revista e se sentou, mas estávamos pingando de suor e eu estava com uma câmera enorme pendurada no pescoço, então logo atraímos atenção.

De repente, um policial uniformizado bateu no meu ombro e nos levou para um consultório vazio, onde logo avisamos para ele trancar a porta. Titus e eu falamos apressados: "Nazistas!", "Estamos sendo perseguidos!", "*Skinheads!*". Sem nos fazer entender, eu puxei do bolso a foto do homem de espingarda e a desdobrei em cima da mesa. "Ele veio atrás da gente", disse, batendo com o dedo na imagem. O policial se virou e trancou a porta, se sentou e nos pediu para darmos explicações com calma. Felizmente, os seguranças na entrada principal, pegos desprevenidos por nós, entraram em ação para deter nossos perseguidores. Pedimos muitas desculpas por termos entrado daquela forma no hospital, e o policial foi muito compreensivo, provavelmente influenciado pela foto de um nazista brandindo uma espingarda. Ele chamou um táxi para nos levar embora com segurança. Quando chegamos na Tottenham Court Road e entramos num pub para brindar nossa escapada, a HNH já tinha publicado um artigo comemorando o fracasso da reunião e expondo os participantes.

Tinha sido aterrorizante, mas igualmente emocionante. Ao contrário do trabalho de campanha que demorava meses para chegar a resultados visíveis, esse trabalho tinha sido instantâneo. Eu literalmente testemunhei os planos deles serem arruinados e sua capacidade de organização ser destruída. Ao publicarmos as fotos, garantimos que não poderiam mais agir escondidos, livres de consequências sociais. Rasguei a foto em pedacinhos antes de jogá-la no vaso sanitário e dar descarga, voltando ao bar. Tive a perfeita sensação de estar ficando viciado.

2
O movimento contrajihadista e o protesto antimuçulmano nas ruas

Quando o relógio bateu 11 horas do dia 11 de novembro, o Dia do Armistício, data em que a Primeira Guerra Mundial terminou oficialmente, e os carros e pedestres fizeram uma parada respeitosa, gritos de "Soldados britânicos, queimem no inferno!" pontuaram os dois minutos de silêncio. Era 2010, e eu estava de pé no meio da Exhibition Road em South Kensington, no ponto em que a rua cruza com a Kensington Gore e a entrada do Hyde Park. À minha esquerda, estavam os muros de tijolos vermelhos do edifício em estilo vitoriano da Real Sociedade Geográfica, e à direita, a fachada creme do século XIX levemente desgastada da embaixada do Afeganistão. Observando os acontecimentos daquele dia de um nicho construído no muro, estava a famosa estátua de bronze do explorador antártico Ernest Shackleton, esculpida por Charles Sargeant Jagger.

Um grupo de cerca de 35 homens, a maioria usando *thawbs* pretos ao estilo árabe – uma veste na altura dos joelhos – sob agasalhos com capuz e casacos no frio congelante de novembro, entoava: "Tropas britânicas, assassinas!", "Soldados britânicos, terroristas!". Eles seguravam placas brancas dizendo: "Pelo que você está morrendo, 15 mil libras?", "Afeganistão: o cemitério de impérios", "Tirem as mãos das terras muçulmanas". Alguns balançavam bandeiras do jihad, ostentando o texto do *Shahada*: "Sou testemunha de que não existe nenhuma deidade a não ser Deus e sou testemunha de que Maomé é o mensageiro de Deus". A pequena manifestação tinha sido organizada pelos Muçulmanos contra Cruzadas [Muslims Against Crusades, MAC, na sigla em inglês]. Oficialmente criado em 2010, o grupo na verdade era uma fachada para a organização terrorista Al-Muhajiroun, fundada pelo clérigo islâmico radical Omar Bakri Muhammad nos idos de 1983. Naquele momento, a organização estava sob a liderança de Anjem Choudary, o extremista muçulmano favorito da mídia. O grupo tinha ressurgido recentemente depois que seu precursor Islam4UK fora proscrito pelo Secretário do Interior após um protesto polêmico em Wootton Bassett, cidade de Wiltshire onde ocorreram repatriamentos funerários de militares mortos no Afeganistão.

Do outro lado da rua, estavam cerca de cinquenta contramanifestantes da Liga de Defesa Inglesa (EDL, na sigla em inglês), liderada, na época, pela figura intimidadora de Kevin Carroll. Vestido com a jaqueta preta de sempre, ele era bem mais alto que seu primo e cofundador da organização, Tommy Robinson, que, naquele momento não estava à vista do público. Eles respondiam aos cantos dos MAC com gritos de "E, E, EDL!". Como sempre, eu estava com Titus, tirando fotos. Só recentemente eu vinha frequentando as manifestações da EDL para fotografar para a HOPE not hate, mas alguns dos principais apoiadores da EDL já tinham começado a nos reconhecer, mesmo sem saberem para quem trabalhávamos.

A polícia mantinha as duas manifestações separadas e, por um certo tempo, pareceu que nada digno de nota ocorreria naquele dia. Como é normalmente o caso, a manifestação e a contramanifestação são separadas pela polícia, o que torna a situação semelhante a uma partida de futebol em que as torcidas rivais ficam cantando uma para a outra, ou duas gangues de rua que decidem batalhar formando coros, mas sem chegar às vias de fato. Contudo, as manifestações têm um temperamento coletivo tangível, com as paixões em altos e baixos. É comum que uma única faísca seja o bastante para mudar todo o clima. Nesse caso, foi o momento em que um ativista dos MAC mostrou duas grandes papoulas vermelhas. A papoula é vendida no Dia do Armistício para levantar fundos para a Legião Real Britânica e é um símbolo importante para lembrar aqueles que morreram na guerra desde 1921. Isso tem um lugar especial na psique nacional britânica, apesar de muitos extremistas de direita terem ido ainda mais longe e praticamente endeusado o símbolo.

Conforme os gritos de "Tropas britânicas, assassinas" soavam, os manifestantes dos MAC incendiaram as grandes papoulas. O pequeno grupo da imprensa se juntou para capturar o momento, com suas fotos sendo logo espalhadas no mundo todo, causando uma enxurrada de ódio e indignação. A contramanifestação da EDL explodiu. O fato de 1 milhão de muçulmanos britânicos apoiarem o uso da papoula, muitos deles relembrando as próprias famílias que serviram o Exército, foi completamente irrelevante naquele momento.[1] Ali, diante dos olhos da EDL, estava a *prova* do que eles vinham dizendo. Os muçulmanos estavam tocando fogo em tudo que lhes era precioso, desrespeitando aquilo do qual eles tinham mais orgulho, profanando o que há de mais sagrado.

A polícia segurou a linha e manteve as duas manifestações atrás de suas respectivas barreiras. No entanto, logo depois, olhei à minha direita e vi Tommy Robinson, um dos líder da EDL, vindo rápido do Hyde Park e atravessando duas pistas de carros presos no tráfego. Ele estava se escondendo no parque para evitar a polícia. Os manifestantes dos MAC estavam atrás de uma barreira, com a polícia em torno deles. Pegando os policiais desprevenidos, Robinson conseguiu romper o cordão de isolamento e pulou a barreira. Mesmo em desvantagem, ele começou a socar qualquer um ao seu alcance. Os ativistas dos MAC se empilharam em cima dele até a polícia conseguir arrastá-lo para longe. Os urros de aprovação dos apoiadores da EDL se transformaram em fúria quando Robinson foi algemado e levado pela polícia. Um

60 Tambores à distância

policial precisou de atendimento médico após receber uma pancada na cabeça durante o enfrentamento.

As coisas começaram a se acalmar após a polícia escoltar os manifestantes dos MAC de volta à estação de trem. Os policiais mantiveram a EDL confinada para garantir que os grupos não se enfrentariam. Titus e eu estávamos tirando nossas últimas fotos e nos preparando para ir embora quando ouvi alguém gritar: "Onde está a sua papoula? Por que você não está usando uma papoula?" Olhei para cima e vi Kevin Carroll apontando o dedo para mim enraivecido. "Onde está a sua papoula? Hein? Onde? Onde?" Expliquei que estava em outro casaco, mas nada parecia aplacar sua raiva. Outros que estavam em torno logo se juntaram. Eles odiavam a imprensa, vendo nela uma elite liberal que rotulava a EDL injustamente como de extrema direita e protegia "muçulmanos" em vez do "verdadeiro povo inglês". Uma raiva especial era reservada a antifascistas, e acusações de que jornalistas trabalhavam secretamente para a HOPE not hate eram feitas a esmo e quase sempre incorretamente. No entanto, quando o resto da imprensa foi embora depois da queima de papoulas, todos ávidos por enviar suas fotos, Titus e eu ficamos. Especialmente porque estávamos tirando fotos de todos os ativistas da EDL presentes. Ainda sob o efeito da adrenalina do confronto anterior, o clima na EDL ficou pesado de novo. Na falta de muçulmanos, os manifestantes voltaram sua raiva insaciada na nossa direção. Foi aí que ouvi um estalido quando o rádio na lapela do policial ganhou vida. "Pode deixá-los sair agora. Câmbio." Na mesma hora perguntei a ele se ia de fato retirar as barreiras para os manifestantes da EDL irem embora. Ele ia. Olhei para a multidão enfurecida da EDL – "Ei, ei, onde está sua papoula? Onde está a merda da sua papoula?" –, depois para Titus, e entendemos de imediato que era hora de dar o fora.

Começamos a correr, segurando as câmeras contra o peito para não balançarem, em direção à estação do metrô South Kensington. Por quanto tempo a polícia conseguiria conter a EDL? Quando passamos pelo campus da Imperial College London à nossa direita, olhamos para trás uma última vez. Eles estavam vindo. Um pequeno grupo tinha escapado e vinha correndo a toda em nossa direção, os policiais ficando cada vez mais distantes. Mergulhamos na estação South Kensington, um túnel de 433 metros que corre por baixo da Exhibition Road até a plataforma do metrô. O túnel estava cheio de turistas caminhando sem pressa para o Museu de História Natural. Sorte e tempo era tudo de que precisávamos. Tínhamos que chegar à estação e embarcar num trem antes que a EDL nos pegasse. Não valia de nada percorrer todo esse caminho para ficarmos presos na plataforma. Ao nos aproximarmos da entrada da estação, começamos a ouvir o som crescente de "E, E, EDL!" ecoando nas paredes de tijolos vitrificados conforme os manifestantes iam afluindo para o túnel em nosso encalço. Titus travou o braço no meu. "Abaixe a cabeça e corra", disse ele enquanto disparávamos para a estação, forçando turistas confusos a sair da nossa frente. Quando soltamos os braços, corremos para atravessar as barreiras, descemos rápido para a plataforma e entramos num vagão do trem à espera. Pingando de suor, olhamos para trás na direção da escada, torcendo para as portas do trem se fecharem. A ideia de ficarmos presos num trem com um grupo de membros da EDL com sangue nos olhos era aterrorizante. "E, E, EDL!", eles tinham chegado à estação. Então o milagre aconteceu – o som abafado, mas maravilhoso, do locutor dizendo "Afastem-se das portas ao se fecharem" e o sinal sonoro de advertência. Quando o trem deixou a estação, Titus e eu nos olhamos e demos uma risada. Tínhamos conseguido.

O movimento antimuçulmano internacional, às vezes chamado de "movimento contrajihadista", é uma ampla aliança de organizações e indivíduos que acreditam que a civilização ocidental está sob ataque do

Islã. Alguns são mais extremistas do que outros, mas em geral todos concordam que o Islã é uma religião supremacista, e muitos veem pouca diferença entre jihadistas violentos e muçulmanos comuns, que vivem a vida pacificamente. Apesar de não haver nada de errado em se opor ao jihadismo ou até em criticar o Islã, o termo "contrajihadista" foi cunhado por ativistas antimuçulmanos e, na verdade, descreve um tipo específico de preconceito antimuçulmano conspiratório. A maioria dos contrajihadistas julga que a sociedade secular liberal está ajudando o Islã por meio da imigração em massa para a Europa e das políticas multiculturais, que eles acreditam ignorar qualquer crítica ao Islã. Essa noção conspiratória de uma invasão consciente e planejada é uma das ideias centrais que marcam o contrajihadismo quando comparado com o sentimento antimuçulmano mais geral. É frequente ver ativistas articulando ideias nacionalistas culturais que estimulam o nacionalismo estreito da extrema direita tradicional ou, mais especificamente, uma irmandade do Ocidente (sobretudo entre os países da Europa e da América do Norte). Uma cultura ocidental mítica, em geral cristã, é entendida como em vias de extinção nas mãos da invasão islâmica.

Por esse motivo, os contrajihadistas frequentemente adotam um imaginário associado às Cruzadas. Suas manifestações, como as organizadas pela Liga de Defesa Inglesa no Reino Unido, estão sempre repletas de escudos com brasão em forma de cruz e imagens de cavaleiros vestidos com armaduras. O assassino em massa e supremacista branco norueguês Anders Breivik, que matou 77 pessoas em 2011, citou a obra *Em louvor à nova cavalaria*, de são Bernardo de Claraval, em seu infame manifesto "Uma Declaração Europeia de Independência". A ideia de um choque civilizacional também é o motivo de um dos mais influentes blogs contrajihadistas, *Gates of Vienna* [*Portões de Viena*], ter seu nome inspirado no Cerco de Viena de 1529 pelo Império Otomano Islâmico, liderado por Solimão, o Magnífico. Em termos gerais, os contrajihadistas acreditam que há um choque de civilizações entre

O movimento contrajihadista e o protesto antimuçulmano nas ruas   63

o Islã e o Ocidente. Apesar de as ideias em torno da natureza desse choque variarem muito entre os ativistas, muitos veem algum tipo de conflito como sendo inevitável, com alguns poucos, inclusive alguns dos mais proeminentes blogueiros e ativistas, acreditando que isso é tão necessário quanto desejável. Nas margens mais extremas, alguns argumentam que somente por meio de uma guerra civil novos líderes surgirão e farão o que é preciso fazer – expulsar os muçulmanos da Europa e do Ocidente.

A história do movimento data dos anos 1980, apesar de ter se cristalizado em sua forma moderna após os ataques do Onze de Setembro. Originalmente, era um movimento de internet, centrado em blogs como *Atlas Shrugs*, *Gates of Vienna* e *Jihad Watch*, respectivamente editados por Pamela Geller, Edward S. May e Robert B. Spencer. Os principais ideólogos do movimento eram escritores como Fjordman (também conhecido como Peder Nøstvold Jensen) e Bat Ye'or, que escreveu "Eurabia", um dos textos centrais do movimento. Na segunda metade da década, ativistas diferentes, porém com um pensamento em comum, começaram a formalizar suas redes com reuniões-chave, tais como as Counter-Jihad Summits [Cúpulas dos contrajihadistas] em 2007, primeiro em Copenhague e depois em Bruxelas. Organizações transnacionais brotaram e atuaram como fóruns off-line de ativismo antes confinados à internet. O mais notável foi a International Civil Liberties Alliance [Aliança Internacional para Liberdades Civis], uma rede internacional de indivíduos e organizações espalhados por vinte países da Europa, Estados Unidos, Canadá, Índia, Austrália e Nova Zelândia, dirigida por Christine Brim e Jean-Michel Clément (também conhecido como Alain Wagner). Igualmente importante foi a Stop Islamisation of Nations [Pare a Islamização das Nações], que serviu como uma rede guarda-chuva de organizações contrajihadistas por toda a Europa e pelos Estados Unidos, incluindo a Stop Islamisation of Europe [Pare a Islamização da Europa – SIOE, na sigla em inglês] e a Stop Islamization of America [Pare a Islamização dos Estados

Unidos, SIOA]. Esta última comandada pelos famigerados islamófobos norte-americanos Pamela Geller e Robert Spencer, que foram impedidos de entrar no Reino Unido em 2013 após uma campanha da HOPE not hate. Apesar dessas organizações nunca terem tido um amplo impacto social no Reino Unido, elas proviam ideias e uma linguagem antimuçulmana específica para muitos dos principais ativistas britânicos, que, por sua vez, passavam-nas adiante para ativistas antimuçulmanos que atuavam nas ruas.

Atualmente, essa primeira onda de organizações contrajihadistas internacionais está extinta, muitas delas tendo sido dissolvidas ou inativadas. Tentativas de organização transfronteiriças também fracassaram em grande parte, sendo a Rede de Ligas de Defesa – uma rede de grupos nacionais criada à imagem da EDL – o exemplo principal. A Europa agora carece de órgãos de extrema direita transnacionais criados para unificá-la, e todos os propósitos e as intenções do movimento contrajihadista, em sua forma original, não existem mais. Contudo, apesar de o movimento europeu não ser o que foi outrora, ainda há centenas de organizações e sites na internet que estão ativos e continuam a atiçar o ódio antimuçulmano conspiratório que está no cerne da ideologia contrajihadista. Já nos Estados Unidos o movimento se difundiu, com ativistas e organizações de peso como a ACT! for America tendo acesso sem precedentes a formuladores de políticas durante o governo Trump.

No Reino Unido, a organização contrajihadista mais importante foi a Liga de Defesa Inglesa, cofundada em 2009 por Tommy Robinson. Ela surgiu após a fusão de vários grupos antimuçulmanos de rua menores, entre eles o Povo Unido de Luton [United People of Luton, UPL] e o Cidadãos Britânicos contra Extremistas Muçulmanos [British Citizens Against Muslim Extremists], também fundado em 2009. Como apontado pelo sociólogo Joel Busher, a EDL "inaugurou um novo capítulo da história do ativismo antiminorias na Grã-Bretanha".[2] O UPL foi criado por *hooligans* locais em reação à manifestação de Al-Muhajiroun contra o evento de recepção do Regimento Real Anglicano, no retorno do Afeganistão. Os líderes do UPL foram convidados para irem a Londres e, durante uma reunião com o futuro financiador da EDL Alan Ayling e seus amigos, a ideia de uma organização nacional surgiu.

Para a HOPE not hate, a EDL representava uma ameaça muito diferente do BNP. Não apenas a EDL não disputou as eleições como também vinha de um espaço ideológico diferente. Ao contrário do BNP, que, sob um verniz superficial de aceitabilidade, permaneceu um partido de extrema direita com uma linhagem que vinha diretamente do movimento neonazista e fascista do período do pós-guerra, a EDL marcou um cisma genuíno com o passado. Apesar de Nick Griffin ter encorajado seus apoiadores principais a *esconderem* a política biologicamente racista, a liderança da EDL fez tentativas muito mais fervorosas de distanciar a ideologia de seu movimento da extrema direita fascista, conscientemente se afastando do racismo biológico em favor de uma plataforma preocupada apenas com a cultura e o Islã.[3] Como argumentam George Kassimeris e Leonie Jackson, "O movimento rejeita a confluência de muçulmanos, imigrantes e não brancos feita pelo BNP, e não se preocupa com o multiculturalismo em geral".[4] Sua análise do site *EDL News* descobriu que "Apenas dois dos 117 artigos do *EDL News* discutiam imigração, e nenhum dos dois politizava a questão".[5] Como Hilary Pilkington corretamente afirmou em *Loud and Proud: Passion and Politics in the English Defence League* [*Barulhentos e orgulhosos: paixão e política na Liga de Defesa Inglesa*], "Esse foco numa questão única – e a ausência, por exemplo, de uma postura anti-imigração mais geral – tem sido uma fonte persistente de críticas de grupos de extrema direita mais tradicionais".[6] Nada disso significa que o movimento não era de extrema direita e, não raro, extremamente racista; é só importante observar que não adotava a mesma postura ideológica de movimentos nacionalistas racistas como o BNP. Além de adotarem uma plataforma mais objetiva e não biologicamente racista, também buscavam se distanciar conscientemente da homofobia quase sempre cáustica da extrema direita tradicional. Enquanto o BNP tinha adesivos de "Outlaw Homosexuality" [Criminalizem a homossexualidade], a EDL tinha uma divisão LGBT, e a série de grandes manifestações de extrema direita focadas no ex-líder da EDL Tommy Robinson em 2018 acolhia indivíduos abertamente gays como porta-vozes. No entanto, apesar de a extrema direita tradicional tê-los relegado ao ostracismo, a postura não homofóbica tornou a plataforma mais palatável, concentrando-se no preconceito social mais amplo contra muçulmanos.

Nos primeiros anos, a EDL retratou seu movimento como conscientemente antirracista, anti-homofóbico e pró-direitos humanos. Em vez de uma plataforma amplamente homofóbica e biologicamente racista, típica da extrema direita tradicional, a EDL "utilizou estratégias retóricas como a negação do preconceito, a projeção de motivações culturalmente racistas sobre os muçulmanos, a representação positiva em relação a si e a negativa em relação ao outro e reduções tais como 'não somos contra todos os muçulmanos, mas...'".[7] No início de 2011, a EDL lançou um manifesto que seguia a retórica liberal pioneira de Griffin e do BNP. O primeiro item do manifesto era "Proteção e promoção de direitos humanos", que descrevia a EDL como "uma organização de direitos humanos". O segundo alegava que eles trabalhavam para promover a "democracia e o estado de direito", enquanto outros itens eram "Educação pública", "Respeito à tradição" e "Trabalho solidário no mundo todo".[8] Em resumo, "a EDL rearticulou a islamofobia como antirracismo e tentou normalizar isso como uma perspectiva natural daqueles comprometidos com a liberdade liberal".[9] A opção de liberal, ou até mesmo a adoção de conceitos tradicionalmente progressistas como "direitos humanos", aliada à rejeição ao racismo biológico explícito, significou que a EDL, pelo menos no papel, tinha potencial para atingir um público mais amplo do que a tradicional extrema direita tinha conseguido até então.

Tudo isso significa que, como argumentou o historiador Nigel Copsey em 2010: "não devemos ver [a EDL] apenas pelo prisma da extrema direita estabelecida. Ao contrário do BNP (ou da Frente Nacional), a EDL não é movida por um objetivo final ideológico neofascista".[10] Contudo, deve-se ter cuidado para não interpretar os pronunciamentos da EDL e de seus líderes ao pé da letra. Há sempre o perigo de se concentrar em declarações públicas da extrema direita e separá-las da realidade como vivenciada por seus ex-adeptos e vítimas, deixando passar o que pode ser um objetivo final diferente do que é defendido, e conferindo a isso uma legitimidade injustificada. Apesar das constantes alegações de não serem racistas ou preconceituosos, a realidade vista nas manifestações da EDL esteve com frequência muito apartada da sublime retórica de direitos humanos contida em seu manifesto.

De 2009 a 2012, a EDL foi o grupo antimuçulmano mais significativo e abominável da Europa. Suas manifestações regulares, à maioria das quais compareci, atraíam milhares de pessoas e se tornaram notícia no mundo todo, transformando Tommy Robinson num líder internacional da extrema direita. Ele desenvolveu uma estratégia e redes internacionais, criando ligações com organizações antimuçulmanas com ideias semelhantes na Europa continental e na América do Norte, incluindo organizações neoconservadoras e a ala anti-islâmica do movimento do Tea Party nos Estados Unidos. Durante um tempo, a EDL se tornou uma figura proeminente na cena contrajihadista internacional e foi louvada por apoiadores no mundo todo. Houve uma rede semiformal de Ligas de Defesa internacionais, apesar de a maioria ter sido natimorta ou não ter tido um impacto de fato. Por uma década, devo ter comparecido a cerca de cem dessas manifestações – quase sempre com meus colegas cinegrafistas da HNH Fid e Titus –, organizadas primeiramente pela EDL e depois por seu líder Robinson, sob várias outras bandeiras. Durante anos, meus fins de semana foram dedicados a viajar pelo país para estar em ruas cerca-

68   TAMBORES À DISTÂNCIA

das por barricadas ao lado de racistas bêbados e arrogantes, ouvindo falas desconexas de um islamófobo atrás do outro. Alguns dias foram tediosos ao extremo, outros, aterrorizantes quando as manifestações se tornavam violentas e os manifestantes entravam em confronto com a polícia ou com contramanifestantes.

A EDL chegou ao ápice durante a manifestação de recepção em Luton no dia 5 de fevereiro de 2011, atraindo três mil pessoas. Na época, foi considerada a maior manifestação antimuçulmana no Reino Unido. A HOPE not hate montou uma enorme operação nesse dia, com uma série de equipes de filmagem baseadas num hotel próximo ao local da manifestação. Passei o dia pulando os cordões de isolamento da polícia com uma câmera, tirando fotos e tentando evitar receber um soco. Foi só no dia seguinte que percebi que tinha conseguido tirar a primeira foto de Alan Ayling, até então uma figura obscura por trás da ascensão da EDL em seus primórdios. Contudo, ao final de 2011, a EDL já começara perder força. As causas de seu fim lento, porém definitivo, foram muitas. O acadêmico Joel Busher argumenta, de forma convincente, que eles "se viram num impasse tático".[11] A repetitividade interminável das manifestações e os retornos emocionais cada vez mais fracos, alinhados ao endurecimento da liderança em relação à violência, ao hooliganismo e ao álcool, bem como a decisão política de impedir que se reunissem nos centros urbanos e transferir as manifestações para locais periféricos isolados, reduziram o clima e a excitação dos eventos. Até eu comecei a ficar entediado de ir.

O que se seguiu foi uma espiral decrescente conforme manifestações cada vez menores foram aumentando as tensões e os desentendimentos internos, e muitos ativistas da EDL se afastaram para formar os próprios grupos ou abandonaram o movimento de vez. O assassinato do soldado Lee Rigby em Woolwich, no sul de Londres, em maio de 2013, proporcionou uma breve pausa em sua trajetória descendente, mas, apesar dos grandes esforços para capitalizar sobre a tragédia, eles conseguiram pouco mais do que inchar os números nas redes sociais e algumas parcas manifestações maiores. O golpe final veio em outubro de 2013, quando Robinson e seu primo e substituto Kevin Carroll se retiraram da liderança.[12] Apesar da EDL continuar a existir e realizar manifestações pequenas e infrequentes, a organização é atualmente apenas um resquício do que foi outrora e é irrelevante na cena da extrema direita no Reino Unido.

No auge da notoriedade da EDL em 2011, uma nova organização antimuçulmana, que duraria mais que a EDL, surgiu em cena. A Britain First (BF), ou Grã-Bretanha em primeiro lugar, foi formada por Jim Dowson e liderada por Paul Golding, ambos ex-integrantes da BNP. Eles claramente se inspiraram no sucesso da EDL e viram o poder da política das ruas sobrepujando a política partidária eleitoral tradicional do BNP. O grupo começou as atividades políticas de confronto promovendo ações direcionadas para intimidar e inflamar reações violentas por parte das comunidades muçulmanas. Eles atraíram apoiadores maravilhados com suas proezas e ações diretas, em especial tendo como alvo a rede extremista islâmica de Anjem Choudary. Também embarcaram numa série de "invasões a mesquitas", em que intimidavam frequentadores de mesquitas com câmeras e faixas. Por meio de filmagens de confrontos diretos com seus adversários, logo atraíram um enorme apoio nas redes sociais.

Apesar da predileção pela ação direta, quase sempre em uniformes em estilo semimilitar, eles não se afastaram completamente da política eleitoral. Golding se candidatou pela BF nas eleições para prefeito de Londres em 2016, obtendo apenas 1,2% dos votos. Durante o discurso de vitória de Sadiq Khan do Partido Trabalhista, Golding virou as costas para o candidato vencedor e a BF mais tarde tuitou "EXTREMISTAS ISLÂMICOS NÃO SÃO BEM-VINDOS!". Em junho de 2016, o partido chegou às manchetes após o assassinato de Jo Cox, membro do Parlamento pelo Partido Trabalhista, pelo extremista de direita Thomas Mair, que, apesar de não ter qualquer conexão aparente com o grupo, supostamente gritou as palavras "Britain First" durante o ataque. Isso fez com que o partido se retirasse da eleição suplementar subsequente por temer uma reação local.

Golding e a então líder substituta Jayda Fransen foram proibidos de entrar em Luton e, mais tarde, em agosto de 2016, foram banidos de todos os centros islâmicos e mesquitas na Inglaterra e no País de Gales. Em novembro de 2016, Fransen foi condenada e recebeu uma multa num tribunal de Luton por assediar uma mulher muçulmana, e também recebeu uma multa por vestir um uniforme político, algo que é proibido na Grã-Bretanha. No mesmo dia, Golding foi acusado no País de Gales por desobedecer a uma ordem judicial. Golding recebeu pena de oito semanas de prisão em dezembro de 2016 e, quando foi solto, publicou um vídeo em que afirmava: "Posso lhes garantir, no mais profundo do meu ser, que vocês todos vão ter seu fim miserável pelas mãos do movimento Britain First. Até o último de vocês".[13] Apesar dessas palavras, em março de 2018, Golding e Fransen voltaram a ser presos, por 18 e 36 semanas respectivamente, por assédio agravado por intolerância religiosa. Depois, em 2020, Golding foi acusado e condenado, de acordo com a Lei de Terrorismo britânica, por se recusar a dar acesso a seus dispositivos digitais após uma detenção.

Independentemente dos frequentes problemas com a lei, o grupo conseguiu arregimentar um vasto número de seguidores on-line. Apesar de sempre precisarem lutar para conseguir mais do que umas poucas dezenas de pessoas nas ruas, sua página no Facebook tinha mais de 1,9 milhão de curtidas em 2018. Um ápice breve aconteceu em novembro de 2017, quando o presidente Trump retuitou três vídeos antimuçulmanos postados por Fransen. Não obstante, desde então a BF foi banida pelo Facebook e pelo Twitter, o que reduziu enormemente seu alcance, restando-lhes plataformas digitais menores como o Telegram. Embora não seja de jeito nenhum uma tática perfeita, o efeito da remoção da Britain First e de Tommy Robinson das principais redes sociais é prova suficiente de que esse tipo de banimento é uma tática antifascista útil.

———

Desde que as principais redes sociais se tornaram onipresentes na sociedade moderna, o debate a respeito da obrigação de remover conteúdo de discurso de ódio e banir usuários que publicam tais conteúdos se tornou acalorado. Para a extrema direita, o banimento nas redes sociais é emblemático da "guerra" mais ampla à liberdade de expressão e do suposto sacrifício dos direitos humanos no altar do politicamente correto. No entanto, basta se aprofundar um pouco mais para perceber que não se trata de um direito, mas de uma tática. Com suas ideias há muito marginalizadas da tendência dominante, eles usam a noção de liberdade de expressão para tentar alargar a "janela de Overton" (a gama de ideias que o público deseja considerar e potencialmente aceitar), a ponto de incluir suas políticas preconceituosas e odiosas. Muitos que criticam o banimento nas redes sociais argumentam que a melhor maneira de derrotar os supremacistas brancos fascistas é simplesmente expor seus argumentos falidos. A situação mais insustentável é a noção muito repetida de que o debate leva a um maior entendimento: "a verdade será revelada", segundo Shakespeare. Outra é que a diversidade de opiniões sempre leva à verdade; outra ainda é que, quando debatido, o argumento correto sempre vencerá. Seria maravilhoso se tais ideais fossem verdade, mas esse otimismo ignora a possibilidade de opiniões mal embasadas inundarem o debate e de "quem gritar mais alto" acabar se sobrepondo aos outros. Na verdade, o "mercado das ideias" fala pouco a respeito da qualidade ou do valor do discurso sendo vendido. Esses argumentos parecem ainda menos sustentáveis quando aplicados ao febril mundo on-line, com sua cultura de comentários controversos ou insultuosos e críticas injustas. Também é preciso explicar como cerca de um século de exposição das ideias da extrema direita ainda não levou ninguém à "verdade", levantando a questão de quantas pessoas terão que morrer em ataques terroristas como os de Poway, Christchurch e El Paso antes que alguém por fim consiga abolir a existência da supremacia branca de forma abrangente.

Apesar de os argumentos contra o banimento nas redes sociais com frequência terem por base tais pressuposições insustentáveis, ainda é preciso se perguntar se isso realmente funciona como uma tática na luta contra o ódio. Muitos críticos da estratégia legitimaram o argumento de que empurrar os extremistas para plataformas marginais dificulta o monitoramento por parte de grupos da sociedade civil e dos agentes da lei. Enquanto o Twitter é aberto, os canais e grupos de discussão em aplicativos como Telegram ou fóruns na *dark web* são muito mais difíceis de encontrar e acompanhar. Os membros mais radicais da extrema direita já estão bem cientes do perde-e-ganha entre diferentes tipos de plataformas. Os acadêmicos Bennett Clifford e Helen Christy Powell chamaram isso de "dilema dos extremistas on-line", que é a falta de plataformas que permitam que extremistas recrutem "novos apoiadores em potencial" e mantenham a "segurança operacional".[14] Muitos críticos da tática resumem isso como "forçá-los à clandestinidade", entendendo que o banimento de plataformas abertas dificulta muito mais encontrá-los e, de fato, combatê-los. Compreender tais críticas é importante, mas também é essencial evitar caricaturas da posição "pró-banimento". Poucas pessoas, se é que existe alguma, estão argumentando a favor de banir a extrema direita das principais redes sociais e depois as ignorar enquanto operam em plataformas menores e mais secretas. As dificuldades que surgem a partir da migração de extremistas para outras plataformas são bem entendidas, porém a decisão de continuar a forçá-los a plataformas marginais precisa ser tomada a partir de uma análise de custo-benefício.

Se encararmos as plataformas mais conhecidas como Facebook e Twitter como redes de recrutamento, em que extremistas podem se encontrar e arregimentar possíveis novos recrutas, e que plataformas menores como Gab e Telegram podem facilitar a colaboração, a discussão e até mesmo o planejamento de grupos extremistas, ainda considero que os benefícios de reduzir a capacidade de propagação do ódio e recrutamento pesa mais que os desafios enfrentados para monitorá-los em plataformas marginais e mais seguras. Até porque – e a falta de consideração ao próximo argumento é uma importante denúncia da crítica liberal ao banimento – isso diminui muito a chance de extremistas encontrarem vítimas para seus ataques on-line. Clifford e Powell sugerem uma estratégia de "marginalização" que busca dificultar que extremistas alcancem o público, enquanto também mantém a possibilidade dos agentes da lei continuarem a detectá-los e monitorá-los. O alvo de tal estratégia é "forçar os extremistas ao dilema on-line entre o amplo envio de mensagens e a segurança interna", mantendo, assim, "as narrativas extremistas na periferia e negando-lhes viralidade, alcance e impacto".[15]

O sucesso dessa tática é revelado num relatório feito por pesquisadores do Royal United Services Institute (RUSI) e da Universidade de Swansea intitulado *Following the Whack-a-Mole*, que explorou o impacto do banimento sobre a Britain First. O grupo tinha uma presença on-line desproporcional, com 1,8 milhão de seguidores e 2 milhões de curtidas na página do Facebook em março de 2018, tornando-a "a segunda página do Facebook mais curtida na categoria 'política e sociedade' no Reino Unido, precedida apenas pela da família real".[16] Contudo, seu banimento do Twitter em dezembro de 2017 e do Facebook em março de 2018 teve um efeito enorme sobre a influência da organização no Reino Unido. Como afirma o relatório, a decisão do Facebook "desarticulou a atividade on-line do grupo, fazendo com que tivesse que começar do zero no Gab, uma plataforma de rede social consideravelmente menor".[17] Por fim, a decisão do Facebook de agir de forma incisiva reduziu a capacidade da Britain First de espalhar o ódio e tem sido, sem dúvida, um fator-chave para o declínio do movimento.

Outro estudo de caso importante é o banimento do fundador da EDL, Tommy Robinson. Em março de 2018, ele foi banido em definitivo do Twitter e depois, em fevereiro de 2019, do Facebook, onde tinha mais de 1 milhão de seguidores, privando-o de seu principal meio de comunicação e organização de seus apoiadores. Outro golpe importante veio em 2 de abril de 2019, quando o YouTube finalmente criou algumas restrições, o que resultou num colapso de visualizações. Menos de centenas de milhares de pessoas têm acesso a seu conteúdo todo mês, o que foi um enorme passo. Isso talvez possa explicar os números muito reduzidos que temos visto nos eventos pró-Robinson desde então. Durante o verão de 2018, Londres testemunhou manifestações de mais de 100 mil apoiadores de Robinson. Desde seu banimento, os números estão lutando para sair de poucas centenas. Os motivos que explicam o fenômeno vão além de uma única causa, mas a incapacidade de Robinson e seus associados de espalharem ideias e contagiarem as massas para além de seus apoiadores centrais teve um papel claro.

A verdade brutal é que a última década viu extremistas de direita atraírem públicos impensáveis na maior parte do período do pós-guerra, e o estrago tem sido visto nas ruas, nas pesquisas de opinião e no aumento das mortes causadas por terroristas da extrema direita. O banimento nas redes sociais não é um recurso claro e direto, mas limita o alcance do discurso de ódio on-line, e as plataformas de redes sociais precisam interferir mais, e o quanto antes.

3
O efeito do extremismo islâmico e o Estado Islâmico

Fui informado que a parte mais perigosa do voo era justamente quando o avião se aproxima da pista de aterrissagem – essa é a altitude ideal para o alcance dos mísseis. Já era noite e eu tinha conversado um pouco com alguns trabalhadores da indústria petrolífera no saguão de embarque no aeroporto de Istambul. Não saberia dizer se só estavam tentando me assustar, mas isso me pareceu factível e não contribuiu para meu crescente nervosismo. Logo eu descobriria, já que em duas horas e meia tocaríamos o solo de Erbil, no norte do Iraque.

Poucas semanas antes, Nick Lowles e eu estávamos bebendo no pub Crown and Anchor na Drummond Street, em Londres, enfurecidos com a aparente falta de atenção sendo dada ao Estado Islâmico (EI) por certos participantes do movimento antifascista britânico. Naquele verão, em junho de 2014, o EI fizera enormes avanços e tomara o controle de uma das principais cidades do Iraque, Mossul, com consequências pavorosas para a população local. As mulheres passaram a ser obrigadas a estarem na companhia de um homem e se cobrirem por inteiro, enquanto minorias étnicas sofriam "limpezas". Cristãos armênios, assírios, curdos, yazidis, turcomanos, kawliyas, mandeanos e shabaks foram despojados de seus bens, muitos deles assassinados, atacados ou expulsos. Vídeos de fanáticos festejando ao destruir sítios culturais antigos ou ao jogar homens gays do alto de prédios inundaram a internet.

Apesar de alguns antifascistas estarem horrorizados – e alguns até terem viajado para lá para lutar –, outras partes do movimento pareciam desinteressadas. Na época, muitos estavam bem mais interessados no número crescente de pequenas manifestações de extrema direita em Cricklewood, zona norte de Londres, do que na rápida expansão do EI. Enquanto eu estava no Iraque, um grupo chamado Left Unity, fundado pelo diretor de cinema Ken Loach, organizou uma conferência na qual foi proposta uma moção de que o Estado Islâmico poderia ser uma "força estabilizadora" na região e "uma expressão autêntica de (...) aspirações anti-imperialistas", e que "Ao contrário de uma continuação da estrutura de Estados-nações imposta pelo Ocidente, o Estado Islâmico, teoricamente, tem um potencial progressista". Eu tinha passado o dia ouvindo histórias trágicas de morte e tortura e, quando cheguei em casa, tive que ouvir supostos aliados na Grã-Bretanha discutindo o "potencial progressista" dos perpetradores. Apesar de a moção ter falhado, esse era exatamente o tipo de política idiota que Nick e eu considerávamos um perigo para nosso movimento e precisávamos questionar.

Tínhamos de fato começado a pesquisar o islamismo doméstico muitos anos antes. Eu estava fazendo doutorado na Royal Holloway, na Universidade de Londres, mas ainda trabalhava com frequência para a HOPE not hate, principalmente comparecendo a manifestações de rua organizadas pela EDL. Há anos eu vinha ouvindo discursos antimuçulmanos e falando com ativistas de extrema direita que culpavam todos os muçulmanos pelos crimes cometidos por uma minoria radical, que tinha ocupado as manchetes por seus acessos de fúria ou atrocidades terroristas. Há muito tempo sabíamos que um dos principais meios de a extrema direita atrair mais pessoas era através da reação às ações dos extremistas islâmicos. Essa ideia é chamada de "extremismo cumulativo", uma teoria concebida pelo historiador e pesquisador do fascismo Roger Eatwell, que a descreveu como "a maneira como uma forma de extremismo pode alimentar e amplificar outras formas de extremismo".[1] Nunca me convenci de que esse é um efeito igualitário e simbiótico como alguns defendem, mas não tenho dúvida de que as ações dos islamitas têm sérias ramificações para a ascensão da extrema direita.

Contudo, nossa oposição ao islamismo ia muito além do fato de ele poder ser um impulsionador do recrutamento da extrema direita. Tratava-se também de consistência. Sabíamos que tínhamos que nos pronunciar contra todas as organizações extremistas que incitavam o ódio e a divisão. Tínhamos que nos certificar de que havia uma voz progressista criticando esses grupos, e não apenas concedendo terreno para a mídia de tabloides quase sempre histérica e discriminatória – ou pior, de extrema direita. Em 2013, publicamos nosso primeiro relatório importante sobre o extremismo islâmico britânico, *Gateway to Terror: Anjem Choudary and the Al-Muhajiroun Network* [*Portal para o terror: Anjem Choudary e a rede Al-Muhajiroun*]. Estávamos nervosos. Isso estava fora da nossa área de pesquisa habitual e sabíamos que muitos iam pensar que não era para nos metermos nesse assunto. Para alguns dos membros mais acomodados do movimento antifascista, sabíamos que isso seria encarado como se quiséssemos nos aproveitar da extrema direita. Mas era o certo a se fazer. Afinal de contas, apesar de não serem de forma alguma iguais, os fascistas e os extremistas islâmicos compartilham algumas características, em especial um veemente antissemitismo, homofobia e misoginia. Queríamos que os antifascistas fossem a vanguarda da batalha contra o extremismo islâmico, lutando para defender os interesses da tolerância, da igualdade e dos direitos humanos. Sabíamos que, se não fizéssemos isso, estaríamos concedendo terreno para aqueles que gostariam de se aproveitar da questão para a promoção da intolerância, do fanatismo, do racismo e da oposição aos direitos democráticos.

Nas vésperas do lançamento do relatório e nos anos seguintes, Nick e eu comparecemos a várias manifestações organizadas pelo islamita mais famoso da Grã-Bretanha, Anjem Choudary, e sua organização, Al-Muhajiroun (AM). Numa tarde de sexta-feira ensolarada em 2013, observamos um de seus eventos do lado de fora da Embaixada da Síria, na zona oeste de Londres. Gritos de "Sharia para a Síria" e "Queime no inferno, Obama" eram lançados de um velho alto-falante, atrapalhando a tranquilidade da Belgrave Square. Entre os carros chamativos alinhados do lado de fora de suas respectivas embaixadas, estavam 45 seguidores, homens no meio, mulheres e crianças afastadas. A retórica que vinha dos alto-falantes era extremada, com um veneno especialmente dirigido ao secretário-geral da ONU, Ban Ki-moon, bem como aos alvos normais, Grã-Bretanha e Israel. "A única forma de vencermos não é por meio das urnas, mas de balas e bombas", disse um dos oradores.

Ao contrário da extrema direita, que nos odiava e que teria atacado Nick se o visse num evento, Choudary e seus apoiadores não sabiam quem éramos. Quase sempre éramos as únicas pessoas assistindo, então eles vinham e batiam um papo. Eu até troquei números de telefone com Choudary, que passou a me mandar mensagens de texto com regularidade, às vezes me convidando para a próxima manifestação, às vezes me convidando para me converter ao Islã. Lembro-me de uma conversa por mensagens especialmente estranha numa sexta-feira à noite, quando eu estava numa boate na zona leste de Londres e ele ficou me convencendo a parar de beber e a aderir à sua organização. Um amigo me perguntou com quem eu estava trocando mensagens e eu respondi: "Com o terrorista mais famoso da Grã-Bretanha".

A organização Al-Muhajiroun foi fundada por Omar Bakri Muhammad, nascido em Alepo, na Síria, em 1958.[2] De personalidade jovial e amigável, ele dedicou sua vida à propagação de visões islâmicas extremistas. Contudo, foi após os ataques terroristas do Onze de Setembro nos Estados Unidos que o perfil do grupo começou a deslanchar. Ao contrário da maior parte de comunidade muçulmana britânica, que condenou com veemência os ataques, a AM saiu em sua defesa, e até mesmo comemorou os eventos publicamente. Em setembro de 2002, exatamente um ano após os ataques, o grupo realizou a infame conferência "Magnificent 19", que elogiou os terroristas do Onze de Setembro e incluiu um pôster com o slogan "11 de setembro de 2001, um dia que se destaca na história mundial". O apoio a bin Laden se popularizou entre os integrantes da organização, como seu site na internet registrou:

> Continuaremos a apoiar acadêmicos, ativistas e *mujahideens* sinceros, tais como o xeique Osama bin Laden, enquanto suas palavras e espadas estiverem empunhadas pela dignidade do Islã, enquanto seu terror estiver mirando os inimigos de Alá e enquanto seus esforços forem para a preservação da dignidade de muçulmanos depois que os governantes apóstatas a tiverem perdido.[3]

Declarações inflamadas como essas aumentaram significativamente a exposição do perfil do grupo no mundo todo, apesar de ainda contarem com cerca de 160 membros formais. Apesar da retórica extremista do grupo, a maioria dos comentaristas os via como palhaços procurando obter espaço na mídia, e não muito mais que isso. Tudo isso mudou após os bombardeios do dia 7 de julho de 2005 que mataram 52 pessoas em Londres. Três dos terroristas eram cidadãos britânicos descendentes de paquistaneses de West Yorkshire, um era um jamaicano convertido de Buckinghamshire. Mohammad Sidique Khan, o líder da conspiração, era um convertido da AM, e Shehzad Tanweer, um cúmplice, fora descrito como "membro" da AM no Reino Unido.[4]

É importante ressaltar que membros dessa organização participaram do protesto em Luton contra os soldados repatriados em 2009,[5] o que levou à formação da organização Povo Unido de Luton, embrião da Liga de Defesa Inglesa, como vimos no Capítulo 2. Naquele momento, com Bakri exilado, a liderança da operação londrina tinha recaído sobre a figura cada vez mais famosa de Anjem Choudary.[6] Claramente energizado e encorajado pela indignação pública que se seguiu à manifestação em Luton, o Islam4UK (uma frente da AM) convocou um protesto no início de 2010 em Wootton Bassett – cidade que se tornara um local não oficial de luto pelos militares britânicos mortos. O plano do grupo de marchar pelas ruas segurando caixões pretos foi amplamente condenado por todos, do então primeiro-ministro Gordon Brown ao Conselho Muçulmano da Grã-Bretanha, que declarou que "a grande maioria dos muçulmanos britânicos não quer ter nada a ver com esses extremistas".[7] O grupo cancelou a marcha, mas logo foi banido de acordo com as leis de contraterrorismo.[8]

Apesar de serem quase sempre descritos como um simples grupo de doidos e excêntricos, Nick e eu sabíamos que a verdade era muito mais preocupante e sinistra. Tratamos a AM como fazíamos com qualquer organização de extrema direita e começamos a mapear suas estruturas organizacionais e seus principais ativistas. Logo ficou claro que a rede da AM, tanto na Grã-Bretanha quanto no exterior, se tornara uma porta de entrada para terroristas e combatentes estrangeiros do jihad. Em 2013, descobrimos que mais de setenta pessoas de dentro de sua órbita tinham sido condenadas por planejar ataques terroristas ou tinham de fato tido sucesso em realizá-los. Hoje, após a ascensão e a queda do Estado Islâmico, esse número é muito maior.

Os principais ataques planejados envolvendo pessoas ligadas à AM incluíram o plano de bombardeio de Wootton Bassett, no qual três homens, inclusive o ativista da AM Richard Dart, foram detidos, acusados e condenados por conversas secretas com o intuito de planejar um ataque em 2013. A conspiração para o bombardeio no Natal de 2010, em que nove homens planejaram uma série de ataques a bomba com alvos que incluíam o Big Ben, a Bolsa de Valores de Londres, a Abadia

O efeito do extremismo islâmico e o Estado Islâmico   81

de Westminster e o London Eye, tinha Mohammed Chowdhury no centro. Ele tinha ligações formais com a Al-Muhajiroun e é conhecido por ter comparecido a manifestações junto com o Islam4UK e os Muçulmanos contra Cruzadas (outra frente da AM). A maioria dos outros homens no complô também tinha ligações diversas com a AM, desde o registro do número de Anjem Choudary em seus telefones até o comparecimento a manifestações da AM. Outro ataque frustrado foi o chamado "complô da bomba de fertilizantes", no qual as autoridades britânicas encontraram seiscentos quilos de fertilizante com nitrato de amônio. Os supostos alvos eram o shopping Bluewater, em Essex, a boate Ministry of Sound, em Londres, e a rede de gás doméstica. Cinco homens foram condenados à prisão perpétua no Reino Unido e outros também enfrentaram acusações no mundo todo. A AM estava intimamente ligada aos ataques planejados. O jornal *The Observer* publicou "como a al-Muhajiroun se tornou a incubadora de uma rede terrorista global que teve um papel decisivo na radicalização de cinco complôs com 'bombas de fertilizantes' (...) Os complôs com bombas de fertilizantes eram típicos dos participantes encontrados e doutrinados da al-Muhajiroun".[9] Além disso, tanto Richard Reid, o *shoe bomber*, quanto os homens-bomba do bar Mike's Place tinham ligações com a AM.* Outro ataque ligado à AM foi o assassinato do soldado Lee Rigby nas ruas de Woolwich em 22 de maio de 2013. O líder de toda a terrível rede era Anjem Choudary, o homem de quem eu recebia mensagens quando estava na balada.

Nosso relatório sobre a AM recebeu ampla cobertura da imprensa e contribuiu para o convencimento de que era preciso que Choudary e seus apoiadores parassem de ser tratados pela mídia como uma piada e fossem vistos como a rede terrorista que eles de fato eram. Levamos uma equipe de filmagem para uma manifestação que ele

---

* Richard Reid tentou detonar uma bomba dentro de um sapato num voo de Paris a Miami em 2001. O ataque suicida no bar Mike's Place ocorreu em 2003 em Tel Aviv, Israel. O ataque resultou em três mortos e cinquenta feridos.

estava realizando na Chinatown de Londres. Entreguei o relatório nas mãos dele e o acusei diretamente: eu o chamei de terrorista. Ele deu de ombros, guardou o relatório e sorriu. Apesar disso, continuou a me convidar para os eventos, aos quais Nick e eu comparecíamos para monitorar as atividades do grupo. Contudo, com o tempo, percebemos que muitos dos rostos familiares que costumávamos ver nas manifestações tinham sumido. Depois começamos a vê-los no Iraque ou na Síria, lutando pelo Estado Islâmico em plena expansão. No fim de 2013, de cinquenta a oitenta pessoas dentro da órbita da AM no Reino Unido tinham rumado para a Síria (cerca de quinze delas provenientes de Luton).[10]

Organizei uma última reunião com Choudary, dessa vez num café na zona leste de Londres. Era 18 de junho de 2014, e eu estava determinado a confrontá-lo uma última vez. Sentei-me, recusei seu convite para tomar chá e comecei a gravar. "Você é um covarde", comecei. "Como assim?", respondeu ele calmamente. "Você mandou dezenas de jovens para a Síria e para o Iraque para lutar e morrer enquanto você fica aqui sentado em Londres. Você é um covarde." Ele próprio nunca tinha posto os pés no Iraque, mas vários de seus apoiadores, sim, e muitos deles morreram no campo de batalha. Em 2015, o próprio Choudary foi preso e acusado com base no Artigo 12 da Lei de Terrorismo por angariar recursos para o Estado Islâmico. Ele recebeu uma pena de cinco anos e seis meses de prisão.

Os funcionários avisaram que o pub Crown and Anchor estava fechando, então Nick e eu tomamos a saideira e concordamos que eu deveria ir ao Iraque, me encontrar com vítimas do Estado Islâmico pessoalmente e produzir uma edição especial para continuar a argumentar que o extremismo islâmico era uma questão antifascista. Acordei na manhã seguinte meio zonzo e achei que era por causa da conversa regada a bebida. Mas logo que me sentei na cama vi uma mensagem de Nick no telefone: "Tudo pronto para o Iraque?".

Aterrissei às 3 horas da manhã e entrei nervoso no moderno terminal abobadado do aeroporto internacional de Erbil.

Esperando por mim, com os braços estendidos, estava "Trig" Trigwell, um amigo de faculdade que tinha ido trabalhar no Iraque. Ele era o coordenador local de uma ONG chamada REACH Initiative, o que significava que supervisionava o Iraque todo com um orçamento de 1,7 milhão de dólares e uma equipe de 84 pessoas. O trabalho deles era coletar e distribuir informações sobre populações afetadas durante crises humanitárias, como desastres ambientais e guerras. Trig se ofereceu gentilmente para me hospedar por uma semana e me levar para visitar campos de refugiados e assentamentos informais.

Ao subirmos no 4×4 à nossa espera, fui surpreendido pelo ar noturno fresco – apesar de estarmos em novembro, fazia 20°C. Passamos por ruas desertas no caminho do aeroporto até a casa de Trig em Ankawa, que me disseram ser o mais antigo subúrbio não habitado do mundo. Tradicionalmente uma parte assíria da cidade, o local se tornara o principal assentamento de cristãos no Iraque. Para meu espanto, da janela do carro pude ver uma enorme e espalhafatosa estátua azul e branca da Virgem Maria em cima de um pedestal com pilares de plástico ao estilo grego. Sua cabeça com uma coroa dourada e seus braços estendidos estão apontando para baixo, para um cruzamento rodeado de lojas fechadas, entre elas uma loja de bebidas. Era difícil de acreditar que os combatentes do EI estavam a apenas quarenta quilômetros e que apenas dois meses antes drones e aviões de caça dos Estados Unidos tinham jogado bombas de mais de duzentos quilos para destruir bases rebeldes na área, inclusive artilharia móvel que havia bombardeado Erbil.

Chegamos à casa de Trig, um grande prédio quadrado num abastado beco sem saída de casas idênticas. Entramos pé ante pé na casa silenciosa, e deixei minhas malas no quarto dele. "Venha ver isso", disse ele, levando-me por uma escada que dava num terraço. Naquele momento, o sol estava nascendo e os sons de uma cidade voltando à vida começavam a romper o silêncio. Numa das paredes, notei que havia um mural escrito SOLIDARIEDADE. "Ainda está úmido", comentou ele enquanto eu me aproximava para inspecionar dezenas de assinaturas espalhadas em torno das letras maiúsculas. Era por causa de David Haines, um colega de Trig, que fora sequestrado pelo EI e decapitado pouco antes da minha chegada.

Com os olhos tapados, abrindo uma fresta entre os dedos, eu tinha assistido ao vídeo de Haines ajoelhado, vestindo um macacão laranja, e um combatente do EI todo de preto, com o rosto coberto, falando com sotaque inglês. "A aliança maligna de vocês com os Estados Unidos, que continua a atacar os muçulmanos do Iraque e recentemente bombardeou a represa de Haditha, só vai acelerar sua destruição e confirmar o papel de cachorrinho obediente", disse ele, antes de cortar o pescoço de Haines com uma faca de cozinha, conforme o vídeo chegava ao fim. Eu não fazia ideia de que ele tinha trabalhado para a mesma ONG que Trig, e, ao ver o mural, a ficha caiu. Não tinha tido muito tempo de me preparar para a viagem e, apesar de sentir uma pontada estranha de nervosismo, eu vinha encarando a viagem como uma aventura. Obviamente não ia conseguir dormir, então olhei de cima do terraço e vi as ruas vazias começarem a se encher com o tráfego matinal, enquanto o chamado para a reza ecoava pela cidade.

– Aceita um café?

Antes que eu pudesse recusar, o agente humanitário que me acompanhava se virou e disse:

– Sempre aceite. É a única coisa que restou para oferecerem.

O efeito do extremismo islâmico e o Estado Islâmico   85

Estávamos na tenda de uma família de refugiados sírios vivendo em Kawergosk, perigosamente próximo de Mossul e da linha de frente do EI. Para minha surpresa, a tenda, da qual eles tinham puxado um segundo cômodo em madeira e lona, era relativamente espaçosa, comportando uma televisão, um fogão e uma geladeira. Para chegar até lá, eu tinha passado por uma movimentada rua improvisada, pequenos barracos lado a lado numa viela poeirenta oferecendo comida, roupas, fogareiros de parafina, cabelereiro, produtos elétricos e até câmbio de moedas: dinares iraquianos, dólares e euros. A tenda era maior e mais bem equipada do que eu imaginara, mas isso produziu o efeito oposto em mim. O ambiente me fez sentir mais pena deles do que se fosse apenas uma pequena tenda branca com a logo da ONU estampada. Era isso: provavelmente nunca mais voltariam para casa. Poucos meses antes, eles tinham uma casa equipada, carros e empregos, amigos e uma vida. Tudo havia sido tirado deles. Aquela tenda de dois cômodos era agora tudo que possuíam no mundo, e a única coisa que poderiam oferecer a mim, seu convidado, era café. O chão de concreto sobre o qual a casa estava montada já era sem dúvida um progresso – o inverno estava chegando e o acampamento ficava no sopé de uma montanha, o que significava que chuvas poderiam causar uma inundação e arrastar o chão de lama –, mas isso era também um símbolo de permanência.

A viagem até o acampamento não tinha corrido como planejado. Trig estava ocupado com o trabalho e me deixou nas mãos competentes de seu colega Doc, um antigo médico de Bagdá cuja casa fora destruída por um avião americano. Eu tinha pedido que me levasse o mais próximo que se sentisse confortável da linha de frente, então partimos de Erbil para oeste, rumo a Mossul. Pouco antes de chegar ao posto de controle curdo de Aski Kalak, viramos para o norte e seguimos paralelo ao rio Grande Zabe, a posição avançada das tropas do EI. A paisagem era marcada por enormes trincheiras criadas para deter o avanço de veículos blindados, e o horizonte à nossa esquerda estava salpicado de bandeiras pretas do Estado Islâmico. À direita, ficava a usina térmica de Khabat, um conjunto de prédios industriais com uma chaminé vermelha e branca. Abaixei o vidro da janela, me inclinei e comecei a filmar, tentando tirar pelo menos uma foto da chama tremulante. Conforme assistia à usina ficando para trás no mostrador da máquina fotográfica, me deparei com um soldado vestido com uniforme camuflado próprio para o deserto, de pé na entrada da usina. "Abaixe essa câmera!", gritou Doc. Por volta de cem metros à frente na estrada, uma cerca de metal foi retirada, abrindo caminho para a rua deserta, e vários soldados acenaram apontando rifles para o carro.

Um deles bateu com a ponta da arma na minha janela. "Abaixe o vidro", disse Doc. A arma ficou a poucos centímetros do meu rosto conforme o soldado começou a falar numa língua que eu presumi ser curdo ou talvez árabe. Eu estava apavorado demais para chegar a uma conclusão.

– Eles querem a sua câmera.

Passei-a pela janela e comecei a balbuciar.

– Eu só queria tirar uma foto da chama. Da chama, aquela chama ali. Eu só queria uma foto.

Onde eu estava com a cabeça? Eu estava filmando uma usina a poucos quilômetros da linha de frente numa guerra em curso e minha única explicação é que eu queria uma foto da chama. Doc conseguiu acalmá-los, sem dúvida se desculpando pela espantosa burrice de seu passageiro inglês. Eles me fizeram apagar a filmagem, mas felizmente me deixaram ficar com a máquina fotográfica antes de retirarem a barreira e assinalarem que podíamos passar.

Enquanto meu batimento cardíaco desacelerava e eu me certificava de que tinha me desculpado bastante com Doc, fomos seguindo pelo topo da colina e, pela primeira vez, a imagem do local do campo de Kawergosk se descortinou para mim. Mais uma cidade do que um acampamento, aquele era o lar de cerca de 10 mil pessoas que tinham fugido da linha de frente. A cada noite, mais pessoas chegavam acobertadas pela escuridão. Caminhei pelas ruas e me maravilhei com a engenhosidade e a inventividade de seus habitantes. Alguns tinham acrescentado um segundo e às vezes um terceiro cômodo, construídos em madeira, concreto e tijolos. Em questão de meses, essas pessoas tinham transformado meras tendas em casas. A maioria delas me ignorou, talvez fartos de jornalistas ocidentais que nunca traziam as mudanças prometidas, mas outras estavam muito interessadas em conversar. As queixas iam da falta de privacidade – pais que não tinham "nenhuma intimidade" ao compartilhar o espaço com seus filhos – até a impossibilidade de assistir aos programas de televisão favoritos porque "o sinal é uma porcaria". Contudo, problemas corriqueiros como esses, apesar de numerosos, eram só a ponta do iceberg. Temores mais profundos, como o de ficarem presos naquele acampamento ou em outro semelhante por meses ou até anos, eram bem fundados. Além disso, com a primeira neve do inverno ameaçando cair em breve, novos desafios surgiriam.

Na fuga do Oriente Médio no verão escaldante, muitos tinham carregado apenas a roupa do corpo, o que significava que, no momento em que estive no acampamento, 60% dos refugiados não tinham casacos de inverno e, para 90% deles, havia menos de um casaco por pessoa em seu grupo familiar. A batalha para se manterem aquecidos logo se tornaria um item a mais na lista de preocupações. Os problemas se agravavam com a escassez de gasolina nos acampamentos, resultante da ocupação pelo EI de várias refinarias de petróleo na região. Tragicamente, alguns tinham misturado água no querosene, para fazer render, o que fez alguns fogões explodirem. Mais ao norte do campo de Khamke, conheci Jallal, um yazidi vindo de Sinjar, que explicou: "A vida nesse acampamento é boa, mas temos medo de uma coisa... de tudo pegar fogo. As tendas ficam próximas demais umas das outras. Cinco tendas pegaram fogo e, até agora, três crianças e uma mulher morreram".

Ouvi falar de incêndios semelhantes em outros acampamentos, inclusive em Harsham, um pequeno assentamento nos limites de Erbil. Lá, uma barraca de frutas e legumes improvisada abrigava um grupo de dez homens compreensivelmente irados. Eles me explicaram que um incêndio recente consumira uma tenda em quatorze segundos. Por sorte, daquela vez, as mulheres que estavam dentro da tenda tinham conseguido escapar. Ao conversar com esse grupo, ficou claro que a expansão do EI afetara a vida de milhões de pessoas de maneiras não tão óbvias. Fora a tomada de refinarias, às vezes a centenas de quilômetros de distância, o controle de terras aráveis havia forçado a alta dos preços e reduzido as provisões em áreas vizinhas. Apesar dos refugiados terem escapado, o EI tinha o poder de tornar suas vidas ainda piores.

Infelizmente, o grupo de homens que eu conheci em Harsham, mesmo tendo que lidar com uma situação desesperadora, estava entre os sortudos. Campos enormes, tais como Kawergosk, Bagid Kandela e Chamishku, eram organizados e dirigidos por agências humanitárias internacionais; outros, não. Trig e eu rumamos para o norte, com o objetivo de visitar um campo chamado Deirabon, localizado num platô na beira de uma montanha, com uma vista espetacular tanto da Síria quanto da Turquia. O campo, lar de 1.200 yazidis, era composto de grandes tendas e não era administrado, tendo surgido espontaneamente, deixado à própria sorte devido à dificuldade imposta pelo fornecimento incerto de água. Os banheiros eram valas abertas cujo mau cheiro dava para se sentir na área dos dormitórios. As casas de lona não tinham piso, com colchões surrados jogados em cima de cascalho exposto e lama. Os residentes do acampamento tinham recebido apenas uma entrega de alimentos nos últimos três meses, o que significava que tiveram que reunir todo o dinheiro possível para comprar provisões na cidade mais próxima. A diarreia que afligiu o acampamento no verão estava dando espaço para a hipotermia conforme os ventos do inverno cada vez mais rigoroso fustigavam o alto da montanha e corriam para o amontoado de tendas. Estávamos muito longe do mundo de televisões e geladeiras que tínhamos visto em outros acampamentos. Essas situações surgiam porque ninguém era capaz de lidar com a crise em curso. O contingente enorme de pessoas atravessando a fronteira significava que muitos encontravam refúgio em assentamentos informais, prédios abandonados ou acampamentos construídos às pressas, como o de Deirabon.

No mês que precedeu a minha chegada, de 170 a 200 mil pessoas fugiram da Síria e cruzaram a fronteira a caminho de Suruç, na Turquia. Muitos então organizaram a própria viagem ao longo da fronteira entre Turquia e Síria até chegar à cidade de Silopi, que fica entre o Iraque, a Turquia e a Síria. A jornada levava até dez dias. Alguns passavam mais dez dias na cidade fronteiriça esperando permissão para cruzar para Zakho, no norte do Iraque. Para alguns, esse era o fim da jornada, mas, para outros, significava apenas uma nova mudança, dessa vez promovida pelas autoridades curdas, para acampamentos como o de Gawilan, mais ao sul. É claro que o norte do Iraque não tinha que lidar apenas com os milhares de pessoas que fugiam da Síria, mas também com um número crescente de deslocamentos internos, resultado da expansão do EI para o leste.

A origem étnico-religiosa dos migrantes quase sempre determinava seu destino final. O deslocamento dos shabaks e shias turcomanos, por exemplo, aconteceu em dois momentos. Entre o início de junho e o início de agosto de 2014, comunidades vindas de Tal Afar fugiram para Zummar e Sinjar, que estavam protegidas por forças curdas, ao passo que comunidades em Namrud e Mossul escaparam para a planície de Nínive. Contudo, a expansão do EI provocou uma onda de deslocamentos internos secundários para a região curda ao norte do Iraque ou até os enclaves governados pelos shias na região centro-sul do Iraque, uma viagem feita de carro ou de avião. O processo de deslocamento secundário também afetou as minorias cristãs na planície de Nínive. Em junho e julho, cerca de 50 mil cristãos fugiram de Mossul para várias cidades nas planícies. Quando o EI se expandiu novamente no início de agosto, essas pessoas tiveram que se mudar mais uma vez, mas agora somadas aos mais de 150 mil cristãos dos distritos de Al-Hamdaniya e Tel Kaif. Ao contrário do que se pensa, as pessoas não fogem para o refúgio seguro mais próximo, mas sim rumam para locais específicos, influenciadas pela percepção do acolhimento que receberão. Cristãos fogem para outras áreas cristãs, yazidis para áreas yazidis, shias para áreas shias e assim por diante.

Ao conversar com essas pessoas nos campos de refugiados, me espantou como o EI estava despedaçando comunidades centenárias. Apesar de ser absurdo sugerir que o Iraque anteriormente era algum tipo de utopia multicultural – muitos foram perseguidos pelo regime baathista de Saddam Hussein –, o país tinha cidades e vilarejos habitados por comunidades minoritárias incluindo yazidis, muçulmanos shias, assírios, siríacos, cristãos caldeus e armênios, drusos, mandeanos e shabaks, alguns deles tendo vivido na região por mais de mil anos. A expansão implacável do EI forçou muitos desses grupos a fugir, transformando áreas outrora mistas em regiões homogêneas de muçulmanos sunitas. O desejo compreensível de grupos minoritários de buscar refúgio em comunidades semelhantes significou que uma província antes etnicamente mista se estratificou seguindo linhas étnico-religiosas. Alguns deixaram a região de vez, tendo os cristãos majoritariamente fugido para a Europa; vários refugiados cristãos com quem conversei me disseram que não tinham intenção de voltar para casa mesmo que o EI fosse derrotado. Eles não se sentiam mais seguros. A despeito de quase sempre terem raízes antigas em cidades e vilarejos do país, a confiança desaparecera por completo. Essas minorias refugiadas tinham testemunhado vizinhos se voltarem contra elas e não viam nenhuma forma de viver pacificamente entre eles de novo. As linhas tinham sido redesenhadas, não apenas no mapa, mas também entre os povos do Oriente Médio.

Eu estava no bar do Classy Hotel Erbil, um hotel bem menos sofisticado do que o nome poderia sugerir. Trig me apresentava a uma porção de colegas de várias ONGs conforme eles entravam e saíam do bar. Fiquei com a impressão de que a comunidade humanitária é um bando de pessoas forçadas a conviver devido às circunstâncias, forjando relações intensas – em situações e locais extremos –, porém temporárias, já que elas pulavam de lá para cá, entre secas, fomes e guerras, cruzando os caminhos uns dos outros em habitações comunais protegidas, tendas em campos de refugiados ou bares de hotéis.

Pouco tempo depois chegou Sheri Ritsema-Anderson, oficial de assuntos humanitários do Escritório da ONU para a Coordenação de Assuntos Humanitários (OCHA, na sigla em inglês), localizado em Erbil. Estávamos no meio de uma conversa quando seu telefone vibrou sobre a mesa. Ela abriu a mensagem e calou-se no meio de uma frase. "Três carros suspeitos de serem carros-bomba entraram na área. Voltem para casa." Eu estava pronto para me esconder debaixo da mesa, mas, apesar de notar uma certa movimentação ao nosso redor, todos pareciam relativamente calmos. Terminamos de beber e caminhamos de volta para casa, um tanto aborrecidos de nossa noite ter sido tão curta.

Na manhã seguinte, saímos bem cedo para viajar ao norte rumo a Duhok, para visitar o campo de refugiados Domiz 1. A apenas sessenta quilômetros da Síria, ele foi construído para abrigar o afluxo de pessoas que cruzavam a fronteira em fuga. "Pequena Síria" era uma vasta conurbação de tendas e tanques de água, lar de dezenas de milhares de pessoas. Entramos pelo portão e seguimos para a barraca da administração, onde nos ofereceram um copinho de chá preto bem forte. Enquanto esperava Trig tomar as providências para a minha entrada no campo, olhei para cima, para a televisão presa na parede. Uma filmagem granulosa de um monte de metal retorcido que antes fora um carro estava sendo televisionada repetidamente. Alguém aumentou o

92 Tambores à distância

som. Um homem-bomba tinha tentado entrar com o carro no prédio do governo, o que provocara uma saraivada de balas em retaliação. A bomba detonou, matando seis pessoas e ferindo outras dezenas. Era o primeiro ataque a ter a cidade como alvo em sete meses, e um silêncio caiu no local ao assistirmos à filmagem macabra. Tínhamos passado por aquelas mesmas ruas mais cedo naquela manhã.

Deixamos a barraca e rumamos para o acampamento. Trig e os colegas tinham que trabalhar. Usando rastreadores GPS, eles andaram pelas longas ruas e deixaram um marcador em cada banheiro para mapear as instalações do acampamento. Uma bomba poderia ter explodido e pessoas terem morrido, mas o trabalho precisava continuar. Ali, bombas explodiam e pessoas morriam todos os dias. Era por isso que aqueles milhares de pessoas estavam nas tendas ao nosso redor.

Naquela noite, ao voltarmos para Erbil na minivan, nos deparamos com postos de controle vasculhando os veículos que entravam na cidade. Durante o que pareceu uma eternidade, ficamos numa fila ao lado de uma massa de outros carros, avançando lentamente na direção dos soldados. Eu só me lembrava da mensagem da noite anterior: "Três carros suspeitos de serem carros-bomba entraram na área". Onde estavam os outros dois? Será que estavam por ali esperando para destruir o posto de controle? Apesar do ar-condicionado, comecei a pingar de suor enquanto nos arrastávamos adiante. Por fim, conseguimos passar e, enquanto nos afastávamos, percebi que tinha me esquecido de respirar por um tempo. Trig me deu um sorrisinho sarcástico, mas eu tinha certeza de que ele havia gostado daquela experiência tanto quanto eu.

Com a viagem chegando ao fim, fizemos uma última rota para o norte, dessa vez seguindo até a cidade de Zakho, a poucos quilômetros da fronteira do Iraque com a Turquia. Apesar de haver grandes campos de refugiados alojando os migrantes que vinham da Síria para o Iraque via Turquia, a cidade também tinha se transformado em abrigo para os inúmeros assentamentos informais, em que refugiados se acomodavam onde tivesse lugar disponível. Estacionamos perto do que parecia ser um prédio de concreto abandonado cuja fachada tinha desmoronado e fora substituída por lonas azuis tremulando ao vento. Entramos num labirinto de corredores que levavam a cômodos separados por paredes de concreto nuas, cada um abrigando uma família amontoada num espaço minúsculo.

Fomos guiados até o segundo andar e entramos num cômodo aberto para a rua. "Tem uma mulher que foi operada e não pode passar frio, mas não há nada para aquecer o lugar." Nós a encontramos deitada no chão de concreto, com os olhos fechados, dormindo. "O que ela tem?", perguntamos. "Ela estava grávida, mas devido à exaustão e ao frio... acabou perdendo o bebê." Grávida e forçada a fugir devido ao EI, a mulher caminhara não se sabe quantos quilômetros para ficar em segurança, mas o esforço fora excessivo. Na luta para salvar sua vida, ela perdera o bebê e agora, deitada no chão sujo e recuperando-se da cirurgia, era bem provável que morresse também. Não havia nada que pudéssemos fazer além de passar um rádio dando sua localização a outras ONGs, na esperança de que alguém pudesse lhe prestar assistência médica.

Ao partirmos, me senti profundamente inútil e triste. Nos últimos dois dias, tinha visto muita gente sofrendo. Impressionado com o tamanho dos campos e com o número de refugiados, era difícil processar tudo, mas de repente a realidade cruel ficou condensada naquela história de dor e morte. Pensei na conferência em Londres de que eu tinha sido informado no dia anterior, e a ideia do "potencial progressista" do EI. Quis voltar e contar a todos a história dessa mulher moribunda.

Com o sol se pondo, voltei ao campo de refugiados e andei pelas ruas cobertas de tendas pela última vez. Um grupo de crianças jogava futebol numa clareira em meio a um matagal até que os pais gritaram para que entrassem para jantar. Como minha mãe fazia. Mesmo entre infinitas históricas trágicas, a vida continuava.

4
A extrema direita europeia e a crise migratória

Paris estava de luto. A nação se recuperava após sofrer o pior ataque desde a Segunda Guerra Mundial, o mais mortal em solo europeu desde os atentados a bomba a quatro trens em Madri que massacraram 193 pessoas em 2004. Fazia cerca de um ano que eu voltara do Iraque. Às 21h16 do dia 13 de novembro de 2015, um homem-bomba se explodiu perto do estádio Stade de France, e três minutos depois um segundo fez o mesmo. Às 21h25, um atirador abriu fogo no café Le Carillon e no restaurante Le Petit Cambodge, na rua Bichat, matando outras quinze pessoas. Mais um massacre se seguiu na rua de la Fontaine-au-Roi, depois na Charonne. Às 21h40, uma explosão fez diversas vítimas no boulevard Voltaire, enquanto, ao mesmo tempo, um tiroteio com reféns começara na famosa boate Bataclan, lotada naquela noite com fãs que tinham vindo assistir à banda americana Eagles of Death Metal. No total, 130 pessoas morreram e mais 413 ficaram feridas nas mãos do Estado Islâmico.

Enquanto as notícias ainda estavam sendo transmitidas, embarquei num avião para Dresden, na Alemanha, para ir a uma manifestação organizada pela Europeus Patrióticos Contra a Islamização do Ocidente [Patriotische Europäer gegen die Islamisierung des Abendlandes, PEGIDA]. O grupo, formado em outubro de 2014, crescera rapidamente a ponto de se tornar o maior movimento antimuçulmano de rua da Europa. Na sequência dos ataques terroristas anteriores à sede da revista *Charlie Hebdo* em Paris naquele mesmo ano, as manifestações semanais da PEGIDA tinham crescido a ponto de chegar a dezenas de milhares de pessoas. Poucas semanas antes da minha chegada, cerca de 20 mil pessoas haviam lotado Dresden em protesto contra a situação migratória e a resposta humanitária de acolhimento dada pela Alemanha. Com os corpos ainda sendo contados em Paris, aterrissei em Dresden, ansioso com a manifestação que se aproximava. Eu conhecia pouco da cidade além do fato de que tinha sido arrasada pela Força Aérea Real britânica em fevereiro de 1945. A única imagem de que conseguia me lembrar era a famosa e triste fotografia tirada por Richard Peter da estátua da Bondade olhando para baixo, na direção de um deserto de prédios em escombros. Por esse motivo, fiquei agradavelmente surpreso ao andar por suas lindas ruas. Grande parte delas é de fato coberta pelos feios edifícios de concreto do pós-guerra, mas o centro tinha sido restaurado como uma impressionante cidade barroca.

Conforme a noite da manifestação se aproximava, aproveitei alguns dos muitos bares e cafés espalhados em torno do centro da cidade, esperando que as cervejas alemãs me fortalecessem para os eventos que estavam por vir. Pela minha experiência de ter frequentado manifestações de extrema direita por todo o Reino Unido, estava esperando violência, principalmente após os ataques terroristas em Paris. Terminei minha bebida, enrolei meu cachecol na metade inferior do rosto e parti para Neumarkt, praça que costumava ser o ponto de encontro das manifestações da PEGIDA. De um lado, estava um trailer com alto-falantes e uma faixa do movimento estendida. A multidão ia aos poucos se juntando, mas havia algo errado. Faltava animação. Havia um contraprotesto à distância, mas as pessoas que chegavam à praça com bandeiras da Alemanha pareciam bem desinteressadas nele. Onde estavam os grandes grupos de jovens abrindo latas de cerveja ruidosamente e cheirando cocaína sob as jaquetas?

96 Tambores à distância

Havia uns grandalhões fazendo a segurança e um punhado de motoqueiros, mas, em sua grande maioria, a multidão era composta de pessoas com aparência respeitável, em geral casais, quase sempre de meia-idade. Absolutamente ninguém bebendo. Nenhum hino ao estilo torcida de futebol. Nenhum rosto coberto. Nenhuma máscara de porco nem caricaturas de Alá. Por causa disso, a manifestação estava pouco policiada. Não se viam cercas nem barreiras.

Esgueirei-me até a sacada de um hotel e avistei a praça coberta por 10 mil pessoas, mais do que o dobro do que já vira no Reino Unido. Num certo momento, toda a multidão começou a entoar cantos em uníssono. Fiquei arrepiado com os milhares de vozes alemãs ecoando nos prédios ao redor. Era impossível não traçar paralelos históricos medonhos. Meu alemão não é bom o bastante para entender a maioria dos discursos, mas o que entendi foram as conspirações antimuçulmanas de sempre se misturando com um apoio expressivo a Marine Le Pen na França, como consequência dos ataques. Quando os discursos acabaram, a multidão percorreu em silêncio o centro da cidade, o que levou cerca de uma hora. De novo, não havia cantos, pessoas jogando latas ou violência contra policiais. Saí de cena para enviar o meu relatório para Nick em Londres, detalhando quão menos aterradora tinha sido a manifestação quando comparada ao que eu estava acostumado a ver no Reino Unido.

Contudo, quando estava a ponto de apertar "enviar" e terminar minha cerveja, uma família passou por mim: uma criança sentada nos ombros do pai, segurando uma placa da PEGIDA e uma bandeira alemã. Afligiu-me como tudo aquilo estava errado. Era, de fato, muito mais assustador do que os eventos da extrema direita a que eu tinha comparecido na Inglaterra. Isso era normal. Aparentemente aceitável. Não eram *skinheads* fazendo saudações ou arruaceiros cantando hinos de futebol. Eram famílias. Eram pessoas de aparência normal. Eram mulheres. As ideias poderiam ser as mesmas das dos grupos antimuçulmanos no meu país, o ódio aos muçulmanos poderia ser idêntico, mas era de uma magnitude diferente. Será que a raiva em relação à crise migratória tinha aumentado a tal ponto que o que antes era um movimento fraco na Alemanha estava lentamente se tornando popular? Reescrevi meu relatório para Nick e enviei com uma conclusão: "Essa foi diferente".

Pulei da cama cedo, pois Dresden era apenas a primeira metade da viagem. No dia seguinte, haveria outra manifestação antimuçulmana em Praga e, dessa vez, tínhamos recebido informações de que a figura principal da extrema direita britânica, Tommy Robinson, era esperado. O bilhete de trem custou meros treze euros. Vindo de um país em que você tem que vender um rim para pagar por uma viagem longa de trem, olhei de novo para me certificar de que era isso mesmo. Eram treze euros mesmo, então estendi o dinheiro alegremente e embarquei no trem. Poucas horas depois, me vi no desgastado mas ainda impressionante salão *art nouveau* da bilheteria da estação principal de Praga. O apelido de Praga, a Cidade dos Cem Impérios, é merecido. Seus edifícios góticos estavam adornados com bandeiras tchecas, para marcar o aniversário da Revolução de Veludo de 1989. Avisei a Nick que eu havia chegado, deixei minha mala no hotel e segui direto para a manifestação.

Passada uma hora, ficou claro que minhas roupas eram deploravelmente leves, então entrei numa loja para comprar um daqueles chapéus russos com abas para orelhas forradas de lã. Os últimos disponíveis tinham o símbolo vistoso da foice e do martelo, claramente visando os turistas ocidentais. "Você tem outros modelos?", perguntei à vendedora. "Não", respondeu ela, lacônica. Fiquei me imaginando explicando a Nick que meu disfarce tinha sido revelado porque eu tinha usado um chapéu soviético numa manifestação que marcava a queda do comunismo. Comprei o chapéu assim mesmo e arranquei o emblema na frente da vendedora perplexa. "Uma pequena Revolução de Veludo para chamar de minha", ironizei, mas a reação não passou de um olhar inexpressivo. Eu achei engraçado. Ela, não.

A manifestação foi organizada por um sujeito atarracado e de olhar severo chamado Martin Konvička, professor adjunto de entomologia na Universidade da Boêmia do Sul em České Budějovice e fundador do movimento Não Queremos o Islã na República Tcheca, mais tarde chamado de Bloco contra o Islã, do qual era o presidente. Em agosto de 2015, seus seguidores haviam instalado em Praga efígies de torso de mulheres apedrejadas até a morte, para alertar sobre os perigos do Islã. Essa manifestação foi muito menor do que a manifestação em Dresden, um ajuntamento de pessoas numa rua interditada com um palco no fundo. Olhei ao redor e logo avistei Tommy Robinson, acompanhado por ativistas líderes da PEGIDA na Alemanha, entre eles Siegfried Daebritz e Tatjana Festerling. Também fazia parte do grupo Jamie Bartlett, da Demos, uma instituição de pesquisa britânica. Primeiro fiquei chocado, depois descobri que ele seguia Robinson por causa de um livro que estava escrevendo.

Fiquei lá, esfregando as mãos para me aquecer e dando bastante zoom com o auxílio da lente objetiva para conseguir tirar fotos de Robinson e seu grupo. A multidão saudou as bandeiras tchecas e também uma bandeira branca com uma mesquita dentro de um círculo vermelho, riscada como se fosse um sinal de "proibido entrar". Outros carregavam faixas atacando a primeira-ministra alemã Angela Merkel e pedindo sua prisão devido às suas políticas pró-imigrantes. Depois uma onda de agitação se espalhou pela multidão quando um homem idoso subiu ao palco. Quando ele avançou mancando, vestindo um casacão preto e parecendo um líder soviético presidindo uma procissão de mísseis na Praça Vermelha, de repente o reconheci. Era Miloš Zeman, presidente da República Tcheca. Não pude acreditar. A poucos metros de mim, estava Tommy Robinson, um homem que eu vira fazer vários discursos antimuçulmanos a grupos ruidosos de brutamontes da EDL. Agora estávamos ali, ambos assistindo ao presidente de um país da União Europeia se dirigir a uma multidão e dizer quase as mesmas coisas. Ao lado de Zeman estava Konvička, que há pouco tempo tinha postado no Facebook: "Se o pior acontecer, FELIZMENTE haverá campos de concentração de muçulmanos. Eles pediram por isso."[1]

Não era mais necessário ficar de pé num estacionamento debaixo da chuva, cercado por *hooligans* drogados, para ouvir discursos sobre uma suposta invasão muçulmana na Europa. Agora era possível ouvir isso de um presidente europeu. Totalmente deprimido, me arrastei de volta ao hotel e redigi o relatório para Nick. Naquela noite, caminhei pelas ruas de Praga, mas tudo parecia menos lindo e mágico do que quando eu chegara de manhã: os pináculos menos impressionantes, os prédios góticos menos imponentes, as cervejas tchecas menos deliciosas. De alguma forma, a cidade me parecia maculada, e muito, muito menos acolhedora.

Alguns meses depois, continuei minha turnê pela Europa, em direção à Dinamarca. Fui de avião para Malmö, na Suécia, para evitar ficar preso no mesmo voo que Tommy Robinson ou qualquer um de seus apoiadores britânicos. Fazia muito frio quando cheguei, em janeiro de 2016, e, no dia seguinte, haveria uma manifestação da extrema direita em Copenhague. Sentei-me no meu lugar no trem que saía de Malmö e esquentei as mãos nos aquecedores providenciais ao lado de cada assento enquanto cruzávamos a ponte Øresund, famosa pela série policial nórdica *The Bridge*. Quando começamos a cruzar o vasto estreito que forma a fronteira entre os dois países, pus a sombria música tema da série no meu iPod. Conforme uma Copenhague cinzenta foi se aproximando, a introdução cedeu lugar a cordas majestosas e a uma percussão bem marcada, me deixando arrepiado. Talvez fosse apenas nervosismo.

Na manhã seguinte, acordei cedo e dei uma caminhada rápida nas ruas de paralelepípedos cobertas de neve de Copenhague. A cidade é uma mistura encantadora de marcos arquitetônicos históricos e entremeados de prédios de uma modernidade arrojada e destoante. Contudo, o passeio pela cidade teria que esperar, pois eu estava ali para trabalhar. Mais uma vez, me vi numa capital europeia com uma câmera fotográfica esperando a chegada de Tommy Robinson.

Estranhamente, a manifestação tinha sido organizada na Grã-Bretanha, com instruções postadas na página do evento no Facebook por Jack Buckby, o assessor de imprensa da PEGIDA UK e da Liberty GB. E o que era ainda mais estranho: haveria oradores dinamarqueses no evento. Sentei-me num café que dava para o local planejado para a manifestação, mas, conforme a hora de início se aproximava, foi ficando claro que o número de manifestantes seria pequeno. De certa forma, era uma boa notícia, mas pequenas manifestações são mais difíceis de cobrir porque é impossível passar despercebido. Na hora em que o primeiro discurso começou, apenas cem pessoas tinham aparecido.

Na pequena plateia estava o líder da Liga de Defesa Dinamarquesa, Lars Grønbæk Larsen, e um contingente da ala da extrema direita da Frente Nacional da Dinamarca. Também presentes estavam vários suecos, entre eles Dan Park, o "artista" que tinha sido recentemente detido, multado e preso por discurso de ódio. Também da Suécia, havia Ingrid Carlqvist, "Membro Sênior com Distinção" do Gatestone Institute sediado nos Estados Unidos e editora-chefe do *Dispatch International*, um jornal que ela fundou com o líder ativista holandês anti-Islã Lars Hedegaard. Bem recentemente, ela havia publicado um artigo desagradável sobre o que chamou de *"Afghan Rapefugees"*.* O comício ocorreu sem incidentes. O curto discurso de Robinson foi semelhante aos que proferia nos velhos tempos da EDL, falando de uma "invasão militar da Europa" por muçulmanos. Como é comum acontecer nesse tipo de manifestação, houve uma contramanifestação esbravejante e agressiva de antifascistas locais. Às vezes chegava a abafar os discursos, forçando-os a abandonar os megafones e usar um microfone, uma troca que levava tempo para ser feita.

---

* Junção das palavras em inglês *rape* (estupro) e *refugee* (refugiado). Algo como, em português, "estuprofugiados afegãos", acusando refugiados de serem estupradores. (N. da T.)

O discurso de Robinson foi seguido de uma longa e lenta marcha por Copenhague, que se mostrou ainda mais acidentada do que o comício fracassado do início. A marcha foi acompanhada dos dois lados por antifascistas vociferando "Refugiados são bem-vindos" e "Onde está a sua famosa EDL?", forçando a polícia a usar força considerável para detê-los. Depois, conforme a marcha virou uma esquina e entrou numa rua estreita, Robinson apontou para um antifascista que gritava para ele por trás das linhas policiais e berrou "Venha até aqui e repita isso!". Aceitando o convite, o antifascista pulou o cordão de isolamento e o atacou. Os manifestantes que estavam atrás de Robinson saíram em sua defesa, seguidos de policiais com cassetetes. Depois que a ordem foi restaurada, a marcha voltou ao ponto de partida para os discursos dos ativistas Paul Weston e Anne Marie Waters, meus conterrâneos. Weston decidiu atacar os contramanifestantes, acusando-os de serem comunistas, em seguida fez alegações estranhas de que a Organização das Nações Unidas (ONU) estaria trabalhando para destruir todas as fronteiras nacionais e assumir o controle do mundo. Com tão poucas pessoas na plateia, ele pareceu perder o entusiasmo e acabou dizendo: "Chega, preciso de uma cerveja". Waters pegou o microfone e fez um discurso sobre os direitos das mulheres a uma plateia perplexa, composta quase exclusivamente de homens. Seu discurso foi num crescendo até chegar a um ataque às "supostas feministas" da contramanifestação.

Apesar de ter sido um fracasso em termos de público, a manifestação foi mais uma evidência da natureza genuinamente transnacional da extrema direita europeia. Ativistas do Reino Unido organizaram um evento na Dinamarca, onde se encontraram com uma figura proeminente da Suécia. Também foi um bom lembrete para não nos concentrarmos apenas na extrema direita ativa. Como Praga me mostrara poucos meses antes, a política antimuçulmana tinha se deslocado das margens para o centro. Uma manifestação de extrema direita fracassada em Copenhague não significava que não havia um problema com a islamofobia na Dinamarca. Na semana anterior a minha chegada, o governo dinamarquês anunciara planos para restringir ainda mais a política de imigração, incluindo medidas que forçavam refugiados a entregarem seus bens assim que chegassem ao país. Depois, autoridades da cidade dinamarquesa de Randers, a noroeste de Copenhague, ordenaram que pratos à base de carne de porco fossem obrigatórios nos cardápios municipais, após uma moção proposta pelo Partido do Povo Dinamarquês, um partido populista de direita. Medidas duras semelhantes estavam sendo tomadas por governos de toda a Europa central.

Ao voltar para a Suécia pela ponte Øresund, percebi que eu poderia seguir Tommy Robinson até os confins do mundo, mas só teria acesso a uma pequena parcela do quadro geral. A política de extrema direita, sobretudo a islamofobia, tinha sorrateiramente ganhado popularidade. A perna gangrenada começara a espalhar seu veneno pelo corpo inteiro. Pela primeira vez desde que tinha começado esse trabalho em 2010, realmente senti que estávamos perdendo.

———

Quando o último tiro foi disparado na Europa em 1945, os principais arquitetos do fascismo já tinham morrido. As imagens de destruição de grande parte da Europa, de famílias destroçadas e corpos de judeus sendo empurrados para covas coletivas, ficaram gravadas no consciente global, deixando a maioria das pessoas compreensivelmente convicta de que o fascismo morrera junto com seus fundadores. A despeito de tudo isso, o fascismo sobreviveu à Segunda Guerra Mundial, e, apesar de transformado, sobreviveu até chegar aos dias de hoje. Como o teórico do totalitarismo Waldemar Gurian disse em 1946: "O conflito armado acabou, mas a ideologia democrática humanitária não obteve uma vitória evidente".[2]

Quando se trata de debates contemporâneos sobre a extrema direita moderna na Europa, poucos pensam em olhar para trás – para

A extrema direita europeia e a crise migratória   103

o período imediato do pós-guerra – à procura de respostas. Porém a Segunda Guerra Mundial e suas consequências moldaram significativamente o mundo em que vivemos hoje. O historiador Dan Stone argumentou, de forma muito convincente, que "quanto mais distantes estamos da guerra, mais sentimos seu impacto e mais seus significados são debatidos… os anos após 1989 deveriam ser considerados como o verdadeiro período do pós-guerra".[3] Em outras palavras, a oportunidade para um debate significativo e para um ajuste de contas sério em relação aos eventos da guerra só foi possível a partir do final da Guerra Fria e da reunificação da Europa. Antes disso, o continente estava dividido, com cada lado do Muro de Berlim vivenciando um "consenso do pós-guerra" diferente: a oeste, na forma de Estados capitalistas de bem-estar social e, a leste, na forma de ditaduras comunistas.

Apesar de não diminuir a importância dessa divisão ideológica, Stone oferece uma estrutura alternativa por meio da qual podemos entender a ascensão das políticas de extrema direita após a queda do Muro de Berlim. Ele argumenta que o consenso do pós-guerra estava entrelaçado com uma memória particular da Segunda Guerra Mundial, e que os conceitos concorrentes do antifascismo eram, em essência, nada mais do que um cobertor antichama colocado sobre as brasas das políticas de extrema direita. Na Europa Oriental, o antifascismo se tornou uma ferramenta para suprimir adversários dissidentes e justificar a reorganização da sociedade. Lá, o antifascismo evitou se tornar um dogma de Estado, mas se tornou a base intelectual da estabilidade política e social, com um novo consenso construído em torno da cooperação de classes, da democracia parlamentar e do bem-estar social, aceitos tanto pela direita quanto pela esquerda. Assim sendo, por todo o continente, como argumenta Stone, "o antifascismo se tornou a base da estabilidade na Europa do pós-guerra".[4] Como tal, o fim da Guerra Fria e o "colapso do projeto político de democracia social no Ocidente e do comunismo no Oriente se uniram à morte do antifascismo, daí o ressurgimento de ideias e valores há muito presumidos mortos ou, na melhor das hipóteses, marginais e luná-ticos".[5] A fera estava só ferida, não morta, e desde o final da Guerra Fria voltou a despertar.

No dia 9 de novembro de 1989, o Muro de Berlim caiu, seguido pela própria União Soviética, em 1991. A Guerra Fria tinha acabado e, com ela, o que Eric Hobsbawm chamou de "curto século XX". O mundo testemunhou David Hasselhoff, usando uma echarpe com estampa de teclado de piano e jaqueta de couro, cantar "Looking for Freedom" [À procura da liberdade] no Muro de Berlim e uma onda de otimismo se espalhar pelo continente. Alguns se empolgaram, como o cientista político Francis Fukuyama, que declarou "o fim da história" e a "universalização da democracia liberal ocidental como forma de governo".[6] Contudo, nas décadas seguintes, uma nova ameaça à he-gemonia democrática liberal surgiu, não do comunismo ressuscitado, mas da direita radical.

Nesse contexto, o fascismo e as políticas de extrema direita em seu sentido mais amplo nunca desapareceram. Mesmo enquanto os tanques soviéticos invadiam Berlim, tinha gente por todo o conti-nente conspirando pela ressurreição de sua utopia despedaçada. No leste, sob ditaduras comunistas opressoras e antidemocráticas, não havia lugar para grupos de extrema direita ou fascistas no sentido tradicional. No oeste, contudo, partidos políticos de extrema direita rapidamente surgiram nos anos imediatos do pós-guerra. Resumir um fenômeno complexo e variado por um período tão longo é ex-tremamente difícil. O cientista político alemão Klaus von Beyme nos oferece uma estrutura inevitavelmente imperfeita. Ele identifica três ondas da extrema direita no pós-guerra, ocorridas de 1945 a 1955, de 1955 a 1980, e de 1980 a 2000. As exceções à hipótese das três ondas são a Península Ibérica, onde Francisco Franco sobreviveu à guerra incólume e permaneceu como ditador até sua morte em 1975, e Por-tugal, onde António de Oliveira Salazar permaneceu como ditador até 1968. A discussão sobre Franco e Salazar serem fascistas é complexa e não há espaço para abordá-la aqui. Contudo, basta dizer que o maior historiador de Franco, Paul Preston, afirmou: "Franco não era fascista... era coisa muito pior".[7]

Exceto a Península Ibérica, von Beyme argumentou que as três ondas ocorreram como segue:

> A primeira foi o neofascismo (1945-55), quando a maioria dos partidos e políticos de extrema direita estava de alguma forma conectada com os regimes fascistas do pré-guerra e dos anos da guerra. O mais notável aqui foi o Movimento Social Italiano (MSI), que entrou no parlamento em 1948, a despeito de suas iniciais também serem adequadas para *"Mussolini Sei Immortale"* [Mussolini, você é imortal].[8]

A segunda onda foi o populismo de direita (1955-80). Apesar de partidos fascistas continuarem a existir, esse período testemunhou a "ascensão de vários partidos e políticos populistas de direita, definidos mais pela oposição às elites do pós-guerra do que pela adesão a uma ideologia e a um regime derrotados", como observa Cas Mudde.[9] O mais notável desses grupos foi o União de Defesa de Comerciantes e Artesãos, fundado pelo populista francês Pierre Poujade, cujos apoiadores ficaram conhecidos como poujadistas, totalizando 400 mil em 1955.[10]

A terceira onda foi a direita radical (1980-2000). Esse foi o período que testemunhou a primeira grande ascensão da política de extrema direita desde a Segunda Guerra. Foi nesse período, principalmente a partir da década de 1990, que partidos radicais de direita começaram a ingressar em parlamentos europeus em números crescentes. O primeiro foi o Bloco Flamengo (VB) na Bélgica, seguido pelo surgimento da Frente Nacional na França como uma força eleitoral. Uma hoste de partidos semelhantes por todo o continente começou a avançar, como os Democratas Suecos (SD), o Partido do Povo Suíço (SVP) e o Partido da Liberdade da Áustria (FPÖ), sob a

106   Tambores à distância

liderança de Jörg Haider. Com o colapso do comunismo em 1989, a década seguinte também testemunhou a ressurgência das políticas de extrema direita na parte oriental do continente.

Dando continuidade à obra de von Beyme, o cientista social Cas Mudde atualizou o fenômeno com o que designou de quarta onda da extrema direita no pós-guerra, no período de 2000 até os dias atuais.[11] Durante esse período de vinte anos, a extrema direita na Europa foi ocupando cada vez mais uma posição central até chegar ao ponto em que está hoje, em que partidos radicais e de extrema direita ocupam posições de poder por todo o continente.

As causas dessa ascensão são diversas e complexas. Há uma multiplicidade de fatores de longo prazo que sustentam o crescimento aparentemente rápido da extrema direita na Europa nas últimas duas décadas: desmoronamento do consenso antifascista, legados do imperialismo e do colonialismo, racismo estrutural e xenofobia e ramificações negativas da política neoliberal e da globalização. Porém um fator crucial que contribuiu para esse contexto foi o papel da internet e das redes sociais, ajudando a lançar as bases para o crescimento da extrema direita. Ignorado por muitos, o relatório intitulado *The New Face of Digital Populism* [*A nova face do populismo digital*], da Demos, publicado em 2011, ressaltava como "partidos populistas são adeptos do uso de redes sociais para ampliar sua mensagem, recrutar e organizar apoiadores".[12] Vale enfatizar que, até os dias de hoje, muitas obras que tentam explicar a ascensão da extrema direita ignoram o papel da internet. Com o tempo, a internet teria passado da situação de dar novas oportunidades para as organizações de extrema direita existentes para possibilitar o nascimento de tipos completamente novos de ativismo, um fenômeno que menciono mais adiante neste livro.

Ao lado desses fatores de longo prazo, houve uma série de eventos e fenômenos catalisadores que elevaram o pensamento da extrema direita a uma posição de destaque nos últimos anos. Primeiro, foi a onda de ataques terroristas islâmicos, principal-

A extrema direita europeia e a crise migratória   107

mente o Onze de Setembro em Nova York, além dos atentados a bomba nos trens de Madri em 2004, no metrô de Londres em 7 de julho de 2005 e uma série de ataques mortais na França. Assim como a reação contra o islamismo, um importante catalisador para a ascensão da extrema direita europeia foi a crise financeira de 2008 e suas consequências: instabilidade econômica, austeridade e privação. Contudo, as raízes econômicas da ascensão da extrema direita datam de antes de 2008. Dave Renton demonstrou como a economia neoliberal predominante de 1979 a 2008 contribuiu para o crescimento posterior da extrema direita, porque resultou numa "estagnação dos padrões de vida das classes trabalhadoras e, principalmente, numa redução dos pagamentos de benefícios de bem-estar social que deslegitimaram argumentos para a manutenção do *status quo*", criando, em alguns eleitores, a necessidade de buscar alternativas mais radicais.[13]

Todavia, a turbulência de 2008 acelerou a jornada de algumas pessoas rumo ao radicalismo político e à extrema direita. Alguns, como Liz Fekete, argumentam que: "As políticas de austeridade são um meio visando a um fim: qualquer solidariedade em relação à raça e à classe ameaça uma estrutura social que promove o individualismo radical e que foi reorganizada para atender às demandas do mercado".[14] Mas independentemente de os resultados da austeridade terem sido conscientemente buscados ou não, como sugere Fekete, é certo que a crise financeira levou a uma crise de austeridade e à consequente insegurança econômica, o que fez muitos passarem a buscar uma resposta na extrema direita. Até mesmo críticos como Roger Eatwell e Matthew Goodwin, que chamaram essa ideia de "mito popular", admitem que ela "criou espaço" para o que chamam de "nacional-populistas", e que isso exacerbou "divisões já existentes entre os eleitores", "contribuiu para a perda de apoio dos partidos tradicionais" e criou "níveis recordes de volatilidade política na Europa".[15] Apesar do papel da economia continuar a ser fundamental para entender o apoio à extrema direita

108 TAMBORES À DISTÂNCIA

europeia, é importante não negligenciar explicações mais culturais, sendo a chamada "crise migratória" a mais importante.

———

Quatro horas da manhã. O mar Egeu estava a poucos metros, mas, embora ouvisse as ondas batendo na areia, eu não conseguia avistá-lo. As luzes da rua e o letreiro luminoso do hotel refletidos na água, no resort turco de Bodrum, não ajudavam em nada a clarear o breu da praia. A única luz vinha de um farol solitário na pequena península, na extremidade da ilha de Kos. Piscava uma vez, pausava e, depois, piscava três vezes em rápida sucessão. Ele era o guia – o ponto para o qual as embarcações se dirigiam. O crepitar ocasional de um motor de popa, uma tossida ou alguma conversa abafada à distância eram tudo que quebrava o silêncio da noite. Com essa visibilidade limitada, era impossível dizer se o som estava vindo de pequenos barcos de refugiados ou das embarcações maiores da guarda costeira gregas e turcas que patrulhavam o canal de quatro quilômetros entre os dois países. Um jipe raquítico se arrastava lentamente pela estrada que corre paralela à linha d'água e que, de tempos em tempos, virava para a praia com os faróis desligados.

Era setembro de 2015 e a Europa estava assolada pela assim chamada "crise dos refugiados". A trágica consequência da sangrenta e intratável guerra civil síria, a abertura da rota da Macedônia do Norte para refugiados e migrantes, o aumento do pragmatismo por parte dos Estados balcânicos e a generosidade expressa da Alemanha deram origem ao drástico aumento dos movimentos migratórios para a Europa. A "crise" atraindo a atenção da mídia e as manchetes falando de uma "inundação" de recém-chegados contribuíram para um retrocesso xenofóbico em todo o continente. A extrema direita advertiu contra uma "invasão muçulmana", e protestos antirrefugiados invadiram cidades por toda a Europa.[16] A reação à crise catalisou outra onda de normalização, com partidos populistas e de extrema direita capitalizando sobre preocupações públicas.

Após ter notícias de ataques da extrema direita a refugiados em Kos, a HOPE not hate me enviou para investigar. Sabíamos que contar as histórias dessas pessoas nunca seria o bastante para causar uma mudança real, mas, num momento em que a cobertura da mídia reduzia os refugiados a uma estatística, achamos que era importante tentar contribuir para a humanização daquela situação. Viajei para lá com dois amigos, Ena e Rob, ambos jornalistas profissionais ávidos por ver *a* história de 2015 em primeira mão.

Aterrissamos numa ilha em crise. Após fazer o check-in num hotel bem baratinho, deixamos nossas malas e percorremos a pé o curto caminho até a cidade. Naquela época, não havia campos de refugiados oficiais, o que significava que os migrantes eram forçados a construir os próprios locais, dentro e em torno dos centros das cidades. O resultado era às vezes profundamente surreal, com a marina – onde atracavam iates caros e cruzeiros de férias – bem ao lado de aglomerados de tendas. Turistas jantando ao ar livre e degustando seus coquetéis a poucos metros de longas filas de pessoas famintas esperando por um pão. Desde o início da crise, a pequena ilha recebera 35 mil refugiados e migrantes; mais do que toda a população local. Em seu auge, manteve nove mil migrantes ao mesmo tempo, apesar de controles mais estritos na Turquia e melhorias no registro terem reduzido esse número para cerca de dois mil no momento da minha chegada.

Caminhamos pelas ruas de paralelepípedos da cidade antiga, observando a arquitetura com um misto incongruente de prédios egeus e otomanos, ao lado de casas ao estilo veneziano mais novas, remanescentes do período em que a ilha estivera sob o domínio fascista italiano. Os restaurantes e bares estavam movimentados, o centro comercial ecoando o som de donos de lojas de souvenir chamando turistas ingleses bronzeados para entrar, revelando pilhas de ímãs de geladeira, chaveiros e dedais decorativos. Influenciados pelo espírito de férias e com a guarda baixa devido a alguns coquetéis, concordamos que um artista de rua nos retratasse. Enquanto esboçava, ele nos contou como a ilha estava sofrendo sob a pressão de tantos refugiados e como ele temia por sua sobrevivência e pelo futuro de seus filhos. Ao pagar, perguntei aonde os refugiados de fato chegavam e ele apontou para a praia. "Chegam todas as noites."

Três horas se passaram sem sinal de desembarque. Tinham nos contado que a maioria dos barcos chegava entre 4 e 6 horas da manhã, mas não víramos nada e ouvíramos muito pouco. Quando o sol começou a subir por volta de 6h50, a luz atingiu a superfície do mar Egeu e depois a praia. A visibilidade melhorou, e a imagem de praias de areias brancas que eu vira em folhetos turísticos foi rapidamente riscada da minha mente. O litoral pedregoso estava polvilhado de detritos de meses de migração. Barcos de borracha rasgados, remos e dezenas de coletes salva-vidas competiam com o sortimento usual de garrafas, latas e sacos plásticos. Quando já estávamos a ponto de desistir e andar até o hotel mais próximo em busca de um merecido café da manhã, um ponto distante apareceu na água. Ele oscilou para cima e para baixo até que, aos poucos, com a ajuda da lente da máquina, o tênue contorno de um barquinho surgiu à luz do raiar do dia. Ao se aproximar, o contorno indistinto ficou mais nítido, revelando um pequeno bote inflável abarrotado com oito homens com coletes, remando desesperadamente em direção ao litoral.

Assim que chegaram à areia, a movimentação foi muito rápida. Homens exaustos, alguns só de cueca, pularam na água e puxaram o barco para a areia. Um jipe que estava patrulhando o local horas antes de repente ressurgiu e três homens desceram do carro. Sem nem mesmo falar com os migrantes recém-chegados, dois deles tiraram o motor de popa do barco e o levaram embora, seguidos por um terceiro que pegou o barco. Antes que os passageiros tivessem recuperado o fôlego, os abutres já tinham se apoderado de seu espólio. "Vocês os conhecem?", perguntei para um dos recém-chegados.

A extrema direita europeia e a crise migratória   111

"Não, não faço ideia de quem sejam", respondeu, soltando as palavras entre respirações profundas. Eles esvaziaram uma sacola de roupas na areia e começaram a se trocar. Um homem se sentou na areia e acendeu um cigarro ao olhar para a Turquia, com um sorriso torto aos poucos se espalhando no rosto. Ele tinha conseguido chegar à Europa. Outro sacou um celular às pressas e ligou para amigos que já tinham conseguido chegar à cidade. "Como foi a viagem?", perguntei. "Muito cansativa, muito cansativa", foi a resposta. O motor de popa tinha pifado logo depois da partida, deixando-lhes sem opção a não ser remar pelo resto da viagem.

Eu não sabia o que dizer. Fiquei me perguntando o que eles deviam pensar de nós. Tenho certeza de que tinham passado meses imaginando como seria esse momento – e acredito que não esperavam fazer essa travessia noturna perigosa só para chegar e encontrar três ingleses dando-lhes as boas-vindas à Europa com um cigarro de brinde. Por sorte, Ena é bem carismática, o que leva as pessoas a instantaneamente se abrirem com ela. Eles tinham deixado o Paquistão havia dez meses com o sonho de uma nova vida na Europa. "Por que vocês deixaram o Paquistão?", perguntou ela. "Lá não tem trabalho", respondeu um deles. "Não tem eletricidade." Isso não tocaria muito a opinião das pessoas que estivessem lidando com os papéis da imigração na cidade de Kos. Apontamos a rua principal para o centro da cidade e os observamos voltarem a ser de novo pontos no horizonte.

Demos meia-volta e caminhamos para a praia. Naquele momento, grandes barcas, cruzeiros e navios-tanque já eram visíveis, sobrecarregando a passagem estreita. De longe, o som inconfundível de um motor de popa podia ser ouvido novamente. Um pequeno barco pesqueiro de fibra de vidro entrou no nosso campo de visão, medindo no máximo quatro metros. Ao contrário das outras embarcações ao longo do litoral, essa estava vindo direto para a praia, com uma bandeirinha turca se agitando na popa. Quando chegou à areia, as pessoas começaram a pular na água. Um dos homens voltou para o barco e carregou uma menina de no máximo 7 ou 8 anos. A mãe da menina veio atrás. Eram onze pessoas no total, provenientes da Síria, do Iraque e da Palestina. Tinham tido uma travessia difícil, com todos espremidos no barco. "Nos disseram que seria um barco grande", explicou um dos iraquianos. Parecia que os contrabandistas raramente cumpriam sua palavra na negociação.

Antes mesmo que as pessoas saíssem da água, os abutres voltaram à cena, puxando o barco para que não se afastasse flutuando. Um careca de pança protuberante entrou na água e segurou o barco. Seu cúmplice era um homem mais velho e muito mais magro, usando um boné de beisebol. Ele se virou para os migrantes e perguntou: "Preciso da chave, cadê a chave?". Os recém-chegados simplesmente ignoraram o ladrão de barco grego. Alguns estavam ocupados fazendo ligações telefônicas e tirando *selfies*, muito animados ao registrar a chegada à Europa. O grupo sírio, uma senhora com a filha e dois rapazes de cerca de 17 anos, ficou muito mais impressionado. "Cadê a chave?", perguntou o nativo de novo, dessa vez com uma ponta de frustração. Um dos homens iraquianos deu um passo à frente e explicou num inglês sem fluência que eles não tinham a chave. Os contrabandistas, que tinham cobrado 2.600 euros por pessoa, inclusive pela criança, simplesmente ligaram o barco, o apontaram na direção de Kos e retiraram a chave em seguida. Se o motor tivesse morrido na travessia, eles teriam ficado à deriva, flutuando no mar, sem nada exceto um pequeno remo e a esperança de serem resgatados pela guarda costeira grega. O homem foi ficando cada vez mais insistente, aumentando o tom de voz. "CADÊ A CHAVE?" Um dos rapazes sírios foi ficando agitado, depois ele nos explicou que pensava que seria assaltado, alegando que tinha visto uma arma amarrada na cintura do homem que berrava. Não percebi isso, mas o garoto estava visivelmente nervoso. Depois de cinco minutos na praia, os migrantes largaram os coletes salva-vidas e começaram a caminhada de duas

A extrema direita europeia e a crise migratória   113

horas do litoral até a cidade de Kos, para se apresentarem à polícia. Eles tinham conseguido chegar à Europa.

———

"Os extremistas são covardes. Não fizeram nada quando havia cem iraquianos. Só atacaram quando estávamos sozinhos. A maioria dos agentes humanitários eram mulheres." Roberto Mignone, chefe da missão da Agência da ONU para Refugiados (ACNUR) na ilha, estava explicando as cenas que tinham ocorrido às 11 da noite dias antes. Houve um impasse entre a polícia, armada de cassetetes e escudos protetores, e cerca de cem refugiados iraquianos frustrados. Percebendo a tensão, Roberto puxara o colete azul da ONU do bolso lateral da perna de sua calça cargo – "É como se fosse a minha capa de super-homem", disse ele – e postou-se, com os braços abertos, entre a polícia e os iraquianos. Os refugiados só ganharam alguns poucos segundos antes que a polícia avançasse e atacasse, com os cassetetes em punho, para dispersar a multidão. O cenário envolvia uma aglomeração de cerca de trinta criminosos locais, apavorados demais para enfrentar os iraquianos de frente, mas satisfeitos em poder zombar por detrás da polícia. Depois que os refugiados fugiram, os extremistas voltaram sua atenção para o pequeno grupo de agentes humanitários. "Eles odeiam mais os agentes que os refugiados. Acham que são traidores", disse Roberto. Sob os olhares dos policiais, a multidão enfurecida começou a jogar tudo o que via pela frente nos agentes humanitários. Um cubo de gelo passou raspando a lateral do rosto de Roberto a poucos milímetros do olho. Àquela distância e velocidade, o gelo não é diferente de pedra.

Eventos como esse eram raros, mas certamente não isolados. Não muito antes de termos chegado à ilha, racistas locais tinham atacado uma tenda de migrantes à noite, chutando e socando a família iraniana que estava lá dentro. Outra multidão atacou um grupo de refugiados com tacos de madeira, gritando "Voltem para seu país". Um dos boatos que ouvimos foi que alguns dos residentes locais estavam esperando que a maioria dos turistas deixasse a ilha para organizar um expurgo dos refugiados restantes. Muitos tinham escapado de zonas de guerra e viajado centenas de quilômetros, para de novo se encontrar vulneráveis e sob ataque nas ruas de Kos. Essa era uma das razões, além das condições sanitárias ruins, que faziam a ONU querer tão desesperadamente montar um campo de refugiados organizado na ilha. Infelizmente, a autoridade local, encabeçada por um prefeito não colaborativo, tinha frustrado todas as tentativas. "Estamos com as tendas prontas em Atenas, mas não temos permissão para trazê-las", disse um representante da ONU. Um agente humanitário experiente acrescentou que nunca tinha enfrentado uma administração local tão obstrutiva. O resultado foi que os migrantes e refugiados eram forçados a encontrar o próprio abrigo, aumentando o número de aglomerados de tendas e favelas.

Depois da nossa noite na praia, seguimos os recém-chegados até a cidade de Kos para descobrir mais acerca da vida na ilha para os refugiados. Era de manhã, e as pessoas tinham ido à praia tomar banho, fazendo rodízio para usar uma única mangueira. Ena entabulou uma conversa com Hekmat, uma síria com o filho no colo. Quando Ena perguntou por que tinha fugido de casa em Damasco, ela respondeu: "Terrível. Por causa da guerra. Todo mundo, em todo lugar, sangue. Tudo destruído. Não sei como explicar melhor. Terrível". Como muçulmana moderada, ela estava especialmente assustada com o que poderia acontecer se o Estado Islâmico tomasse o controle de sua cidade. "Se vissem a tatuagem no meu braço, eles o cortariam fora", disse ela, estremecendo. Como muitos outros, ela tinha construído um abrigo no meio do aglomerado de tendas desconfortáveis, desordenadas e amontoadas na beira da estrada, reclamando que as luzes fortes da rua dificultavam o sono. Contudo, nem todos os sírios que chegavam dormiam na rua. Alguns eram de classe média e tinham dinheiro o bastante para chegar à Europa, em vez de terem que fugir para campos de refugiados no Iraque, na Turquia e no Líbano. Muitos conseguiam bancar a hospedagem em hotéis locais. De fato, naquela noite, Rob e eu estávamos passando pela recepção do hotel, indo para a piscina, quando vimos a mulher e a criança que tínhamos ajudado a descer do barco naquela manhã fazendo check-in.

No entanto, apesar de a guerra na Síria ser um forte motor impulsionando a crise migratória, os sírios compunham apenas parte dos novos habitantes da ilha. Também bem representados em Kos estavam iraquianos, iranianos, afegãos, migrantes de vários países africanos e, em número crescente, paquistaneses. E era aí que a coisa se complicava. Embora a maioria dos que passavam pela ilha estivesse fugindo de conflitos e opressão, muitos com quem conversamos eram migrantes econômicos. Enquanto os sírios normalmente tinham seus pedidos processados em poucos dias, os paquistaneses poderiam ficar à deriva na ilha por semanas. Um homem, que ficara esperando no sol inclemente do verão por quinze dias, disse que havia fugido da violência na Caxemira. "Todo dia vou à delegacia", explicou ele. "Todos paquistaneses. Todo dia espero na delegacia, não dão documentos. Outras pessoas vão, sírios, no dia seguinte conseguem documentos. Só os paquistaneses são um grande problema... Se eu não tivesse problemas, por que teria vindo para a Grécia?" Apesar de não conseguir documentos, ele era um dos afortunados. Ele contou como um amigo morreu ao fazer a viagem, quando o barco afundou. "Não tem segurança, você paga 1.015 dólares na Turquia e é isso, sem segurança." Os menos capazes de se sustentar, quase sempre os paquistaneses ou africanos, eram os que ficavam vagando em Kos por mais tempo. A única opção era dormir na praia, não tendo mais do que uma caixa de papelão para se abrigar. Outros se refugiavam no que era apelidado de "a selva", uma área arborizada com caixas, colchões e tendas em volta de braseiros. A falta de saneamento fazia com que o cheiro da "selva" chegasse às narinas muito antes de nos aproximarmos de fato.

116   Tambores à distância

Essa priorização de alguns grupos de refugiados em relação a outros significava que não era incomum que pessoas de outros países alegassem ser sírias, na esperança de serem interiorizadas na Europa, algumas mais convincentes do que outras. Um homem, vendo minha câmera fotográfica, correu para me contar do seu calvário na Síria e para lastimar o lento processamento de seus documentos em Kos. "Pensei que tinha chegado ao paraíso, mas voltei para o inferno", vociferou. Mas algo não batia. Ele falava com sotaque do Leste Europeu, talvez da Albânia, e, quando perguntado, ficou claro que não falava árabe. O relato de partir o coração sobre guerra e luta era verdadeiro. Só não era dele.

Apesar das cenas de sofrimento e desespero, houve momentos de esperança. Um rapaz de 16 anos, vestindo uma bermuda doada com a bandeira do Reino Unido, veio correndo na minha direção, radiante. "Consegui meus documentos! Sim! Consegui meus documentos e amanhã vou de balsa para Atenas." Ele era um afegão que vivera no Irã e tinha deixado a família para viajar para a Europa com o irmão. Todos os dias, refugiados como ele se aglomeravam em volta de um quadro de avisos preso a uma árvore, em que uma lista com os nomes das pessoas que receberiam autorização para poder ir para a Grécia continental, pela balsa noturna, era pregada. Quem encontrava seu nome na lista ficava exultante; o restante se afastava abatido, contemplando mais uma noite dormindo sobre o concreto duro. Era um lembrete de que pular do barco e dar os primeiros passos nas areias europeias poderia ser o fim de uma jornada, mas também o início de outra. Esses homens, mulheres e crianças não tinham viajado centenas de quilômetros para se contentar com uma caixa de papelão na praia. Queriam construir uma vida nova, e isso significava continuar a viajar, primeiro para a Grécia continental, depois para a Europa: Alemanha, Escandinávia ou Grã-Bretanha. Quando o sol começava a se pôr, os sortudos, segurando firmemente seus valiosos documentos, saíam caminhando animados pela rua Akti Miaouli em direção ao terminal da balsa. À sua direita, o cálido mar Egeu, à esquerda, muros medievais em ruínas do Castelo de Nerantzia – o castelo da laranjeira amarga. Diante deles, o futuro em forma de uma enorme balsa branca e azul.

A cena no terminal era caótica, com multidões de refugiados e migrantes empurrando uns aos outros na direção do portão, alguns com documentos, outros sem. No meio de toda a comoção, consegui passar pelos guardas e chegar às portas abertas da balsa. As pessoas se aglomeravam entusiasmadas nos passadiços entre o porto e o convés da balsa. À minha esquerda, uma mulher, segurando firme seu filho pequeno, seguia numa cadeira de rodas. Esmagada na fila, ela desmaiou ao embarcar e foi desembarcada. Para seu pavor, ao voltar a si, viu-se não a caminho de Atenas, mas ainda no terminal. Ela gritou em desespero: "Levem-me de volta! Tenho que chegar a Atenas. Tenho que chegar a Atenas. Por favor! Levem-me de volta!" Mas, nem com todo o seu clamor, ela ia ser posta de volta na embarcação. Tinha perdido a oportunidade e teria que esperar mais um dia.

Seus lamentos logo seriam abafados pelo estrondo da sirene de nevoeiro do barco e o rugido das enormes portas da balsa se fechando. As cordas soltas mergulharam na água. Olhei para cima e vi os passageiros aglomerados no convés, debaixo de uma bandeira grega tremulando ao vento. No entanto, no dia seguinte, os braços de Atenas, como muitos já tinham percebido na ilha de Kos, não seriam tão receptivos ao chegarem ao continente. Eles podiam se sentir enlevados pela ideia de estar na Europa, mas muitos na Europa não se sentiam nem um pouco enlevados pela ideia de recebê-los.

———

A crise migratória, o papel do terrorismo islâmico e as consequências da crise financeira de 2008, tudo isso se refletiu na ascensão política da extrema direita europeia. As eleições de 2019 revelariam quanto as coisas estavam ruins. Os resultados mais preocupantes viriam da

118 Tambores à distância

França, Itália, Hungria, Polônia e do Reino Unido, onde o Reagrupamento Nacional (RN), de Marine Le Pen, a Lega Nord (LN), de Matteo Salvini, o Fidesz, de Viktor Orbán, o Lei e Justiça, de Jarosław Kaczyński, e o Partido do Brexit (agora denominado Reform UK), de Nigel Farage, estavam em primeiro lugar nas pesquisas de opinião.

Apesar de um resultado pior em relação a 2014, os 23,31% do RN lhe proporcionaram 22 assentos no Parlamento Europeu, enquanto a Lega Nord na Itália observou um aumento bem expressivo para 34,33%, com 28 assentos. A Polônia e a Hungria se mantiveram na vanguarda do problema, com o Lei e Justiça recebendo um percentual enorme, de 45,38% dos votos, após uma campanha feroz contra a comunidade LGBT+. O Fidesz, em coalizão com o Partido do Povo Democrático Cristão, obteve treze assentos com 52,33% dos votos. Infelizmente, nenhum dos resultados foi uma surpresa, mas isso não quer dizer que não tenham sido chocantes. Cerca de dez anos antes, nas eleições de 2009, a Frente Nacional francesa (mais tarde renomeada Reagrupamento Nacional) recebeu somente 6,34% dos votos e, apesar do partido ter passado por mudanças drásticas – alguns diriam modernização e moderação – durante esse período, sua ascensão ainda assim é meteórica. O mesmo aconteceu com a Lega Nord, que recebeu apenas 6,15% dos votos em 2014. Outro grande vencedor foi Vlaams Belang na Bélgica, que cresceu quatorze pontos na região de Flandres, ficando em segundo lugar na votação nacional para o parlamento federal que ocorreu simultaneamente. Um sinal patente da popularidade do partido veio poucos dias após as eleições, quando o rei Felipe da Bélgica se reuniu oficialmente no Palácio Real com o líder do partido, Tom Van Grieken – a primeira reunião entre a monarquia e a extrema direita desde 1936.

Um partido populista de extrema direita que se saiu pior do que o previsto em 2019 foi o Alternative für Deutschland (AfD), na Alemanha, que ficou em quarto lugar com apenas 11% dos votos nas eleições para o Parlamento da União Europeia – um resultado pior do que o

A extrema direita europeia e a crise migratória   119

das eleições gerais de setembro de 2017 –, mesmo tendo apresentado uma vantagem nas pesquisas de opinião antes das eleições. Contudo, esse resultado ainda assim concedeu ao partido onze membros no Parlamento Europeu, mostrando um aumento significativo em relação aos 7,1% que angariou nas eleições de 2014. O surgimento e a ascensão do AfD na Alemanha nos últimos anos foram observados com horror crescente, tanto por antifascistas quanto por veículos da grande imprensa. Com o legado dos nazistas e a indelével mácula do Holocausto, associados às tentativas quase sempre admiráveis da Alemanha de confrontar sua história, muitos sentiam que o país estaria imune ao contágio do populismo de extrema direita. Ficou provado que não era o caso.

Conforme a década se aproximava do fim, o otimismo de 1989 se desvanecia e a certeza de uma vitória total e irrevogável da democracia liberal parecia ainda mais ingênua. A questão não era mais quando viria a próxima vitória, mas sim se conseguiríamos manter as conquistas das duas décadas anteriores.

5
Milícias americanas e a Ku Klux Klan

"Deus, armas e coragem construíram este país." Essas foram as primeiras palavras que ouvi ao entrar no barracão Quonset, uma construção pré-fabricada feita de chapa de aço corrugado. Oito camas de campanha armadas estavam alinhadas no chão, a maioria com um rifle de assalto semiautomático AR-15 cuidadosamente colocado em cima. A bandeira do Alabama, uma cruz vermelha de santo André num fundo branco, tinha sido pendurada no teto; as paredes estavam cobertas de mapas da área. O barracão se erguia no meio de um vasto vale em forma de U, a poucos quilômetros da fronteira com o México.

Eu tinha acordado cedo, não tomei café da manhã – não conseguiria comer – e fiz a curta viagem para o leste pela rodovia Interstate 10, a partir do meu hotel infestado de baratas logo na saída de Tucson, Arizona, cruzando o estado do Novo México e depois seguindo para o sul rumo à fronteira. Estava exausto. Não tinha conseguido dormir na noite anterior por causa do nervosismo e pelo fato de uma prostituta ficar batendo na minha porta oferecendo seus serviços. Estávamos em agosto e o sol escaldante secara os leitos dos rios que ziguezagueavam pelo vale. Conforme fui dirigindo para o sul, as barras no meu celular indicando a qualidade do sinal foram desaparecendo até que a nefasta mensagem de "sem serviço" apareceu. Tinham me infor-

Milícias americanas e a Ku Klux Klan 121

mado para ficar atento a uma marcação de quilometragem na beira da estrada e dali sair do asfalto e pegar uma rota poeirenta rumo ao deserto. De repente, me senti muito solitário e ciente de que estava completamente incapacitado de ligar para qualquer pessoa se alguma coisa desse errado. Avistei o barracão de metal resplandecente ao sol e fui devagar em sua direção, repassando freneticamente na cabeça minha história inventada mais uma vez. Eu era um jornalista britânico simpatizante desesperado para contar para o mundo toda a brava luta de patriotas americanos contra cartéis de drogas mexicanos e muçulmanos invasores.

Na verdade, eu fora enviado aos Estados Unidos pela HOPE not hate para saber mais sobre a ascensão de Donald Trump conhecendo alguns de seus apoiadores mais fanáticos na corrida para a eleição de 2016. Tínhamos testemunhado o surgimento de milícias "caçadoras de imigrantes" no Leste Europeu e estávamos ávidos por entender melhor o movimento. Nos últimos anos, eu estivera totalmente focado na extrema direita europeia, mas agora, nos preparativos para a eleição, e tendo o xenófobo Trump como um dos candidatos, todos os olhares estavam voltados para o outro lado do Atlântico.

A ideia era me infiltrar num grupo de milicianos e expor o racismo no cerne de alguns desses grupos anti-imigração. Depois publicaríamos um relatório especial pouco antes da eleição, criado para informar o nosso público europeu sobre o que estava acontecendo nos Estados Unidos e também, quem sabe, dar munição para combater Trump aos nossos colegas no movimento antirracismo norte-americano. Realizamos nossas operações de forma completamente independente dos agentes da lei, até porque alguns desses grupos monitorados mantêm ligações com eles. Contudo, evitar tragédias vem sempre antes de objetivos jornalísticos, e não poder fazer nossas próprias detenções significa que, às vezes, relatamos atividade ilegal, principalmente se acreditarmos que um grupo ou pessoa representa uma ameaça física. Com o passar dos anos, houve momentos em que nossos objetivos se

122   TAMBORES À DISTÂNCIA

chocaram com os da polícia, das agências de inteligência e do Estado, resultando em discussões acaloradas. Houve momentos em que fomos ameaçados de prisão pelo trabalho que fazemos.[1]

Ao sair do carro, fui recebido por um homem do tamanho de uma montanha que me estendeu a mão e se identificou como Cornbread,* fundador e líder do grupo Guardiões da Fronteira do Alabama [Borderkeepers of Alabama, BOA], um grupo de justiceiros armados até os dentes que alega ter mil membros. Eles fazem parte do perigoso movimento miliciano dos Estados Unidos que a Liga Antidifamação [Anti-Defamation League, ADL] define como "movimento de ultradireita composto de grupos paramilitares armados, tanto formais quanto informais, com uma ideologia conspiratória antigoverno".[2] Apesar da tradição miliciana nos Estados Unidos retroceder pelo menos ao movimento armado dos Minutemen na década de 1960, a primeira tentativa de começar uma milícia de fronteira foi organizada pelo famoso líder americano da Ku Klux Klan David Duke, que, em outubro de 1977, convocou uma coletiva de imprensa na fronteira dos Estados Unidos com o México e anunciou o Klan Border Watch [Observatório de fronteiras da Klan]. Embora o projeto de Duke tenha dado com os burros n'água, o conceito de milícias de fronteira "perdurou entre os supremacistas brancos, teve um papel em alguns dos movimentos surgidos na década de 1990 e, por fim, levou à ideia de formar milícias cidadãs com patriotas comuns", segundo David Neiwert.[3]

O BOA negava rigorosamente ser uma milícia, já que não se engajava em ações antigoverno mais amplas, concentrando-se apenas na fronteira. Contudo, partilhava da mesma ideologia e colaborava com operações conjuntas com várias milícias. Além disso, alguns de seus membros e ativistas (entre eles vários dos que estavam comigo no Novo México) eram também ativos em outros grupos de milicianos.

---

* Cornbread é um tipo de pão de milho, típico da culinária do sul dos Estados Unidos. Acompanha normalmente todas as refeições na região. (N. da T.)

Alguns até se classificavam como "Three Percenters" [Participantes dos três por cento], um movimento de resistência antigoverno denominado a partir da alegação de que 3% da população americana se engajou na resistência armada contra os britânicos durante a Revolução Americana.

Cornbread era uma figura imponente com um bigode branco ao estilo Fu Manchu, faixa de tecido de camuflagem enrolada na testa, uma barriga protuberante e um pistola Glock .45 presa na perna. Ele tinha o sotaque arrastado do Alabama, pronunciando o som das vogais de forma tão lenta e lírica que não era possível se esquecer de que ele era originário do sul americano. Porém, apesar de estar paramentado para batalha e armado até os dentes, seu hábito de chamar as pessoas de "irmão" e "parceiro" o tornava mais gentil e amigável do que se poderia esperar num primeiro momento. Ele tinha criado o BOA havia pouco mais de um ano e meio, e eu estava acompanhando o grupo em sua sétima viagem à fronteira. Eles tinham dirigido mais de 1.600 quilômetros em comboio pelo Mississippi e pela Louisiana, depois pela vastidão desoladora do Texas até chegar ao Novo México. Nossa "operação" no deserto estava prevista para durar 72 horas.

Ao viajarem para o oeste, pararam numa lanchonete de *waffles* e, em meio a uma refeição gargantuesca, um estranho os convenceu a irem para o Novo México em vez de para o destino original no Arizona. Um proprietário de terras local tinha construído um barracão militar, parte clube de ciclistas, parte base para grupos de milicianos e de "patriotas" em operações nas fronteiras. A localização num vale entre duas cadeias montanhosas que seguem até a fronteira tornou o local uma via aberta para traficantes de drogas e migrantes a caminho da rodovia interestadual mais próxima, apesar do México estar a bons 65 quilômetros de distância. Curiosamente, muitos dos participantes do BOA também pareciam pensar que essas características tornavam aquele território um local privilegiado para capturar combatentes do Estado Islâmico que afluíam da América do Sul.

124   Tambores à distância

Meus primeiros pensamentos foram que ver alguma ação tão longe da fronteira era algo extremamente improvável, e, conforme minha história inventada pareceu ter passado pelo crivo das primeiras apresentações, meu batimento cardíaco se tranquilizou. Comecei a desembalar meu equipamento e me acomodar para o que inicialmente pensei ser só uma viagem de campismo muito estranha com alguns racistas americanos bem excêntricos. Mas bastou eu arrancar as etiquetas da minha calça de camuflagem nova que alguém gritou "Alerta geral!" Todo mundo agarrou o rifle e correu para fora. "Rocky", um funcionário do Walmart da área rural do Alabama, alegava ter avistado um "olheiro" armado na montanha a poucos quilômetros, observando nosso acampamento. Um deles me passou um binóculo e, para meu total espanto, me vi olhando diretamente para um homem sentado numa montanha portando um fuzil AK-47. Rocky aventou a ideia de um "destacamento secreto" subir a montanha e "arrancá-lo de lá". "Como diabos me meti nessa?", pensei. Eu estava a mais de oito mil quilômetros de casa, vestido em tecido de camuflagem da cabeça aos pés e prestes a entrar em guerra com um cartel mexicano. Nunca tinha pegado numa arma e presumia que, mesmo estando familiarizado com essas situações, minhas chances numa troca de tiros com um traficante de drogas mexicano não eram boas. Por sorte, Cornbread vetou a ideia e lembrou ao grupo que, se alguém infringisse a lei, seria afastado. Supostamente o olheiro estava lá para reportar nossa posição, para que os traficantes de drogas e de pessoas pudessem nos evitar em vez de nos confrontar.

Continuei a observar e a fumar um cigarro depois do outro durante o resto do dia, mas, ao cair da tarde e quando uma brisa fresca benfazeja bafejou pelo vale, chegou o momento de começar a preparar a missão. Todos se equiparam com roupas de camuflagem, pesados coletes à prova de bala, um kit de primeiros socorros, uma faca, uma lanterna e uma mochila de hidratação nas costas. Cada um carregava um AR-15, além de um revólver preso na perna. Glocks pareciam ser

Milícias americanas e a Ku Klux Klan   125

as pistolas preferidas. Alguns como Rocky, o mais jovem do grupo, carregavam uma terceira arma "de backup" dentro do colete, enquanto Cornbread optou por uma escopeta e um cinto de cartuchos. Por fim, em cada algibeira ou bolso restante, eles enfiaram munição o bastante para começar uma pequena guerra. Alguns carregaram as armas com balas de ponta oca ou de ponta balística, projetadas para causar o máximo de dano. Se acabassem se envolvendo num tiroteio, estavam preparados para matar.

Eles me deram um colete à prova de bala com uma bandeira americana estampada, que foi recebido com entusiasmo. Depois me perguntaram onde estavam minhas armas e eu respondi que, por ser inglês, não tinha nenhuma. Eles ficaram boquiabertos. A ideia de que eu não possuía uma arma era incompreensível para eles, já que a simples ideia de andar pelo deserto de noite para caçar traficantes de drogas de mãos vazias beirava a insanidade. Tive que concordar.

Fui afastado por um tal de "Bull", um ex-fuzileiro na época caçador de recompensas que também trabalhava como segurança. Era um sujeito intimidador e circunspecto, corpulento, com a cabeça raspada e dono de um enorme caminhão preto blindado que mais parecia um veículo militar. De todos, ele era o mais desconfiado com a minha presença. Depois de ouvir sobre as leis britânicas antiporte de armas e facas, eles me disse enfaticamente: "Vocês precisam retomar o controle do país de vocês!". Apesar de meus protestos de que não queria uma arma, ele insistiu que seria mais seguro para todos os envolvidos se eu carregasse uma. Eu não estava tão certo disso. Ele encheu um jarro de quatro litros com água e o colocou em cima de um toco de árvore, a cerca de dez metros de distância, e me estendeu um rifle semiautomático. "Atire ali", ordenou ele. Lembrando-me do que vira nos filmes, eu puxei a alça que corre ao longo do cano e ouvi a bala entrar na câmara. Fechando um olho, mirei e atirei. O coice atingiu meu ombro e quase me derrubou no chão. Quando abri o olho, o jarro de água tinha desaparecido, restando nada mais do que uma poça. Eu estaria mentindo se não admitisse quanto gostei daquilo. Ao mesmo tempo, porém, não tive dúvidas de que nunca gostaria de me ver numa situação tendo que usar uma arma desse tipo para atirar num ser humano. Devolvi o rifle e disse que não ia precisar dele. Depois de alguma discussão, eles concordaram que eu carregaria uma pequena pistola Walther PPK, uma escolha adequada, acharam eles, pois eu era inglês e essa foi a arma que ganhou fama nas mãos de James Bond. Para manter a paz, aceitei a arma com certa hesitação, mas, no meu íntimo, jurei que não a usaria a menos que minha vida de fato estivesse em risco.

Justamente quando estávamos testando os rádios e nos aprontando para seguir para o deserto, percebi que todos usavam caneleiras de metal que cobriam do tornozelo até abaixo dos joelhos. "Para que servem?", perguntei. "Cobras", foi a resposta. Eu estava tão preocupado com a minha morte iminente pelas mãos dos traficantes que sequer pensara em cobras venenosas. Eles ficaram sabendo que a área era infestada de cascavéis-de-mojave, uma das mais perigosas do mundo. "Se você for mordido aqui, tão longe do hospital, é morte certa", disse Cornbread, o que não ajudou muito a aplacar meus temores. Corri de volta ao barracão para procurar um par sobressalente de protetores de perna, mas não encontrei. Começando a entrar em pânico, esvaziei dois tubos de batatas Pringles em cima da mesa, retirei os fundos, cortei a lateral e envolvi minhas canelas com eles. Quando saí, fui recebido com gargalhadas. Eles disseram que minha invenção seria inútil, mas aquilo me fazia sentir levemente melhor, então mantive as caneleiras improvisadas. Algumas noites depois, me vi de pé num leito de rio seco, ameaçado por três cobras. Corri o mais rápido que minhas pernas engorduradas pelas embalagens de Pringles permitiram, deixando para Cornbread a tarefa de despreocupadamente reduzi-las a pedacinhos com o cano da arma.

Por volta das 9 horas da noite, estávamos totalmente equipados e prontos para partir. Depois de terem examinado a área durante o dia, três grupos de dois homens (Alfa, Bravo e Charlie) partiram para o breu – alguns com equipamento de visão noturna, outros não – e assumiram posições que traçavam um triângulo no vale. A ideia era que os traficantes de drogas dos cartéis, imigrantes sem documentos ou – como alguns acreditavam – terroristas do Estado Islâmico entrariam no triângulo, seriam agredidos e temporariamente detidos até que a Patrulha de Fronteira chegasse para assumir o controle. Na base, ou na "FOB" [*Forward Operating Base*, Base Operacional Avançada], estavam Cornbread e o líder da operação, Bull. Ele planejava e dirigia as missões noturnas e claramente sentia um prazer especial em fazer isso. Para muitos ex-militares ou ex-policiais, essa movimentação toda lhe fazia lembrar dos velhos tempos, tão saudosos desde o retorno à vida civil.

Entrei em campo como parte da equipe Bravo, com o colega de Cornbread, Bama, e Doc, um ex-policial musculoso ostentando um colete de munição aberto e um rifle no ombro, igualzinho a um boneco articulado GI Joe em tamanho real. Escolhemos uma posição e esperamos. Durante horas, pareceu que estávamos caçando vaga--lumes, percebendo cada mínimo movimento de luz ou cada latido de cachorro à distância como um possível alvo. Quando eu já estava começando a pensar que a coisa toda não passava de um jogo inventivo, uma mensagem entrecortada chegou da equipe Alfa pelo rádio. Cinco mexicanos estavam na frente deles, a menos de dez metros. De acordo com o plano, era para eles pularem da escuridão e "iluminá--los", deixando-os zonzos com as lanternas potentes antes de efetuar a detenção dos cidadãos. Porém, por ser novata no deserto, a equipe Alfa falhou em criar a armadilha e os cinco homens passaram direto por eles, alcançando a rodovia mais próxima, onde alguns carros esperavam por eles. Quando perguntados por que tinham fracassado na ação, Rocky foi sincero e explicou: "Eu enterrei a cara no chão, apavorado". Seu colega concordou: "Quando você sai e não tem lua, nem estrelas e tudo o afeta, e você percebe que essas pessoas também estão armadas, fica tudo real... a merda toda fica bem real". A operação noturna falhara, mas não tive mais dúvidas de que tinha me enfiado numa situação extremamente perigosa.

———

Nos Estados Unidos, a extrema direita sempre foi pensada como sendo um problema europeu, algo que empesteava o velho mundo, mas nunca saíra das margens da política norte-americana. No entanto, tem-se argumentado que o Partido Americano de meados do século XIX "talvez tenha sido o primeiro partido puramente nativista do mundo ocidental".[4] Nos Estados Unidos, movimentos organizados de extrema direita em geral surgiram em reação a ameaças contra a supremacia branca sistêmica. Seja a Guerra Civil e a consequente Reconstrução, o movimento das comunidades negras de sul a norte e no Meio-Oeste durante a Primeira Guerra Mundial, o movimento pelos direitos civis das décadas de 1950 e 1960, ou mais recentemente a eleição de um presidente negro, os "movimentos supremacistas brancos surgiram para se opor a qualquer mudança e recuperar o *status quo* anterior".[5] Essa tradição reacionária é fundamental para entender a extrema direita dos Estados Unidos.

Quando se pensa na extrema direita americana, a primeira organização que em geral vem à mente é a Ku Klux Klan (KKK). Originalmente fundada entre o fim de 1865 e meados de 1866 por seis ex-oficiais confederados na cidade de Pulaski, no Tennessee, a KKK foi criada como um clube, e os membros logo perceberam que suas brincadeiras noturnas estúpidas causavam medo nos ex-escravizados da área. O grupo se expandiu rapidamente, o que resultou numa reunião em abril de 1867, na qual as regras e a estrutura da organização foram definidas. Posicionando-se de encontro à luta que visava garantir direitos básicos para pessoas negras, a Klan empreendeu uma campanha de violência e assassinatos contra ex-escravizados e líderes negros. Contudo, após a ação da polícia e conflitos internos, Nathan

Bedford Forrest, o Grande Mago da KKK, extinguiu oficialmente a organização no início de 1870. Em 1915, a Klan foi revivida por William J. Simmons em Atlanta, na Geórgia, após o lançamento de *O nascimento de uma nação*, filme racista de D.W. Griffith que glorificava a primeira encarnação da KKK. Essa reencarnação tinha um programa mais amplo do que sua antecessora e acrescentava um nativismo extremo, anticatolicismo e antissemitismo à sua tradicional supremacia branca. Em 1921, as fileiras da Klan tinham se inchado e algumas estimativas atribuíram o número de 4 a 5 milhões de afiliados, apesar de, na realidade, esse número ser muito menor. Contudo, em seu ápice, 30 mil membros uniformizados marcharam pelas ruas de Washington, DC, em 1925.[6] Ao fim da década, o número de membros tinha encolhido significativamente com a fragmentação da organização, diante da ação da polícia e da má reputação de violência e extremismo.

Simultaneamente ao crescimento da segunda encarnação da Klan nos Estados Unidos, do outro lado do Atlântico, a ascensão do fascismo europeu começou a ser divulgada. As semelhanças não passaram despercebidas por muitos comentadores da época. Em reação à ascensão de Mussolini ao poder na Itália, por exemplo, o jornal *Tampa Times* escreveu: "A Klan, de fato, são os fascistas dos Estados Unidos e, a menos que seja forçada a sair da clandestinidade, pode alcançar um poder semelhante".[7] Segundo Sarah Churchwell: "Por todo o país, da Filadélfia e de Iowa a Montana e o Óregon, os cidadãos americanos foram confrontados com a Klan e os fascistas italianos marchando nas manchetes. Impossível não fazer a comparação".[8] No entanto, alguns americanos passaram da comparação para a emulação, principalmente comunidades de imigrantes. Italianos nos Estados Unidos criaram grupos como o New York Fascia e o Baltimore Fascia.[9] Da mesma forma, a ascensão do nazismo na Alemanha também encontrou admiradores do outro lado do Atlântico. Em 1936, o antigo grupo dos Friends of New Germany [Amigos da Nova Alemanha] foi reformado na criação do infame German-American Bund [Bund Germano-Americano].[10]

130 TAMBORES À DISTÂNCIA

Em 1939, no dia 20 de fevereiro, poucos meses antes da irrupção da Segunda Guerra, 20 mil nazistas americanos compareceram ao grande comício no Madison Square Garden, em que saudações nazistas foram feitas em frente a um retrato de nove metros de comprimento de George Washington, com faixas de suásticas de cada lado. Apesar do grupo ter se dissolvido em 1941, deve-se ter em mente que o fascismo sempre foi um fenômeno transatlântico e que nem todos os movimentos de extrema direita nos Estados Unidos surgiram a partir de tradições nacionais.

A próxima deflagração importante da extrema direita americana ocorreu durante a era dos direitos civis na década de 1960 – o que não foi uma surpresa –, quando vitórias contra o racismo sistêmico e institucionalizado impulsionaram uma reação. A Klan surgiu mais uma vez para lutar pela preservação da segregação. Durante esse período, o grupo se engajou no terrorismo e em assassinatos, entre eles no homicídio de quatro meninas em Birmingham, no Alabama. Em resposta, o FBI e outras agências governamentais começaram a monitorá-los seriamente, se infiltrando e atrapalhando as atividades. Apesar de incapaz de deter o progresso na direção de uma maior igualdade racial, a KKK sobreviveu – e sobrevive até hoje. A partir da década de 1970, o movimento foi descentralizado, fragmentado e muito enfraquecido por conflitos internos, divisões e vários processos judiciais danosos. Embora não seja mais a força unificada que foi um dia, ainda tem a capacidade de se engajar em atos extremos de violência. De acordo com o Southern Poverty Law Center [Centro de Direito da Pobreza do Sul, SPLC, na sigla em inglês], em 2019 ainda havia de cinco a oito mil membros da Klan espalhados por dezenas de grupos concorrentes.[11]

Apesar de esses legados históricos de racismo e fascismo americano permanecerem importantes para o entendimento da extrema direita contemporânea, foram os movimentos e as organizações surgidos a partir da década de 1970 que mais moldaram o extremismo de direita norte-americano moderno. Como argumenta Leonard Zeskind, historiador e pesquisador do nacionalismo branco nos Estados Unidos: "O movimento nacionalista branco do século XXI cresce a partir do movimento supremacista branco das décadas de 1970 e 1980".[12] É importante observar que a era que se seguiu ao movimento pelos direitos civis promoveu uma mudança por meio da qual a extrema direita americana "construiu um movimento em torno da ideia de expropriação, a noção de que o país que eles acreditavam outrora ser de propriedade exclusiva dos brancos não era mais deles".[13] Essa sensação de perda, declínio e vitimização paradoxal continua a ser a força vital da extrema direita americana e isso é fundamental para entender a ascensão de Donald Trump décadas depois.

———

Estava tão escuro que mal podíamos enxergar nossas mãos. A ponta brilhante de um cigarro aceso seria vista a quilômetros de distância, então nos enfiávamos num arbusto e fumávamos com a cabeça virada para o solo. Estávamos na segunda noite e tínhamos recebido instruções para não repetir as falhas embaraçosas da noite anterior. Como antes, as três equipes formaram um triângulo no vale, em torno de um leito de rio seco que mais parecia ser uma via ligando a fronteira até a rodovia. Dessa vez não houve hesitação. Assim que o barulho foi ouvido, dois dos membros da equipe pularam e os iluminaram. Com lanternas e armas em punho, ele gritaram para que os indivíduos parassem, mas a ordem foi ignorada. Um pequeno grupo de cerca de quatro pessoas, talvez contrabandistas, possivelmente migrantes sem documentos, fugiram da luz e saíram correndo para a rodovia. Toda a equipe do BOA definira um "padrão de dispersão" com a intenção de forçá-los ir para o "Móvel 1", o nome dado por Bull a seu caminhão. Tão logo a caçada começou já chegou ao fim. Os Guardiões da Fronteira, sobrecarregados por décadas de comidas engorduradas

132   Tambores à distância

e munição pesada, não eram páreo para os ágeis adversários, que desapareceram na escuridão e ressurgiram ao longe, ao entrar num carro à espera, que saiu a toda velocidade.

As coisas então começaram a ficar surreais. Avistamos um carro com os faróis acesos estacionado no meio do acampamento. Doc engatilhou a arma e a equipe entrou em prontidão para uma emboscada, presumindo que o veículo estava à espera de drogas ou pessoas. Disseram-me para pegar a arma, mas optei por pegar a máquina fotográfica. Fomos nos aproximando devagar, todos com os rifles apontados para o carro. Alguém gritou para o motorista se identificar e, em vez de um sotaque mexicano, o que se ouviu foi um sotaque arrastado do interior. A fala vinha de um senhor americano gordo sentado numa picape. Meu alívio de não ser pego no meio de um tiroteio foi tão grande quanto a animação do grupo quando percebeu de quem se tratava. Sentado lá, no meio da noite, estava Johnny Horton Jr., supostamente o filho de Johnny Horton, cantor country conhecido no mundo inteiro, e ele próprio um cantor relativamente famoso. Ele tinha aparecido para doar um bugre sujo para o grupo. Olhei em volta e tive certeza de que haveria pouquíssima chance do bando se espremer no carro minúsculo, mas eles estavam radiantes com o presente mesmo assim. Entendi que Horton era o comandante de seu próprio grupo de milicianos, chamado United Constitutional Patriots [Patriotas Constitucionais Unidos], em Flora Vista, no Novo México.

Na manhã seguinte, nos reunimos para conversar com a nova estrela do acampamento. Seu cabelo nitidamente tingido de negro estava visível sob o boné de beisebol com as palavras "Deus, armas e coragem" estampadas abaixo da águia dourada, e ele cantou uma canção que alegava ter escrito em parceria com Johnny Cash. Depois me contou, sem nem um laivo e ironia, que Elvis Presley estava vivo e morando no Havaí. Eu ri, mas ele pegou o celular, rolou para baixo em sua lista de contatos até chegar à letra "E" e clicou em "Elvis". "Você pode falar com ele, se quiser", disse, me estendendo o telefone. Lá estava eu, no meio do deserto, em roupas de camuflagem e rodeado por um exército de racistas sulistas acima do peso, tendo a oportunidade de falar com Elvis Presley ao telefone. Imaginei um Elvis idoso, com o cabelo escasso, usando uma camisa havaiana levantada por causa da pança. Conversamos um pouco, e eu me dispus a entreter Elvis pelo tempo que achei educado antes de jurar manter tudo em sigilo e devolver o celular.

Horton passou os dois dias seguintes conosco, não exatamente saindo nas operações noturnas, mas recebendo admiradores em volta da fogueira, cantando, contando histórias e comendo salsichas em lata. Uma vez fora do deserto e com acesso à internet, não fiquei surpreso ao descobrir que Johnny Horton não tinha filho e que "Horton Jr." era, na verdade, Larry Mitchell Hopkins. Claramente um sujeito iludido, ele parecia ser mais um tributo do que o cantor do Hall da Fama Country que alegava ser. Mais tarde, em 2019, foi preso pelo FBI numa acusação de crime federal de posse de armas e munição. Desde então, corre o boato de que seu grupo estava treinando para assassinar Barack Obama, Hillary Clinton e George Soros.

Se a chegada de um cantor country de arma em punho foi surreal, o que aconteceu em seguida foi ainda mais preocupante. Enquanto estávamos sentados à sombra, fugindo do sol escaldante do deserto, fumando um cigarro atrás do outro e espantando moscas, um carro oficial da Patrulha de Fronteira chegou ao acampamento. Como o BOA era um grupo de justiceiros extremista nativista armado até os dentes, eu ingenuamente presumi que as autoridades se esforçariam para se distanciar desse tipo de atividade. No entanto, os policiais que chegaram pareciam genuinamente satisfeitos de nos ver. A conversa foi amistosa, e eles expressaram sua gratidão sincera pelo trabalho que o BOA estava fazendo. "Somos todos americanos aqui", disse um deles. Eles até nos disseram para ligar para o escritório da Patrulha de Fronteira e explicar nossos planos, a fim de evitar sobreposição de atividades com operações oficiais. Uma missão anterior quase tinha acabado em tragédia quando os ativistas do BOA e os oficiais da Patrulha de Fronteira confundiram uns aos outros com membros de cartéis armados e escaparam por pouco de uma troca de tiros. Os dois grupos ficaram gritando um com o outro em espanhol, durante um confronto armado tenso. A alegação de Cornbread de que o BOA estava trabalhando com o apoio da Patrulha de Fronteira pareceu verdadeira, para minha total surpresa. Aparentemente isso não era uma anomalia, visto que um relatório do Centro para uma Nova Comunidade [Centre for New Community, CNC], em Chicago, revelou: "Há pelo menos uma década, alguns funcionários e líderes sindicais do Departamento de Segurança Interna (DHS) estão trabalhando em conluio com o movimento anti-imigração organizado".[13]

Conforme fui aprendendo sobre a posição política dos homens com quem eu estava, a ideia de que a Patrulha de Fronteira era tão amigável e que queria colaborar foi ficando cada vez mais perturbadora para mim. Durante os longos dias quentes, a conversa invariavelmente se voltava para a política e caía no mesmo ponto: como os "liberais" estavam acabando com os Estados Unidos. O ódio cáustico pelos "liberais" – termo usado em seu sentido mais vasto possível, a fim de incluir os democratas, alguns republicanos e todos os principais meios de comunicação – era extremado. Com total aprovação do restante do grupo, Razor,* um cara baixinho e gorducho, que se vangloriava por ser um conquistador, afirmou: "A principal linha divisória neste país não é mais entre negros/brancos, norte/sul ou leste/oeste. É entre republicanos e democratas". Os democratas não eram apenas um partido político com qual eles discordavam, mas traidores contumazes, inclinados a destruir os Estados Unidos. Uma raiva especial era reservada para o presidente Obama, ou "aquele negro na Casa Branca", como era casualmente designado. Os males dos Estados

---

* Razor é "navalha" em inglês. (N. da T.)

Unidos e do mundo, pequenos ou grandes, eram sempre atribuídos a ele, e a maioria não tinha dúvida de que ele era muçulmano.

O grupo se unia em torno de um senso agudo de declínio moral e nacional e uma crença de que os cristãos brancos e do sexo masculino estavam "sob ataque". Eles sinceramente temiam que seu estilo de vida tradicional fosse erodido. "Estou muito preocupado. Estamos descendo ladeira abaixo há um tempo", explicou Rocky. "Por motivos que não tenho certeza se entendo, estão nos dizendo que viemos ofendendo certas pessoas há um tempo. Não importa se o assunto é homossexualidade, cristãos, muçulmanos, direitos, nossos direitos... Por que de repente é esperado que a gente tolere coisas que nunca toleramos antes, sem podermos falar nada sobre isso?", disse Doc. Quando lhe perguntei se achava que os cristãos americanos estavam sendo perseguidos, ele não hesitou: "Com certeza, sem dúvida". Numa linha semelhante, Snake,* ex-oficial da Marinha e um dos poucos no grupo que não era do Alabama, vindo de Baton Rouge, na Louisiana, disse: "Neste momento, o homem branco americano está sob ataque e, se você for cristão, tem mais um peso extra sobre você". A suposta erosão da dominância branca cristã era muito dolorosa para eles e os últimos oito anos da presidência de Obama tinham levado os Estados Unidos a um ponto crítico, segundo eles. "Em quase oito anos, Obama sacrificou tudo que tantas pessoas construíram", continuou Snake. "Nosso país está numa posição difícil. Chegamos a uma encruzilhada e precisamos escolher o caminho a seguir", afirmou Bama.

Independentemente do que se possa pensar a respeito do BOA, não há dúvida do seu comprometimento com a causa. Todos dedicavam grandes quantidades de tempo e dinheiro, com frequência tirando licenças sem vencimentos ou usando sua única semana de férias por ano para dirigir milhares de quilômetros e se arriscar pelo que acreditavam ser seu dever patriótico. "Fomos criados para sermos patriotas, amamos nosso país... Acreditamos na nossa Constituição e é

---

* Snake é "cobra" em inglês. (N. da T.)

por isso que queremos defendê-la e garantir sua aplicação", contou-me Bama. Para ele, a questão da fronteira é sintomática de um ataque mais amplo a seus direitos constitucionais e é a linha de frente na sua guerra imaginada. "Tem uma guerra acontecendo nesta fronteira", disse ele. "Falando francamente, nosso país está sendo invadido... Por enquanto, nós somos o muro", reiterou Cornbread, referindo-se à promessa de Trump de construir um muro na fronteira. Rocky resumiu a motivação do resto do grupo: "Tem milhares de migrantes ilegais sendo despejados aqui. Tem drogas. Tem comércio sexual. Todo tipo de coisas horríveis acontecendo... Alguém tem que tomar a dianteira e fazer alguma coisa".

Contudo, alguns viam essas questões como secundárias à missão principal – que era (na opinião deles) acerca da segurança nacional. "Um monte de gente associa o que estamos fazendo com mexicanos ilegais", disse Doc, mas, apesar de também querer deter a imigração de latinos e traficantes de drogas, sua motivação primordial era combater um suposto fluxo de muçulmanos se esgueirando pela fronteira com o México. "Tem grupos associados com o Estado Islâmico cruzando a fronteira com o México... Não se pode deixar que um grupo como os islamitas invadam os Estados Unidos e esperem vencer." Quando perguntei a Bama se muçulmanos estavam de fato cruzando a fronteira sul, ele respondeu: "É um problema. Tem um monte de muçulmanos entrando pela fronteira. Como eu disse, não temos problemas com pessoas que fazem isso legalmente, mas esses caras são terroristas entrando no nosso país para ferir cidadãos americanos e isso não podemos permitir". A narrativa de que suspeitos terroristas estavam invadindo a fronteira com os Estados Unidos foi repetida por Trump durante seu período na presidência, apesar de o Departamento de Estado ter emitido um relatório afirmando que "não há evidências plausíveis indicando que grupos terroristas internacionais estabeleceram bases no México, trabalharam junto com os cartéis ou enviaram agentes via México para os Estados Unidos". Os fatos não corroboravam essas teorias da conspiração e seus justiceiros – fossem elas acerca de muçulmanos, liberais, Obama ou da imprensa –, mas essa era a peça central de visão de mundo deles.

No último dia de viagem, com os suprimentos de salsichas em lata escasseando, ficou decidido que o grupo iria de carro até a cidade mais próxima, a cerca de cinquenta quilômetros, para comprar víveres. Eu acompanhei Snake, seu irmão "Fang", Bama e Doc e desviei a conversa mais uma vez para Obama e a situação da nação. Bama reiterou seu temor verdadeiro de que uma segunda guerra civil fosse iminente e os outros assentiram em concordância. Paramos num posto de gasolina para comprar uma porção de salgadinhos e refrigerantes. Eu me dirigi para o setor de confeitaria para aplacar meu desejo por doces. Os Estados Unidos têm, sem dúvida, a melhor seleção de petiscos causadores de diabetes do mundo. Enquanto eu examinava as pilhas de chocolates Hershey's, Reese's Peanut Butter Cups e Milk Duds, Bama se aproximou, doido para continuar a conversa. Na opinião dele, a guerra civil iminente teria três facetas: um elemento racial (negros *versus* brancos), um elemento político (liberais *versus* conservadores) e um elemento religioso (muçulmanos *versus* cristãos). Os liberais combateriam ao lado dos negros, tendo muçulmanos como aliados contra os brancos cristãos. Ele se inclinou e sussurrou: "Se a guerra civil começar, a primeira providência será eliminar as mesquitas". Ali, rodeados de crianças comprando doces, ele estava despretensiosamente delineando a natureza de uma futura guerra racial. Até aquele momento, ele tinha sido agradável, gentil e educado, um cara de quem se gosta de imediato. Mas não via problema em falar despreocupadamente em matar muçulmanos enquanto escolhia chocolates.

Tomei a decisão de partir do acampamento um dia antes do planejado. Eu tinha ficado com eles por três dias e duas noites e estava totalmente exaurido. Apesar de parecer que tinha sido aceito pelo grupo, sabia que a farsa era frágil e que não resistiria a um interrogatório. Todo dia, quando alguém da equipe deixava o acampamento para procurar por sinal de telefone, eu esperava seu retorno, aterrorizado com a ideia de que a pessoa tinha saído para me investigar. Se eu fosse exposto como antifascista, não tenho dúvida de que eles me matariam e largariam meu corpo no deserto. Eu não tinha como entrar em contato com a HOPE not hate para dizer que estava são e salvo, e sabia que Nick, meu chefe na HNH, devia estar preocupado. As operações duraram a noite inteira e eu estava apavorado demais para fechar os olhos durante o dia, então ficava deitado no calor, espantando moscas. Tudo isso acrescido do grande esforço que é interpretar um personagem por tanto tempo. É exaustivo ter que ficar relembrando sua história, certificando-se de não dizer algo errado e mordendo o lábio e balançando a cabeça durante conversas sobre negros e "mexicanos estupradores". Pedi desculpas e falei de meus planos de partir naquela noite. Quando meu carro já estava carregado e eu estava me despedindo, Bull me puxou de lado. Ele colocou outra jarra de água no toco da árvore e me estendeu uma arma, que eu segurei firme e atirei, mais uma vez sentindo uma onda de excitação. De todo o grupo, eu sentia que ele é quem tinha simpatizado menos comigo, mas apertou minha mão para mostrar que eu passara no teste de macheza. Quando me virei para ir embora, ele se aproximou e me disse ao pé do ouvido: "Lembre-se, sou um caçador de recompensas, então se ferrar com a gente eu vou achar você".

Combinei de visitar vários deles no Alabama na continuação da viagem, depois segui de carro pela estrada de terra e de volta à via asfaltada na direção da rodovia. Mal tinha percorrido um quilômetro e meio e tive que encostar o carro. Quando meu estômago relaxou após três dias de extrema ansiedade, vomitei descontroladamente na beira da estrada. Limpei a boca, entrei no carro e pus os *Greatest Hits* de Bob Seger e da Silver Bullet Band para tocar. Eu tinha conseguido. Entrei na rodovia I10 e rumei para oeste na direção de Tucson. A batida forte de "Hollywood Nights" – a melhor música americana para dirigir – me empolgou para seguir adiante ao pegar a rodovia na direção do vasto céu azul do Arizona. Não muito tempo depois de cruzar a fronteira estadual, vi luzes azuis piscantes pelo espelho retrovisor e fui obrigado a parar no acostamento. O policial se aproximou da minha janela nervoso e me vi sentado lá vestindo roupas de camuflagem, ostentando um boné do BOA com o distintivo de rifles AR-15 cruzados, com restos de vômito na camiseta e na barba. "Andou caçando?", perguntou ele. "Tipo isso", respondi, vendo a surpresa causada pelo sotaque britânico estampada na cara dele. Fui obrigado a comparecer ao Tribunal de Justiça de Bowie, no Condado de Cochise, mas me livrei pagando uma multa no valor de 215 dólares.

Quando cheguei em Birmingham, no Alabama, a umidade opressora substituiu o calor seco do Arizona. Eu tinha passado as últimas semanas em Tucson escrevendo um relatório sobre os Guardiões da Fronteira e trabalhando em outro projeto prolongado de infiltração. Cerca de um ano antes, enquanto estava em Londres, iniciei uma infiltração na Ku Klux Klan. Tudo começou como uma tentativa de expulsar ativistas no Reino Unido. Apesar de ser uma organização prioritariamente americana, houve algumas imitações britânicas de menor importância no período do pós-guerra. Criei um grupo falso da Klan e escrevi para os principais ativistas dos Estados Unidos expressando meu interesse em me afiliar formalmente. Depois que criamos um laço de confiança, pedi a todos os principais grupos da Klan nos Estados Unidos que me pusessem em contato com os apoiadores europeus que conhecessem para que eu pudesse organizá-los numa unidade funcional. Alguns deles, mas não todos, felizmente me passaram nomes e endereços de alguns de seus apoiadores britânicos. O projeto estava andando bem, mais precisei deixá-lo de lado por um tempo, reassumir minha identidade falsa e procurar meus novos amigos no Alabama.

A caminho da casa de Bama, fiz um desvio para visitar a ponte Edmund Pettus, em Selma, o local do Domingo Sangrento. No dia 7 de março de 1965, cerca de seiscentos manifestantes de direitos civis deixaram Selma rumo à capital do estado, Montgomery. Ao cruzarem a ponte de metal arqueada sobre o rio Alabama, foram brutalmente atacados por policiais armados que jogaram gás lacrimogênio e os agrediram com cassetetes. Os eventos daquele dia entraram para a história como um dos maiores incidentes da luta por direitos civis. Ao atravessar a ponte, não pude pensar em nada que eu gostaria de fazer menos do que ficar na casa de um homem que chamava Obama de *nigger*, um termo ofensivo usado por racistas norte-americanos para se referir a pessoas negras.

Ao final da tarde, cheguei à casa de Bama, um chalé rodeado de grama verde escura brilhante. A casa era bem cuidada e aconchegante, com enfeites de futebol americano espalhados por todo lado. Quando estávamos no deserto, expliquei que não era fã de nenhum time e fiquei comovido com o boné da Universidade do Alabama que ganhei ao chegar. "Se você for fazer parte dos Guardiões da Fronteira do Alabama, vai precisar torcer pelo Crimson Tide", disse Bama. Ele me mostrou o quarto de hóspedes, com um suporte grande para armas em cima da cama com rifles e pistolas. Mesmo sem gostar de beber, ele me ofereceu um pote de geleia cheio de uísque de milho envelhecido por 38 anos. "Um uísque de milho tão envelhecido assim é raro o bastante para provocar brigas de família", comentou ele, me servindo de uma dose. A hospitalidade sulista não é um clichê, é a mais pura verdade. Depois ele pegou uma lata e começou a enrolar um baseado para si mesmo. Fiquei desconcertado. Qual era o sentido de arriscar a vida na fronteira com o México para deter traficantes de drogas e depois fumar maconha? "Relaxe. Esse bagulho é americano."

Enquanto bebíamos e fumávamos, fui ficando deprimido. Bama tinha sido gentil comigo e lá estava eu mentindo para ele. Sabia que, quando a minha história fosse publicada, eu poderia prejudicá-lo de verdade. Esta é a pior parte do meu trabalho: gostar de alguém que está do lado oposto. Seria mais fácil fingir que é simples, que nós somos os mocinhos e eles, os bandidos, mas é muito mais complexo do que isso. Vários anos depois que meu relato original foi publicado, eu estava andando pelas ruas de Jerusalém no horário de fechamento das lojas e um comerciante puxou as venezianas, revelando um mural enorme do Crimson Tide. Lembro-me de ficar surpreso, tirar uma foto e pensar em mandá-la para Bama, quando então me recordei que não éramos amigos, mas inimigos.

Queria entender como alguém tão gentil comigo poderia ser tão cruel com outras pessoas. Quando escureceu, voltamos ao assunto dos temores de Bama de uma guerra civil iminente. Para ele, Barack Obama estava atiçando o fogo da tensão racial de propósito e estimulando tumultos raciais, visando usar a crise resultante como desculpa para declarar lei marcial, abolir a Constituição e se manter no poder. Isso seria o estopim para uma segunda onda de secessões pelos estados do sul e o início de uma guerra civil americana. A hipótese de que Obama estaria planejando se manter no cargo após o seu mandato era sempre aventada pelos ativistas do BOA. Apesar de tudo isso, Bama alegava não ser racista e até mesmo ter amigos negros. Quando lhe perguntei como isso era possível, considerando suas ideias, ele começou a explicar que havia uma diferença entre negros e *niggers* – sendo estes últimos preguiçosos, aproveitadores dos auxílios governamentais e traficantes de drogas. Os primeiros viviam na área e "conheciam seu lugar".

Fiquei revoltado de ouvir esse racismo explícito, especialmente vindo de alguém de quem eu gostava. Às vezes é reconfortante pensar em racistas, fascistas e extremistas violentos como monstros, mas conversar com Bama era um lembrete valioso de que eles são pessoas normais. Fui para a cama triste naquela noite, sabendo que nossas posições políticas não permitiriam que fossemos amigos e que eu tinha o dever de denunciá-lo, assim como seu racismo perigoso.

Fui embora na manhã seguinte e segui para o meio do nada para ver o colega de Bama, Cornbread. Levei horas para encontrar a casa dele, pois seu endereço não aparecia no meu aplicativo de GPS. Por fim, vi uma trilha de terra batida que descia até um bosque com uma área desmatada, no meio da qual estava um trailer acabado. Cornbread surgiu com um sorriso enorme e acenou "Bem aqui, irmão!", do seu jeito inegavelmente cativante. Ele me apresentou sua esposa, que pedira um dia de folga da fábrica automotiva local onde costurava bancos só para me conhecer. Olhando em torno do trailer atravancado pude perceber o sacrifício que um dia a menos de pagamento representava para eles, e me senti péssimo. Cornbread crescera em circunstâncias difíceis, com uma vida familiar tumultuada e muito pouca instrução, e tinha passado dificuldade a maior parte da vida para conseguir obter nada mais do que o básico. De repente, entendi por que ele odiava tanto os políticos – o que eles tinham feito por ele? Passamos uma tarde agradável, bebendo, fumando e comendo frango frito, mingau de aveia e couve. Ele me confidenciou que o pouco trabalho que tinha era normalmente como mão de obra braçal, trabalhando para um imigrante mexicano sem documentos. Ficou claro que, para Bama e Cornbread, o problema nunca era com os mexicanos ou negros que eles conheciam, mas sempre com os de que eles tinham ouvido falar.

Na manhã seguinte, fui acordado cedo. "Consegui uma entrevista com você no programa sobre armas na rádio local", disse Cornbread, enfiando o telefone nas minhas mãos. "Contei de você para eles e eles querem saber por que você fez essa cruzada até aqui só para apoiar os Guardiões da Fronteira". Minha timidez fingida fez pouco efeito e fui empurrado porta afora antes que pudesse pensar num jeito de me safar. Ele me disse para ir andando de volta pela estrada de terra batida, pois não tinha sinal de celular no trailer. "Vou ficar aqui ouvindo pelo rádio."

Antes de dar por mim, eu estava no ar ao vivo, falando do meu suposto entusiasmo e admiração pelas milícias de fronteira extremistas de direita. Isso não estava nos planos. As coisas tomaram um rumo desastroso quando o entrevistador explicou que eles tinham feito umas pesquisas com base no que Cornbread tinha falado sobre mim e acharam ter encontrado minhas contas em redes sociais. Comecei a suar descontroladamente, o que só era agravado pela umidade matinal inclemente. "Temos certeza de que nossos ouvintes vão gostar de acompanhar suas atividades. Tem uma conta privada aqui de um Joe Mulhall que diz que ele trabalha para uma tal de HOPE not hate, é você?" Meu coração batia tão forte que eu achei que meu peito ia explodir. Houve uma longa pausa antes que eu conseguisse exclamar "Não!". Eu tinha apagado minha presença on-line antes de iniciar o projeto e eles pareciam não fazer ideia do que era a HNH, então eu disse que não usava redes sociais e encerrei a conversa de forma abrupta.

Foi só então que lembrei que Cornbread estava no trailer – parte casa, parte depósito de armas e munições – ouvindo tudo. Meu instinto era fugir, mas meu passaporte, meu dinheiro e as chaves do meu carro estavam lá, então eu tinha que voltar. Respirei fundo algumas vezes para me recompor e andei pelo caminho até o trailer, meio que esperando encontrar Cornbread afobado fazendo buscas no Google pela HOPE not hate. Abri a porta e quase chorei de alívio quando o vi secando aveia na grelha, eletrizado pela minha entrevista. Eu tinha me safado, mas sabia que não ia durar muito até o meu disfarce ser descoberto, então engoli o café da manhã, peguei minhas coisas e fui embora o mais rápido que pude sem levantar suspeitas.

Fui direto para a capital do estado, aliviado que a operação finalmente tinha acabado. Recolhi uma quantidade enorme de informações sobre um grupo de milicianos de que eu estava convencido que era perigoso. Em Montgomery, fui visitar amigos que trabalhavam para o SPLC, uma tradicional organização de direitos civis com uma história impressionante de lutas e, em alguns casos, destruição de grupos fomentadores de ódio. Eles tinham uma sede reluzente no centro da cidade, a uma curta distância de onde Rosa Parks embarcou num ônibus em 1955 e mudou o curso da história. A uma distância

144 Tambores à distância

que dá para percorrer a pé, fica a Igreja King Memorial da Dexter Avenue, onde o boicote de ônibus de Montgomery foi organizado, a estação de ônibus Greyhound, onde os Viajantes da Liberdade foram atacados em 1961, e os degraus do prédio do Capitólio do Estado do Alabama, onde o dr. Martin Luther King Jr. proferiu seu famoso discurso "Quanto tempo, não muito tempo" diante de 25 mil pessoas, após a marcha de Selma a Montgomery em 1965. Eu queria entrar voando no escritório do SPLC e contar tudo que descobrira para eles, mas eu sabia que não podia. As regras da HNH são muito claras: eu não podia contar nada para ninguém enquanto estivesse no Alabama, até estar em segurança. Naquela noite, aproveitei ao máximo a curta saída noturna que me ofereceram em Montgomery antes de acordar cedo e embarcar num avião para Chicago.

Eu tinha feito reserva no hotel Travelodge localizado na East Harrison Street, no centro de Chicago, pois ficava a uma caminhada de apenas três minutos do Buddy Guy's bar, do famoso músico de blues de mesmo nome. Soube de boatos que, quando ele estava na cidade, poderia ser visto com frequência no bar, então deixei minhas malas no hotel às pressas e corri para lá. Eu tinha passado o dia nos escritórios de uma pequena organização antirracista chamada Centro para uma Nova Comunidade (CNC), com a qual a HNH trabalhava em estreita colaboração. Agora, fora do Alabama, eu estava livre para contar para eles sobre minhas aventuras no deserto. Bebemos juntos e depois parti em busca de Buddy Guy. Após algumas horas de blues de qualidade mediana, mas sem sinal de Buddy, saí e andei cinco minutos até o mundialmente famoso Jazz Showcase bar, o clube de jazz mais antigo de Chicago.

Acordei na manhã seguinte e vi que tinha várias chamadas perdidas do meu colega do CNC. Retornei a ligação e ouvi uma voz nervosa dizendo: "Acesse o site do SPLC". Abri meu laptop e lá na homepage estava um artigo intitulado "Conheça os Guardiões da Fronteira do Alabama". O texto curto, escrito a partir de postagens em redes sociais, usava uma foto que eu tinha tirado no Novo México e que Cornbread tinha postado depois no Facebook. Imediatamente entendi que, quando vissem esse artigo, os ativistas do BOA presumiriam, com toda razão, que eu vinha trabalhando para o SPLC esse tempo todo. Parece que alguém na organização que monitorava o movimento de milicianos tinha me ouvido no programa de rádio sobre armas e, quando cheguei aos escritórios do centro mais tarde, tinha juntado as peças do quebra-cabeça. Ironicamente, eu sempre tivera a intenção de compartilhar as informações que havia coletado, mas nosso plano era não publicar nada até que eu estivesse fora do país, em segurança, de volta ao Reino Unido. De repente tive um *flashback* da advertência de Bull: "Lembre-se, sou um caçador de recompensas, então se ferrar com a gente eu vou achar você".

Liguei para Nick Lowles em Londres e concordamos que eu tinha que ficar escondido por um tempo até podermos saber se estava sob uma ameaça real. Pensei em pular no primeiro voo de volta para o Reino Unido, mas eu estava dirigindo várias operações nos Estados Unidos que ainda não tinham acabado. Arrumei minha coisas às pressas, deixei a televisão ligada e saí de fininho sem fechar a conta na recepção do hotel. Depois fui para a estação rodoviária e embarquei no primeiro ônibus que saía da cidade.

Cerca de quatro horas depois, estava em Indianápolis, uma daquelas cidades típicas dos Estados Unidos. Sem querer fugir antes de saber com certeza o que fazer, fui para um bar sujo e fiquei bebendo enquanto elaborava um plano. Comecei a conversar com o barman e lhe disse que estava na cidade a trabalho e à procura de um hotel tranquilo fora da cidade, onde pudesse me hospedar por cerca de uma semana. Olhando para a clientela decadente no bar, tive a impressão de que não era a primeira vez que ele tinha tido que recomendar um lugar assim, e ele pareceu entender perfeitamente o que eu queria. "Tem um parque aquático saindo da cidade. As atrações estão fechadas, mas acho que o hotel ainda está aberto, porém sempre vazio, pelo que

146   Tambores à distância

eu saiba." Deixei uma gorjeta para ele e peguei um táxi. O local era perfeito, exatamente o tipo de lugar em que se espera que alguém vá se esconder, como nos filmes. Então pensei: e se fosse muito óbvio ou nem tão perfeito? Não tinha certeza. O parque aquático Caribbean Cove tinha deixado de ser uma atração havia muito tempo, com seus escorregas agora fechados e os sons de crianças brincando sendo apenas uma lembrança do passado. Sem nada para atrair visitantes, as centenas de quartos, organizados com varandas de frente para a parte interna, com vista para a área das piscinas coberta por um enorme toldo, estavam vazios. Pelo que pude perceber, eu era a única pessoa lá com exceção de um funcionário do hotel. As duas primeiras noites foram enervantes. Sentado no meu quarto comendo pizza de *delivery*, estava convencido de que cada batida ou estalo era Bull vindo me buscar. Para me manter ocupado, me dediquei de corpo e alma ao projeto de infiltração na Ku Klux Klan – e, do nada, tirei a sorte grande.

No Reino Unido, eu tinha entrado em contato com dezenas de grupos da KKK por todos os Estados Unidos, expressando meu interesse em me envolver. A maioria nem respondeu ou se mostrou cautelosa, o que é compreensível. A única exceção foi Chris Barker, fundador e líder dos Cavaleiros Brancos Leais da KKK. Seu grupo se vangloriava de ser "o grupo da Klan mais ativo nos Estados Unidos" e tinha a reputação de ser extremista. Barker era odiado por outros líderes proeminentes da Klan e, no passado, tinha sido expulso de outros três grupos devido à sua disposição de se aliar abertamente a neonazistas, algo que certos membros da Klan desaprovavam. Além disso, ele fazia parte da Aliança Nacionalista Ariana, uma coalizão extremista e eclética de grupos nacionalistas brancos, *skinheads* racistas e membros da Klan. Também como racista extremista, Barker (codinomes James Spears e Robert Jones) é um criminoso perigoso com um histórico policial que se estende por quase duas décadas. Ele foi condenado por incêndio criminoso, posse de mercadorias roubadas e furto, e acusado de agressão com arma letal e agressão a uma mulher. Vínhamos nos correspondendo havia um ano e chegamos ao ponto de ele acreditar que eu liderava um pequeno ramo da KKK em Londres. Num certo momento, até discutimos a possibilidade de ele vir fazer uma visita.

Barker e sua esposa, Amanda, me enviavam jornais, panfletos e adesivos para distribuição no Reino Unido e eu mandava fotos forjadas em que eu aparecia manuseando o material ou fixando-o a postes, o que provocava nele um grande entusiasmo. Alguns panfletos simplesmente mostravam uma figura encapuzada seguida das palavras "Nossa raça é a nossa nação", enquanto outros mostravam uma figura semelhante, mas com a bandeira confederada atrás, com as frases "Ajude a salvar a nossa raça; tudo o que estimamos está sob ataque do ZOG" em cima. (ZOG é a abreviação de "Zionist Occupation Government" [Governo de Ocupação Sionista], um termo antissemita e uma teoria da conspiração que alega que os judeus controlam o poder mundial em segredo.) Contudo, o panfleto mais extremista que me enviaram encorajava atos de violência contra homens gays. Nele havia duas figuras fazendo sexo anal com o título "Detenham a Aids: apoiem o ataque a gays". Embaixo da figura, havia os seguintes dizeres: "Homossexuais masculinos e seus atos sexuais são nojentos e inumanos". Não contentes com a violenta homofobia, o panfleto terminava com uma nota racista: "Proibição à imigração não branca. Criminalização para os haitianos – deportação para os negros".

Em geral, eu interagia com Barker por carta ou e-mail, mas, por fim, obtive acesso ao fórum fechado do grupo, em que me deparei com o pior racismo que já tinha visto. Piadas e memes sobre enforcar e atropelar negros eram comuns. Uma foto de Barack Obama com uma corda no pescoço era bem popular. O fórum tinha uma cultura de violência extrema, que eu levei muito a sério devido aos registros policiais comprovados do grupo. No fim de fevereiro naquele ano, membros da Klan tinham realizado uma manifestação anti-imigração em Anaheim, na Califórnia, na qual levantaram placas que diziam

"Vida brancas importam". Durante o confronto que se seguiu com contramanifestantes, cinco pessoas ficaram feridas e quinze foram detidas. Poucos dias após a confusão, Barker me mandou um e-mail se vangloriando: "Acabamos de ter uma briga entre nossos membros e os comunista [sic] nossos membros esfaquearam três pessoas na Califórnia". Cinco membros da KKK foram presos depois da briga, mas todos foram soltos, pois declararam ter agido em legítima defesa. Em 2015, Barker tinha sido condenado por se envolver num complô famoso, e francamente ridículo, de construir uma arma laser para matar muçulmanos, que seu colega conspirador descreveu como "Hiroshima num interruptor de luz". Numa noite, enquanto estava no quarto do parque aquático Caribbean Cove, verifiquei a conta de e-mail que usava para a infiltração na KKK e encontrei uma mensagem de Barker. Tinha uma seção do site dos Cavaleiros Brancos reservada para membros seniores, que exigia acesso especial. O nível de informações que eu já estava coletando me deixara mais cauteloso para não levantar suspeitas ao pedir mais detalhes, mas ali, do nada, estava o e-mail me dando acesso a informações privilegiadas. Cliquei no link e digitei a senha. Não pude acreditar no que estava diante dos meus olhos: enormes quantidades de informações sensíveis sobre o grupo, incluindo fotos, nomes, endereços e informações de contato de centenas de membros atuais e em potencial. Passei o resto da noite tirando *prints* de tela de tudo e, quando o sol nasceu na manhã seguinte, eu já era capaz de ter um panorama dos associados da organização. Talvez não surpreendentemente, os Cavaleiros Brancos extraíam sua força dos estados do sul, com um grande número de membros na Louisiana, no Mississippi, no Alabama e na Geórgia – e, é claro, na Carolina do Norte, onde o grupo era sediado. Ficou claro que tinham membros em todo o país, com forte representação no Meio-Oeste, na Costa Leste e um grande número na Califórnia. Também tinham membros isolados no sul da Austrália, no Reino Unido e na Colúmbia Britânica (Canadá). Olhar as fotos dos membros dava vontade de vomitar. Figuras com capuzes e mantos segurando armas de fogo ou até uma corda de enforcado, um símbolo ligado ao linchamento de negros, era comum. Também encontrei uma lista de membros que tinham sido expulsos por infrações que iam de uso de drogas a dormir com "uma prostituta JUDIA" ou uma mexicana, assistir a filmes pornográficos com asiáticos ou ter um "filho mestiço", sendo, portanto, um "TRAIDOR DA RAÇA".

Fechei meu laptop, saí do quarto e fui dar uma caminhada com o sol já alto. Liguei para Nick em Londres numa linha telefônica criptografada, conversamos animadamente sobre as informações incríveis que eu tinha obtido e esboçamos um plano de como eu poderia levá-las em segurança para o Reino Unido. Estávamos bem cientes dos boatos de que Barker era informante do FBI e, se fosse o caso, tínhamos certeza de que a agência não olharia com bons olhos antifascistas britânicos interferindo em suas atividades. Carreguei as informações num pen drive e o escondi no fundo de um maço antes de recolocar os cigarros e refazer a embalagem com todo cuidado.

Alguns meses depois, publicamos uma denúncia sobre os Guardiões da Fronteira do Alabama num relatório especial da HOPE not hate intitulado *A Nation Divided* [*Uma nação dividida*]. Consegui páginas duplas no jornal *Observer* com a manchete "Como um grupo antirracista britânico se infiltrou na Ku Klux Klan". Antes da investigação vir a público, mandei e-mails para todos os apoiadores dos Cavaleiros Brancos e os informei de nossos planos de publicação. Enquanto alguns reagiram com insultos racistas, outros negaram a ligação com o grupo. O que não causou nenhuma surpresa foi que as reações no fórum fechado dos membros foram muito mais apavoradas, enquanto tentavam entender a escala e a fonte do vazamento. Não demorou para eles perceberem que centenas de apoiadores tinham recebido e-mails e as acusações começarem. Barker e sua esposa Amanda se isentaram da culpa. Em vez de admitirem que eram responsáveis, eles alegavam que as acusações eram falsas, inventadas por dois membros expulsos, "Chris e Jacqueline, da Geórgia" (que tinham sido expulsos da Klan por uso de metanfetamina). Amanda escreveu no fórum: "Eles estão tentando assustar as pessoas. Não deixem que influenciem vocês. Os dois serão banidos e severamente repreendidos". O Grande Dragão da Geórgia se manifestou "confirmando" que tinham sido esses ex-membros. É claro que Barker e Amanda sabiam a verdade e estavam mentindo para seus associados a fim de salvar a própria pele. Ao mesmo tempo que culpava publicamente viciados em metanfetamina amargurados, Barker me mandou um e-mail, dizendo: "FODA-SE gentalha comunista".

Logo depois, o SPLC publicou um artigo explicando como os Cavaleiros Brancos estavam "perdidos" devido a uma "falta de liderança e dissensão nas fileiras que assolam os Cavaleiros há meses".[14] A tensão interna e a desconfiança se espalharam em forma de violência no início de dezembro de 2016, causando a prisão e a acusação de alguns membros seniores por agressão com arma letal com intenção de matar, ajuda e cumplicidade em agressão com arma letal com intenção de matar e perpetração de sérios danos. Apesar de haver um leque de motivos por trás da eventual desintegração do grupo, acreditávamos que nossa infiltração havia tido um papel importante.

De volta a Indianápolis, fiz as malas e postei o maço de cigarros nos correios para o Reino Unido. Tinha se passado uma semana desde a publicação do artigo do SPLC sobre os Guardiões e não encontramos nenhuma indicação nas redes sociais do grupo de que eu estaria em perigo. Nick e eu decidimos que era seguro sair do esconderijo, mas que seria melhor ficar na encolha por um tempo.

6
A ascensão do presidente Trump

Era setembro de 2016 e eu estava no centro de Washington, DC. O primeiro dia da conferência tinha sido no histórico Omni Shoreham Hotel, famoso por realizar o baile de posse de todos os presidentes desde Franklin D. Roosevelt e por ter sido o hotel escolhido pelos Beatles em sua primeira turnê americana, em 1964. A programação do dia havia sido transmitida ao vivo do salão pela rede de tevê C-SPAN para todos os Estados Unidos. No segundo dia, fomos para o Capitólio, centro histórico da democracia americana que, anos depois, em 2021, seria o cenário de uma tentativa de golpe por extremistas de direita que invadiriam o local. Sob os auspícios do deputado Mike Pompeo, estávamos ocupando o Auditório do Congresso, um grande teatro reservado para uso do Congresso que fica muito próximo do grandioso Salão da Emancipação, nomeado dessa maneira como forma de reconhecimento da contribuição dos trabalhadores escravizados que ajudaram a construir o Capitólio dos Estados Unidos. Nove deputados, homens e mulheres, e um senador se dirigiram à plateia entusiasmada. A multidão gritava ao ouvir seus representantes. Entre os oradores estava o senador Ted Cruz, antigo adversário de Donald Trump como candidato republicano para a presidência.

152 TAMBORES À DISTÂNCIA

Estávamos na conferência nacional da ACT! for America, um grupo disseminador de ódio que recebeu essa designação pelo Southern Poverty Law Center [Centro de Direito da Pobreza do Sul, SPLC] e que atingiu em cheio o cerne da elite governante americana. Meu período de disfarce com os Guardiões da Fronteira do Alabama tinha acabado, assim como minha operação contra a Ku Klux Klan, e era hora de focar apenas nas próximas eleições. A lista de oradores na conferência de dois dias da ACT! incluía uma chamada nominal de figurões da política, entre eles o deputado Lou Barletta, representante da Pensilvânia com assento no Comitê de Segurança Interna e no Subcomitê de Segurança Marítima e de Fronteiras. Também presentes estavam Scott Perry (do Comitê de Relações Exteriores e Subcomitê de Terrorismo, Não Proliferação e Comércio e do Comitê de Segurança Interna) e o deputado Louie Gohmert do Texas (do Comitê do Judiciário e do Subcomitê de Constituição, Direitos Civis e Liberdades Civis). Por fim, havia o deputado Peter King, de Nova York, ex-presidente do Comitê de Segurança Interna da Câmara, bem como presidente do Subcomitê de Contraterrorismo e Inteligência. Não podia acreditar em meus olhos e ouvidos. No dia anterior, eu estava sentado no salão do Omni Shoreham Hotel ouvindo discursos extremistas e conspiratórios; no dia seguinte, no coração da democracia americana, estava observando políticos eleitos e poderosos dizendo à multidão de ativistas antimuçulmanos o quanto estavam orgulhosos por se associar à ACT!.

A ACT! (American Congress for Truth) [Congresso Americano para a Verdade] foi lançada após os ataques do Onze de Setembro por Brigitte Gabriel, uma cristã libanesa atualmente cidadã dos Estados Unidos. Ela tem um longo histórico de islamofobia feroz. Em 2007, afirmou:

> (...) muçulmanos praticantes que acreditam que a palavra do Alcorão é a palavra de Alá... que vão a mesquitas e fazem orações toda sexta-feira, que oram cinco vezes por dia – esses muçulmanos pra-

A ascensão do presidente Trump   153

ticantes, que acreditam nos ensinamentos do Alcorão, não podem ser cidadãos leais dos Estados Unidos.[1]

Desde sua criação, a ACT! se transformou na maior organização antimuçulmana dos Estados Unidos e, no momento da minha visita, afirmava ter 300 mil membros espalhados pelo país em quase mil seções. A organização orgulhosamente se autodenominava "a NRA da Segurança Nacional", uma referência ao famoso *lobby* da National Rifle Association [Associação Nacional de Fuzis] e sua capacidade de influenciar a legislação e as políticas do país sobre questões como controle de armas. A pretensão da ACT! não era apenas uma mera fanfarronada ou aspiração: na conferência, eles se vangloriavam de seu papel na aprovação de 43 projetos de lei em 22 estados para "proteger os Estados Unidos", muitos deles compondo a assim chamada legislação "anti-Sharia".

Surpreendentemente, a influência de Brigitte ia muito além de convencer os deputados e senadores a comparecerem aos eventos da ACT!: se estendia a convites para que ela discursasse para congressistas, o Pentágono, a Joint Forces Staff College [Academia Militar das Forças Conjuntas], o Comando de Operações Especiais dos Estados Unidos, o US Asymmetric Warfare Group [Grupo de Combates Assimétricos dos Estados Unidos] e o FBI. Se isso fosse um ponto fora da curva, já seria preocupante o bastante, mas Brigitte não é a única ativista antimuçulmana que vem sendo convidada a discursar e aconselhar a inteligência norte-americana e as instituições encarregadas de aplicar a lei. Em 2009, Robert Spencer, o famoso diretor do site antimuçulmano e contrajihadista *Jihad Watch* e cofundador da Stop Islamisation of America (SIOA) [Chega de Islamização dos Estados Unidos], foi recrutado pelo FBI para participar pessoalmente de treinamentos. Suas obras foram usadas durante sessões de treinamento sobre o Islã.[2] Mais tarde Spencer foi proibido de entrar no Reino Unido (após uma petição ao governo liderada da HOPE not hate) devido ao seu extremismo.

De forma semelhante, o ex-agente do FBI caído em desgraça John Guandolo, fundador de uma organização chamada Understanding the Threat [Entendendo a Ameaça], afirmou que os muçulmanos americanos "não têm o direito oriundo da Primeira Emenda de fazer o que quer que seja" e ministrou cursos de treinamento a agências de segurança pública no país inteiro.[3]

Apesar de as comunidades de inteligência e segurança pública terem se distanciado de algumas dessas figuras mais extremadas, a corrida presidencial de 2016 promoveu novas oportunidades para ativistas antimuçulmanos se inserirem na linha de pensamento predominante. Durante a corrida para a nomeação do candidato republicano, Ted Cruz anunciou uma equipe consultiva que incluía o ativista antimuçulmano Frank "Obama é muçulmano" Gaffney, do Centro de Políticas de Segurança (CSP) [Center for Security Policy], na qualidade de consultor de políticas externas. Contudo, a derrota de Cruz na nomeação de forma alguma pôs fim à influência de Gaffney, já que este também teve um papel fundamental no entendimento, por parte de Trump, da "ameaça" do Islã e dos muçulmanos. Trump citou a pesquisa desacreditada de Gaffney e este último é conhecido por ter exercido uma influência central sobre os comentários abertamente racistas de Trump acerca dos muçulmanos. Outros indivíduos ligados ao CSP também encontraram seu lugar na equipe consultiva de Trump. Na conferência da ACT! a que compareci em Washington, outro consultor de Trump discursou: o tenente-general Mike Flynn, que lhe deu consultoria sobre questões de segurança nacional. Flynn também tinha sido recentemente nomeado para compor o conselho administrativo da ACT!. Nos últimos anos, ele ficou mais famoso por ser um dos grandes apoiadores da bizarra e perigosa teoria da conspiração conhecida como QAnon, que acredita que "o presidente Trump está travando uma guerra secreta contra um complô de poderosos pedófilos satânicos, que supostamente sequestram, torturam e até mesmo canibalizam crianças em grande escala".[4]

Enquanto eu estava no Capitólio, rodeado de racistas de primeira ordem falando do perigo apresentado pelos muçulmanos, percebi o que significaria um governo com Trump como presidente. Significaria que extremistas antimuçulmanos seriam alçados à Casa Branca e teriam um papel central na consultoria ao presidente norte-americano quanto a questões de segurança nacional e políticas em relação a muçulmanos norte-americanos. E foi justamente o que aconteceu. Em dezembro do mesmo ano, poucas semanas após a vitória de Trump, Brigitte Gabriel escreveu: "a ACT! for America tem uma linha direta com Donald Trump e vem desempenhando um papel fundamental na sua visão em relação ao Islã radical, além de oferecer sugestões políticas sobre o tema".[5]

– Você veio aqui para rir da nossa cara?

Eu estava no balcão do bar do Clube dos Veteranos de Guerras Externas (VFW, na sigla em inglês) em Duquesne, uma cidade decrépita localizada às margens do rio Monongahela, no Condado de Allegheny, cerca de dezesseis quilômetros a sudeste de Pittsburgh, na Pensilvânia. Uma grande peça de artilharia camuflada, rodeada por bandeiras dos Estados Unidos, decorava o gramado frontal. Lá dentro, um mural imponente com uma águia dourada, ostentando uma faixa em que se lia "All Gave Some, Some Gave All" [Todos dão algo, alguns dão tudo], mirava o bar escuro e enfumaçado.

A eleição presidencial de 2016 estava se aproximando rápido. No dia 19 de julho, Donald Trump foi oficialmente nomeado candidato presidencial republicano. Para muitos no mundo inteiro as notícias foram um choque, mas havia um amplo consenso de que ele nunca venceria a eleição. Era impossível. Impensável. Tão improvável que chegava a ser cômico. Depois do período que passei no Alabama e de ter visto a paixão que eles tinham por Trump, passei a ter a sensação perturbadora de que o candidato tinha alguma chance, mas como todo mundo eu achava que elas eram de uma em 1 milhão.

A ideia de que alguém viria a um lugar como Duquesne e que de fato se importasse com o que os moradores pensavam era um anátema para Liz, mãe solteira, ex-metalúrgica, veterana militar e atual comandante do clube dos VFW. Ela expressava um sentimento que eu já ouvira muitas vezes nos Estados Unidos: uma sensação de que pessoas vivendo em locais economicamente desprovidos como Duquesne eram há muito tempo ignoradas por políticos, jornalistas e pelas elites da Costa Leste... ou, o que é pior, que eram alvo de zombaria.

A própria Duquesne é um exemplo triste da devastação causada pela desindustrialização. Em certa época, a indústria metalúrgica abrigava o Dorothy Six, o maior alto-forno do mundo. Contudo, depois de vinte anos de uma cidade banhada em cor alaranjada, a demolição do forno foi programada em 1984. Apesar de uma batalha prolongada, travada por trabalhadores, sindicatos e pela comunidade local, o forno nunca mais foi aceso e acabou sendo desmontado no final dos anos 1980. Tudo o que resta dessa aciaria outrora famosa é uma placa memorial ao lado do estacionamento. Se alguém ouvir falar da cidade hoje, é mais provável que seja por causa da recente canção – e falando com toda sinceridade, não muito boa – de Bob Dylan intitulada "Duquesne Whistle". No local onde antes ficava o monstruoso forno, hoje existe uma paisagem pós-industrial lúgubre, uma cidade encolhida e dilapidada. Assim como tantos locais semelhantes, a sorte da cidade estava ligada à sua principal indústria e, com sua morte, a cidade começou a morrer também. Atualmente, Duquesne tem uma população menor do que o número de pessoas empregadas na aciaria no seu auge.

Quando perguntei a Liz no que as pessoas da região trabalhavam, ela fez uma pausa, deu de ombros e balançou a cabeça. A renda per capita anual estimada em Duquesne em 2013 era de apenas 14.177

dólares. Cerca de 35% da população local vive abaixo da linha da pobreza, e esse número pula para 53% quando os menores de 18 anos são incluídos. Percorri de carro as ruas vazias e tentei imaginar como teria sido esse lugar em seu apogeu. Havia um ar de melancolia nos prédios desocupados, um sopro distante da glória do passado. A cidade me lembrou Dagenham, no leste de Londres, quando, nos idos de 2010, trabalhei numa campanha anti-BNP. Apesar de estarem a seis mil quilômetros uma da outra, as histórias de raiva, tristeza, abandono e traição que ouvi em Duquesne não eram tão diferentes das ouvidas anos antes pelos meus conterrâneos em Dagenham.

O mais triste é que a história de Duquesne não é única. Logo após a recessão dos anos 1980, cerca de 153 mil metalúrgicos ficaram desempregados nos Estados Unidos. Ao navegar pelo sinuoso rio Monongahela hoje em dia, percebe-se que as margens são intermitentemente desfiguradas por vastos prédios industriais abandonados, como o Forno Carrie abandonado na Homestead Steel Works, outrora o local de uma das maiores controvérsias na história trabalhista dos Estados Unidos. A empresa Mon Valley atualmente tem apenas três siderúrgicas, e as fábricas que sobreviveram empregam apenas uma fração da força de trabalho que empregavam em seu auge (em parte devido a avanços tecnológicos). Jason Crosby, metalúrgico de terceira geração que trabalha numa fábrica em Christy Park, na cidade de McKeesport, nas margens do rio Youghiogheny, me explicou que a fábrica em que trabalha empregava 7.500 pessoas no início dos anos 1970, mas agora só oferece de cinquenta a sessenta postos de trabalho.

David Morgan, metalúrgico e sindicalista na fábrica de Irvin da empresa Mon Valley Works, recorda-se de como a situação mudou desde a sua infância:

> Lembro que, quando eu era criança, todos os meus amigos, os pais deles, todo mundo trabalhava na siderúrgica. Depois vieram os anos 1980 e muitos dos meus amigos se mudaram, porque a fábrica

fechou. Hoje vejo que tem gente que nem se dá conta de que existem metalúrgicos nesta área, porque restaram muito poucos.

Ele contou uma história que pode ser ouvida por toda Mon Valley: "Houve uma grande retração econômica e agora me preocupo com os que restaram, devido a todas as importações que estão chegando, o *dumping* da China [ou seja, a China está exportando produtos a um preço inferior ao preço real no país], e o que existe está ficando pior a cada ano". Quando perguntei se ele achava que ainda veríamos aço sendo feito em Pittsburgh daqui a cinquenta anos, a tristeza se abateu sobre ele. "Ah, espero que sim, espero que sim", disse, fazendo uma pausa e balançando a cabeça. "Há cinco anos, talvez eu tivesse dito 'É claro!', mas agora não tenho mais tanta certeza."

De uma perspectiva mais ampla, o declínio da indústria em Mon Valley não é um caso isolado. A desindustrialização e o declínio da produção afetaram comunidades por todo o país. Em 1965, a porcentagem de emprego fabril nos Estados Unidos era de 28%, mas, em 1994, tinha caído para apenas 16%. Recentemente houve outra onda de desindustrialização e estima-se que, de 2001 a 2009, mais 42.400 fábricas fecharam nos Estados Unidos.[6] A primeira década do século XXI testemunhou uma perda de 5,8 milhões de empregos fabris devido às recessões de 2001 a 2002 e de 2008 a 2010.[7]

Pesquisas mostraram como, além da decadência da comunidade e dos altos índices de criminalidade, a desindustrialização e o consequente declínio econômico podem ter um impacto sobre a saúde física e mental dos antigos trabalhadores.[8] As estatísticas apresentadas pela Pesquisa Nacional sobre Saúde e Uso de Drogas do governo dos Estados Unidos mostraram que cerca de um a seis trabalhadores desempregados são viciados em álcool ou drogas.[9] Isso, aliado ao vício disseminado em analgésicos à base de opioides prescritos, ajuda a explicar as terríveis histórias que ouvi sobre a epidemia de heroína na Pensilvânia. Um metalúrgico da fábrica de Irvin que se formou no ensino médio em 1992 me contou que 86 de seus 224 colegas de turma morreram por causa da droga. Ele apelidou a cidade próxima de Clairton de a "capital da heroína". Um trabalhador de outra fábrica estimou que pelo menos um quarto dos ex-colegas de turma de seus filhos estaria usando a droga de alguma forma. As estatísticas reais são horripilantes. Em 2015, num estado de menos de 13 milhões de habitantes, 3.383 pessoas morreram de overdose de opioides: isso é mais do que o número de pessoas que morreram de overdose em toda a Inglaterra e País de Gales em 2014.[10] Essa epidemia de opioides atual se espalhou bem mais além das áreas urbanas do que se poderia esperar, atingindo comunidades rurais menores por todo o estado. Apesar de a epidemia se fazer sentir por todo o país – a overdose por opioides no país todo quadruplicou desde 2000 –, é nos estados do "cinturão da ferrugem" que o número de óbitos a cada 100 mil habitantes está entre os maiores.[11]

Apesar de a Pensilvânia ter testemunhado algumas histórias de sucesso, fica claro que as feridas abertas pelo declínio da indústria do aço não estão, de forma alguma, curadas. Muitas pessoas em comunidades como Duquesne e em Mon Valley, de modo geral, estão furiosas com a falta de emprego e apavoradas com o futuro. Em junho de 2016, ao conversar com trabalhadores numa estação de reciclagem de metal em Monessen, na Pensilvânia, a cerca de cinquenta quilômetros de Pittsburgh, Donald Trump disse:

> O legado dos metalúrgicos da Pensilvânia vive nas pontes, estradas e nos arranha-céus que compõem nossa grande paisagem americana.
>
> Mas a lealdade de nossos trabalhadores foi recompensada com traição.
>
> Nossos políticos implementaram agressivamente uma política de globalização – transferindo nossos empregos, nossa riqueza e nossas fábricas para o México e para o exterior.

A globalização enriqueceu a elite financeira que faz doações a políticos. Mas deixou nossos milhões de trabalhadores com nada além de pobreza e sofrimento.

Quando aço estrangeiro subsidiado é despejado em nosso mercado, ameaçando nossas fábricas, os políticos não fazem nada.

Durante anos, eles observaram como meros espectadores enquanto nossos empregos sumiam e nossas comunidades mergulhavam no desemprego ao nível de uma crise financeira.

Muitas dessas áreas nunca se recuperaram.

(...)

No governo Trump, o trabalhador americano finalmente terá um presidente que os protegerá e brigará por eles.[12]

Sem dúvida, esses comentários revelam um nível espantoso de hipocrisia: produtos com a marca Trump foram terceirizados para China, Brasil, Honduras, Europa, entre outros.[13] Em 2005, Trump chegou a dizer que a terceirização "nem sempre era terrível", sendo às vezes "uma medida necessária".[14] Porém nada disso significa que o que Trump disse não seja verdade, pelo menos em parte. A globalização é maravilhosa de muitas formas, sendo uma delas o acesso a bens de consumo mais baratos, mas nem tudo são flores: pessoas e comunidades foram deixadas à margem do progresso. Foi nessas pessoas que a mensagem – hipócrita ou não – ressoou.

Quando perguntei a Jeffery O'Kelly, operário na fábrica de coque metalúrgico de Clairton, a maior unidade de produção de coque metalúrgico dos Estados Unidos, sobre o apoio a Trump no chão de fábrica, ele estimou que cerca de metade de seus colegas votaria no Partido Republicano na eleição de 2016. "Sei por que eles estão apoiando Trump", explicou ele. "O maior motivo é que ele diz tudo o que querem ouvir." E o que é? "Principalmente sobre emprego." Na fábrica de Irvin, David Morgan repetiu o argumento: "O pessoal do chão de fábrica costumava ser composto 100% por eleitores democratas. Atualmente tem muita gente que deixou de ser democrata, eles estão pendendo para o Partido Republicano... Tem muita gente tendendo a votar no candidato republicano, provavelmente mais do que nunca antes".

Essa era uma comunidade industrial cuja adesão os democratas davam por certa, sem se preocupar em contar os votos. Não é de surpreender que essas lealdades recém-divididas tenham gerado tensões, e relatos de brigas físicas no chão de fábrica não são difíceis de encontrar. A sensação de traição e declínio no cinturão da ferrugem não explica totalmente a ascensão de Trump, mas com certeza foi um fator que contribuiu para isso. Muitos apoiadores de Trump eram pessoas cansadas, irritadas e desesperançadas. Não viam oportunidade de progresso e avanço, e não tinham nada a perder ao tentar algo novo. Tentar Trump.

———

Era uma quinta-feira, 1º de setembro de 2016, e eu logo entendi que aquele não ia ser um evento político igual àqueles a que eu estava acostumado. Eram 8 horas da manhã, o estacionamento estava enchendo e uma fila de carros se formava do lado de fora do Roberts Centre em Wilmington, no estado de Ohio. Trump estava na cidade, e o grupo de apoiadores, todos usando os agora famosos bonés vermelhos de beisebol com os dizeres "Make America Great Again" [Torne a América Grande Novamente], estava chegando cedo, determinado a não ficar de fora do evento. Quem não tinha o boné poderia comprá-lo ao esperar na fila, junto com *bótons* dizendo "Hillary na prisão" e "Construam o muro". Poderiam até conseguir uma camiseta de péssimo gosto que dizia "Hillary Sucks But Not Like Monica"* na frente e "Trump That Bitch!"** atrás.

---

* Jogo de palavras com o verbo "to suck" (chupar) e a expressão "it sucks" (é uma droga), fazendo alusão ao caso amoroso de Monica Lewinski com o então presidente Bill Clinton, marido da candidata pelo Partido Democrata Hillary Clinton. (N. da T.)
** Jogo de palavras com o verbo "to trump" (superar) e o nome do candidato pelo Partido Republicano em 2016, Donald Trump. (N. da T.)

162 Tambores à distância

De acordo com a programação, Trump só chegaria na hora do almoço, mas a multidão que se aglomerava rapidamente já estava bem animada.

Um homem armado, vestindo um colete à prova de bala em que paradoxalmente estava escrito "Serviço Secreto", apareceu para relembrar à multidão que deixasse todas as armas de fogo, munições e facas no carro. Algumas pessoas riram, mas parece que alguém mais adiante na fila tinha se descuidado e se esquecido de tirar um pente de balas do bolso. Depois de horas de espera na fila, as pessoas por fim começaram a passar pela segurança e entrar no salão principal. O clima do lado de dentro mais parecia o de um espetáculo do que de um comício político. Era possível comprar pipoca e salgadinhos na parte de trás do salão, enquanto enormes alto-falantes tocavam a todo volume os clássicos dos Rolling Stones, eventualmente interrompidos pela reprodução improvável de "Nessun Dorma" com Pavarotti. O salão estava cheio de gente de todos os formatos, tamanhos e idades. A única característica em comum era a branquitude.

O clima festivo mudou assim que o primeiro discurso começou. Depois da oração de praxe, do hino nacional e do juramento de lealdade, chegou o presidente do Partido Republicano do Condado de Clinton. Depois que ele irradiou aos quatro ventos os malefícios de Hillary, de Obama e dos democratas, um homem gritou "Enforquem a bruxa" – em referência a Hillary Clinton – e, quando ele passou a falar sobre os fracassos de Obama, outro homem, mais próximo do palanque, gritou "Linchem-no!". Algumas pessoas riram, outras fizeram caras levemente nervosas, mas ninguém o enfrentou. Durante o discurso do ex-prefeito de Nova York, Rudy Giuliani, o salão ecoou com as palavras de ordem "Prendam-na! Prendam-na!". Alguém gritou "Enforquem a traidora!".

Com a chegada de Trump, a raiva se transformou em adulação quando ele aos poucos passou para o discurso com suas exortações mais conhecidas. A maior salva de palmas do dia foi reservada para sua política de imigração e sua promessa de construir um muro na fronteira com o México. Depois, do nada, o discurso acabou e a canção dos Rolling Stones "You Can't Always Get What You Want" [Nem sempre você consegue o que quer] tocou bem alto, conforme ele ia se dirigindo para a primeira fila para os apertos de mão e as assinaturas de bonés de praxe.

Resumir o clima do dia é tarefa difícil. Houve um misto peculiar de indignação e ódio junto com júbilo e adoração. Assim como o próprio discurso político, parecia não haver espaço para sutilezas e nuances. Era uma questão de preto ou branco, bem ou mal e – o que era mais crítico – o que era "americano" e "não americano". Eu me dei conta de que a eleição não era uma questão de mera diferença ideológica que poderia ser combatida nas urnas. O fato de podermos comprar sacos de pancada infláveis com o rosto de Hillary num estacionamento do lado de fora ressaltava isso. As pessoas no Roberts Centre tinham o fervor de fanáticos brigando pela alma de seu país. Após oito anos de governo democrata, eles realmente achavam que os Estados Unidos estavam em crise; "a piada do mundo", como diziam. Para eles, era uma encruzilhada: de um lado estava o caminho que levava ao fim dos Estados Unidos que eles amavam; do outro, o caminho que levava à salvação.

Ao escrever no *Huffington Post* em julho daquele ano, o cientista social Cas Mudde argumentou que "Donald Trump trouxe a política de extrema direita para o centro da política dos Estados Unidos. O que Wallace e Buchanan nunca conseguiram realizar (…), Trump conseguiu. Ele é, pelo menos desde o final da Segunda Guerra Mundial, o primeiro candidato presidencial de extrema direita de um dos dois principais partidos políticos dos Estados Unidos".[15] Ao final de seu mandato em 2021, a proporção total dessa transformação foi revelada quando pesquisas de opinião mostraram que o espantoso percentual de 45% dos republicanos apoiavam os manifestantes de extrema direita que tomaram o Capitólio, resultando na morte de cinco pessoas.[16] Mas como o Partido Republicano, ou o Grande Velho Partido (GOP, na sigla em inglês), chegou a esse ponto? Como os Estados Unidos chegaram a esse ponto?

Como sempre, há fatores de longo prazo como o profundo reservatório histórico de racismo, divisão racial e xenofobia que Trump com certeza não criou, mas explorou com êxito. Contudo, em termos da transformação do GOP num partido que indicou Trump como candidato, é preciso olhar para o papel do Tea Party.

Em 2009, durante o governo de Barack Obama, surgiu um novo movimento populista radical de direita. Ele foi nomeado em homenagem à Festa do Chá de Boston de 1773, quando colonos americanos que se opunham à tributação sem representação pelos britânicos lançaram carregamentos de chá ao mar no porto de Boston, um acontecimento precursor da Revolução Americana. O Tea Party não é de fato um partido político, mas um movimento que organiza protestos e apoia alguns candidatos durante as eleições. Dito isso, as pesquisas de opinião realizadas pelo Gallup em 2010 descobriram que oito em cada dez apoiadores eram republicanos.[17]

Na época, políticos democratas proeminentes como a presidente da Câmara dos Representantes, Nancy Pelosi, arrasaram com o Tea Party chamando-o de "grama sintética", um termo usado para sugerir que o ativismo supostamente de raiz é na verdade artificial e orquestrado, em vez de autêntico e orgânico. Contudo, Ronald P. Formisano, historiador especializado no Tea Party, sugere um quadro mais misto, alegando que o movimento foi "criado por dois tipos de populismo, em parte por lobistas corporativos, em parte por apaixonados pelo populismo real de base".[18] De qualquer forma, o movimento se expandiu rapidamente e conseguiu "vitórias eleitorais poderosas nas primárias do GOP e na eleição geral de novembro de 2010".[19]

De acordo com a BBC na época, o Tea Party tinha três princípios centrais: "responsabilidade fiscal, Estado limitado e mercados livres".[20] No entanto, um ponto em comum entre os participantes é um elemento xenofóbico agressivo no movimento, com racismo disseminado, especialmente em relação a Obama. Algumas pessoas argumentaram que "a indignação do movimento em relação à dívida e ao déficit tinha outro objetivo: dar cobertura e voz aos que queriam atacar o primeiro presidente negro – pessoas que em alguns casos apareciam nos comícios exibindo placas com caricaturas e referências racistas".[21] Indo mais além, David Neiwert mostrou como o Tea Party tinha de fato "se tornado um conduto massivo para o renascimento do movimento patriótico e de suas milícias".[22] Apesar de sua agenda central anti-Estado e anti-impostos ter, por fim, fracassado, o Tea Party contribuiu para a transformação do GOP num tipo de partido que indicaria Donald Trump como candidato presidencial. Para muitos ativistas, uma dívida pública enorme era um sinal de "políticos insensíveis à população e de uma economia que não estava beneficiando a maioria", como descreveu o jornalista do *New York Times* Jeremy W. Peters. Em outras palavras, o que o Tea Party fez foi "lançar a política do ódio".[23]

Quando Trump de fato ganhou a nomeação, muitos reagiram com incredulidade, alegando que ele tinha "sequestrado" o partido. Na verdade, como Cas Mudde afirmou, apesar de ele ser "talvez não representativo do GOP em nível federal, o mesmo não é verdade em nível estadual (ou municipal) – principalmente no 'coração' americano, entre as duas costas". De fato, argumenta Mudde: "Trump é, de muitas formas, um representante muito mais perfeito do eleitorado do GOP do que políticos do *establishment* partidário".[24] Esse fato não é o suficiente para explicar não apenas por que ele conquistou a presidência, mas também por que tantos comentadores ficaram chocados quando isso aconteceu.

Quando se trata de explicar a vitória de Trump, não há resposta fácil. Em novembro de 2016, a CNN publicou um artigo intitulado "Como Trump ganhou? Veja aqui 24 teorias" – e não é difícil encontrar outras dezenas mais.[25] Uma coisa é clara: qualquer teoria que ofereça uma explicação monocausal como "racismo" ou "economia"

166   TAMBORES À DISTÂNCIA

com certeza estará simplificando demais as coisas. Assim como nas discussões sobre a ascensão da extrema direita na Europa, o debate acerca da causa da vitória de Trump está centrado em explicações econômicas *versus* explicações culturais. E, como na Europa, a verdade não é binária, mas uma combinação complexa de ambas as explicações.

No entanto, o cientista político Matt Grossman analisou um leque de estudos acadêmicos preliminares sobre o eleitorado de Trump e descobriu que, apesar de haver um desacordo disseminado, questões de raça, gênero e mudança cultural pesaram mais do que a importância de circunstâncias econômicas como explicação.[26] A renda média dos apoiadores de Trump era maior do que a renda média dos eleitores de Clinton. Segundo Dave Renton: "Não era o exército forte de milhões de eleitores brancos, pobres e da classe trabalhadora no qual a imprensa liberal estava fixada".[27] De forma semelhante, Diana Mutz mostrou a importância das preocupações das pessoas em relação à ascensão de "um país baseado em maioria-minoria" como fator essencial.[28] Como ela afirmou: "Quem achou que a hierarquia estava sendo subvertida – com brancos sendo mais discriminados do que os muçulmanos e homens sendo mais discriminados do que as mulheres – mais provavelmente apoiaria Trump".[29] Isso foi de fato confirmado pela minha experiência com o grupo BOA no Alabama. A suposta discriminação contra homens cristão brancos era a principal explicação deles para o apoio a Trump.

Contudo, é claramente uma inverdade que homens brancos estejam sendo as pessoas mais perseguidas nos Estados Unidos. Não há uma evidência factível para essa posição. Assim sendo, um dos principais motivos para as pessoas apoiarem Trump era falso, mas, para explicar por que eles achavam que isso era verdade, é preciso olhar para o declínio econômico relativo, tanto real quanto imaginado. É fácil descartar os argumentos dos apoiadores de Trump, mas é impossível combater a sensação de declínio das pessoas, e o medo de um futuro declínio, com meras estatísticas sobre diferenças econômicas entre diferentes grupos raciais. Trump não se importava se os homens brancos eram de fato o grupo mais perseguido nos Estados Unidos, ele simplesmente aceitou que muitos acreditavam ser esse o caso e respondeu a seus temores. Muitos eleitores lamentaram a perda de um passado supostamente despreocupado de prosperidade econômica universal – e, para muitos, de hegemonia branca inquestionada – e, apesar de ser um mito, era um mito muito potente. Trump prometeu o retorno dos Estados Unidos a um passado mítico de abundância. Era uma oferta muito poderosa e sentimental, e Hillary Clinton não conseguiu apresentar uma proposta que chegasse aos pés dessa. Foi por isso que ele venceu.

7
Por dentro da direita alternativa internacional

Sentei-me nos degraus do District Hotel, a quinze minutos de caminhada da Casa Branca, numa fresca noite de outono. Precisava relaxar um pouco após um dia estressante, então liguei para um amigo que estava na cidade. Caminhamos juntos o curto percurso até o Lucky Bar, na Connecticut Avenue, um lugar escuro, adequado para os interessados em futebol inglês. Não demorou muito para o meu telefone tocar – Nick, de Londres, me perguntava quando meu relatório estaria pronto. Tomei um último gole e rumei de volta ao hotel para escrever.

Eu tinha passado o dia na Polaris Suite, no Ronald Reagan Building, um edifício neoclássico, indistinguível em termos arquitetônicos de inúmeros outros prédios da Pennsylvania Avenue. O evento era a Conferência da Liderança 2013 da instituição de pesquisa supremacista branca americana National Policy Institute (NPI). A conferência – intitulada "Após a queda: o futuro da identidade" – fora organizada por Richard Spencer, a figura-símbolo da direita alternativa ou *alt-right*. (Veja explicação na página 174.) Em abril daquele mesmo ano, eu tinha me infiltrado numa reunião de um grupo de discussão de extrema direita chamado Bloomsbury Forum num hotel em Hammersmith, na zona oeste de Londres. A nata do fascismo britânico estava reunida numa pequena sala sem janelas para ouvir o discurso do famigerado racista norte-americano Jared Taylor, da American Renaissance. Era o meu primeiro contato com o que mais tarde ficaria amplamente conhecido como *alt-right*. Na reunião, fora reiterada a importância de redes transatlânticas para o movimento, o que contribuiu para a decisão da HOPE not hate de me mandar para Washington, DC.

Spencer fez uma breve introdução e passou a palavra para o autor ítalo-suíço Piero San Giorgio, cujas previsões apocalípticas de um colapso social e ambiental pós-pico do petróleo se iniciavam com uma advertência ecológica e terminavam com uma convocação a uma volta à autossuficiência rural. Sam Dickson, que se descreve como um "comunitarista racial", foi o seguinte. Ele fez um discurso cheio de ódio, eivado de falsidades históricas e deturpações intencionais, terminando com uma convocação à unidade racial e uma declaração de que o Discurso de Gettysburg, proferido por Abraham Lincoln, foi uma "coisa monstruosa": "todos os homens são criados iguais", só que não. Contribuições de John Morgan, da Arktos, a principal editora da *alt-right*, e de Andy Nowicki, coeditor do site *Alternative Right* se seguiram. Até então, tudo normal para aquele tipo de aglomeração.

Os ânimos começaram a ficar acalorados com um discurso do romancista e escritor Alex Kurtagić, que incitou a uma "crítica moral do igualitarismo com base no tradicionalismo" e descreveu um mundo igualitário como um "mundo sem sentido". A seguir, veio o intolerável "jornalista" francês Roman Bernard, cujo discurso estava cheio de referências a "*queers*" e "pretos". Porém nenhum deles superou o discurso seguinte, o mais ofensivo da conferência, proferido por Jack Donovan, que conclamou uma "ressurgência do tribalismo, da honra e da virtude viril", isto é, um discurso codificado versando sobre racismo, sexismo e homofobia. Donovan se define como um "andrófilo", que ele descreve como sendo homens – como ele – que se sentem atraídos por outros homens, mas que, ao mesmo tempo, rejeitam "a margem *queer* altamente espalhafatosa e visível que celebra publicamente a promiscuidade, o sadomasoquismo, o traves-

170   Tambores à distância

tismo, a transexualidade e o efeminamento extremo".[1] Seu discurso, que atacou a liberação feminina e os direitos LGBT+ e falou de raça como "sangue e herança", também convocou as pessoas a criarem comunidades apenas brancas.

Observei os rostos espantados dos funcionários do hotel, a maioria negros, ao ouvirem os discursos racistas. Cada fibra do meu ser queria se desculpar e achar um jeito de fazer-lhes entender que eu não era como os outros, que não concordava com aquilo. Mas não consegui e fiquei lá sentado, assentindo e aplaudindo, cada vez mais envergonhado. Aplaudindo junto comigo estavam as figuras mais notórias da extrema direita internacional, entre elas Jared Taylor, Matt Parrott, o diretor da Traditionalist Youth Network [Rede da Juventude Tradicionalista], um líder do American Freedom Party [Partido da Liberdade Americano] e Kevin MacDonald, o acadêmico antissemita preferido do movimento neonazista.

O dia foi se encaminhando para o fim com discursos de dois nomes europeus de peso. O primeiro foi o croata Tomislav Sunić, um ator importante da Nova Direita Europeia [European New Right, ENR] e autor da influente obra *Against Democracy and Equality* [*Contra a democracia e a equidade*]. Em seguida, veio o palestrante de encerramento Alain de Benoist, o filósofo francês de extrema direita que criou a instituição de pesquisa direitista GRECE (Groupement de recherche et d'études pour la civilisation européenne) [Grupo de pesquisa e estudo pela civilização europeia] no fim da década de 1960 e que é a força intelectual mais importante da ENR. Suas divagações filosóficas sobre a natureza da identidade, apresentadas num inglês estropiado com forte sotaque, encerraram o dia com uma nota de desânimo. O que eu não percebi naquele momento foi a importância de Benoist estar lá. Em essência, o centro ideológico da *alt-right* surgiu quando as cabeças pensantes da ENR se misturaram com a extrema direita americana e foram adotadas por ela. Foi só alguns anos depois, ao formular uma definição da *alt-right* com meus colegas

Por dentro da direita alternativa internacional   171

da HOPE not hate, que percebi que eu havia observado parte desse acontecimento com meus próprios olhos.

No relatório, escrevi que naquela noite eu percebi como a plateia da conferência parecia de fato acreditar que sua hora havia chegado. "Após a queda" era uma referência ao colapso iminente da democracia liberal, algo que me parecia delirante de ser dito tão próximo do Salão Oval de Obama. Rotulei isso de húbris fascista, apenas um outro exemplo numa longa tradição do colapso presumido da extrema direita e seu renascimento. Conclui meu relatório da seguinte forma:

> Apesar de a conferência mostrar ligações crescentes sendo formadas entre "teóricos" europeus e norte-americanos, permanece a questão do quanto essas interações de fato influenciam as ideias e a ideologia da extrema direita.

"Após a queda? Que queda?", pensei.

Quatro anos depois, em 2017, estava eu num ponto de encontro secreto do lado de fora da estação de trem de Södra, em Estocolmo. Era fim de fevereiro, e o dia estava congelante devido aos ventos gélidos vindos do mar Báltico. A superfície da baía mais oriental do lago Mälaren, onde está localizada a Cidade Antiga de Estocolmo, ainda estava congelada. Eu tinha ido até lá para atender a Conferência de Ideias Identitárias, organizada pelo líder da extrema direita sueca Daniel Friberg. Aquele era o maior evento europeu no calendário da *alt-right*. À minha volta, via ativistas de extrema direita do Reino Unido, Estados Unidos, Canadá, Austrália, Estônia, Finlândia, Alemanha, Polônia e Países Baixos, bem como um punhado de suecos locais da Juventude Nórdica, o "veículo de comunicação" Motgift e o Movimento de Resistência Nórdico extremista. Para evitar que o evento fosse cancelado por contramanifestantes, o local foi mantido em sigilo. Os participantes tinham recebido uma única instrução:

se encontrarem do lado de fora da estação de trem e esperarem lá por outras orientações. Eu estava codirigindo uma operação com colegas da Expo, um organização sueca parceira da HNH. Criada em meados da década de 1990 por Stieg Larsson, autor da trilogia best-seller *Millennium*, a revista *Expo*, então sob a direção do editor Daniel Poohl, monitora a extrema direita escandinava com eficácia ímpar. Eu tinha que comparecer ao evento e vazar sua localização para a *Expo*, para que as equipes de fotógrafos pudessem achar um local seguro de onde tirar fotos.

Tentando evitar o frio, nos aglomeramos na área da bilheteria da estação enquanto esperávamos. Eu havia presumido que teríamos que embarcar no trem, mas na verdade o local era um salão de conferências a curta distância dali. Assim que entramos, fui direto para o banheiro e mandei uma mensagem de texto com o endereço do evento para a *Expo*, que assumiu uma posição com ampla visão da entrada principal. Com uma lente objetiva, eles conseguiriam tirar fotos de todos que entrassem e saíssem do prédio. Naquele dia, os participantes mais importantes foram a ativista sueca antimuçulmana Ingrid Carlqvist; Henrik Palmgren, da plataforma de notícias da *alt-right* chamada Red Ice; Magnus Söderman, ex-principal ideólogo do Movimento de Resistência Nazista Sueco; Ruuben Kaalep, líder do movimento jovem Despertar Azul Estoniano e o blogueiro americano nacionalista branco Paul Ramsey (também conhecido como RamZPaul). Também havia um pequeno grupo de participantes do Reino Unido, entre eles Stead Steadman do Fórum de Londres da extrema direita e o famigerado youtuber escocês Colin Robertson (também conhecido como Millennial Woes). Eu assistia a seus vídeos havia muitos anos, acompanhando sua trajetória de sucesso no cenário internacional, então estava bastante curioso para conhecê-lo. Pessoalmente, era uma figura amigável, mas meio maltrapilha. Supervisionando o evento naquele dia estava o organizador da conferência Daniel Friberg, um sueco corpulento com um ar ameaçador.

O dia correu sem sobressaltos, como é frequente acontecer nessas conferências, com uma sequência de discursos malfeitos endereçados a uma plateia desinteressada de racistas cada vez mais embriagados. Até a chegada de Jason Jorjani. Ele sempre usa um suéter de gola rolê debaixo de um terno barato, parecendo o tipo de adolescente pretencioso que perambula com um livro de Nietzsche saindo do bolso do paletó, mas que nunca o leu de fato. De pé no palco, Jorjani declarou:

> Algo memorável ocorreu nesse inverno de 2016-2017, e não estou falando da posse do presidente Trump. Estou me referindo a um acontecimento catalisado pela ascensão de Trump, mas que, no longo prazo, se mostrará mais significativo para a redenção e a revitalização do mundo. As três mais substanciais e influentes instituições da direita alternativa ou do movimento da nova direita se uniram para formar uma estrutura centralizada de poder.[2]

O novo empreendimento surgiu a partir da fusão da Arktos Media Ltd., do grupo jornalístico on-line Red Ice Creations e da instituição de pesquisa National Policy Institute (NPI), dirigida por Richard Spencer. O novo grupo, batizado de Alt-Right Corporation, tinha um único conselho e escritórios em Washington, DC. Jorjani afirmou que isso representava:

> nada menos do que a integração de todas as (...) escolas de pensamento de direita europeias [isto é, a Nova Direita (Nouvelle Droite), o Arqueofuturismo, o Identitarismo e a Quarta Teoria Política do filósofo Aleksandr Dugin] com o movimento vanguardista norte-americano responsável pela vitória eleitoral do presidente Trump.[3]

Com uma pompa notável, Jorjani de fato parecia acreditar que a *alt-right* tinha sido o fator determinante na eleição de Trump – e também que o lançamento de sua nova organização era ainda mais importante. Apesar do absurdo das duas afirmações, o lançamento da Alt-Right Corporation foi certamente um momento crucial para o desenvolvimento do movimento. Isso também ilustrou a extensão da convergência entre a extrema direita americana e a Nova Direita Europeia (bem como seus afluentes filosóficos famosos) e assinalou a ambição de construir uma estrutura mais formalizada no cerne de um movimento difuso e descentralizado.

Saí apressadamente do salão de conferências para a noite de Estocolmo, indo direto para o escritório da *Expo*. Quando cheguei, eles já tinham baixado as fotos e começado a identificar os participantes. A operação tinha sido um sucesso. Contudo, quando estávamos indo ao bar comemorar, me lembrei de 2013 e do relatório que escrevi após a conferência da NPI em Washington e de como ridicularizei a confiança da *alt-right*: "Após a queda? Que queda?". Nos anos que se seguiram, observei a vitória da Frente Nacional, de Marine Le Pen, vi o Jobbik da Hungria terminar em segundo lugar e o Aurora Dourada neonazista da Grécia obter 9,4% dos votos nas eleições do Parlamento Europeu de 2014. Depois vieram a ascensão da *alt-right*, a antes impensável vitória de Donald Trump nas eleições e o Brexit em 2016. Os pilares da democracia liberal que pareciam tão inabaláveis naquela época tinham de fato começado a oscilar. Ao escrever meu relatório, observei que essa última conferência foi chamada de "Surgindo das ruínas", mas, dessa vez, não me apressei em rotulá-la de mera húbris.

———

A direita alternativa internacional não é mais a mesma. Em seu auge, foi a ameaça internacional mais dinâmica e preocupante. Hoje é mais uma rede fragmentada do que um movimento coeso. Contudo, a maioria dos principais nomes ainda está ativa e muitas mantêm uma colaboração. Em termos gerais, a *alt-right* é um conjunto de grupos internacionais e indivíduos operando principalmente on-line por meio de vários meios off-line, cuja crença fundamental é que a "identidade

Por dentro da direita alternativa internacional   175

branca" está sob ataque de elites liberais pró-multiculturalismo e dos chamados "guerreiros da justiça social" (SJWs, na sigla em inglês), que supostamente usam o "politicamente correto" para minar a civilização ocidental e os direitos dos homens brancos.

Resumindo, a *alt-right* é um agrupamento antiglobalista de extrema direita que oferece uma "alternativa" radical para o conservadorismo tradicional e o *establishment*. É uma hidra com muitas cabeças, um movimento político amorfo e sobretudo on-line composto de uma vasta gama de blogs, vlogs, sites e podcasts sem um líder único e apenas poucas organizações off-line importantes, sendo que nenhuma delas controla totalmente a direção do movimento. A natureza eclética e díspar de suas partes contribui com grande desacordo, porém, quando juntas, se reúnem em torno de um conjunto central de crenças. Todos os partidários rejeitam o que acreditam ser a esquerda, a hegemonia cultural democrática liberal na sociedade ocidental e os direitos derivados disso. Eles rejeitam o que o líder da *alt-right* Jared Taylor chamou de "mito perigoso" da equidade – o que, na prática, significa oposição, entre outros, aos direitos das mulheres, pessoas LGBT+ e minorias étnicas e religiosas; ou, se não esses direitos, no mínimo os próprios movimentos que buscam progredi-los, como o feminismo.[4]

Devido à amplitude dessa definição, é necessário subdividir a direita alternativa em dois ramos distintos: a *alt-right* e a *alt-lite*. Apesar de ambas rejeitarem a hegemonia democrática liberal/de esquerda e os direitos, liberdades e/ou movimentos associados a ela, e ambas estarem preocupadas com o mesmo conjunto de questões – a esquerda, a globalização, questões de gênero, cultura ocidental, equidade e assim por diante –, elas veem essas questões através de lentes fundamentalmente diferentes. Apesar de ambas fazerem profundas críticas à concepção de equanimidade derivada do consenso liberal, a preocupação central da *alt-right* é a ameaça que isso supostamente impõe à existência das pessoas brancas, e, assim, defendem a proteção de sua "raça", com frequência por meio da criação de etnoestados brancos. Como tal, a raça forma a base de sua visão de mundo. Como Richard Spencer, figura-símbolo da *alt-right*, afirmou: "Quase toda questão, questão política, questão cultural, esportes, tudo, quase tudo está baseado em raça".[5]

Em contraste, a *alt-lite* vê o consenso liberal como uma ameaça à cultura ocidental tradicional e, portanto, é favorável a um nacionalismo chauvinista ocidental. Sem dúvida, ambas expressam interesse no tópico que forma a base da visão de mundo da outra. A *alt-lite* despreza noções como "culpa branca" e "privilégio branco", enquanto que a *alt-right* sempre fala de civilização pan-europeia e venera a cultura ocidental clássica. A diferença se reduz à importância que cada movimento atribui a esses conceitos. Gavin McInnes, uma figura proeminente na *alt-lite* no passado, resumiu a questão quando declarou:

> Ambos os lados têm em comum o chauvinismo ocidental e não se envergonham da branquitude (...), não acham que a diversidade é o início e o fim de tudo, mas [a *alt-lite*] se preocupa com o chauvinismo e as ideias ocidentais. [A *alt-right*] diz "os brancos têm que participar disso", [a *alt-lite*] é inclusiva e quer que todos sejam amigos desde que aceitem o mundo ocidental como melhor e se recusem a se desculpar pela criação do mundo moderno.[6]

Apesar de ser um movimento de extrema direita, a direita alternativa não é uma aberração que surgiu como num passe de mágica na última década, nem nasceu de ideias de extrema direita fundamentalmente novas. Sua diferenciação é derivada do fato de ser um conglomerado de movimentos políticos e sociais que, quando fundidos, criaram algo novo e diferente. Em essência, é uma convergência de três grandes grupos: a Nova Direita Europeia e o movimento identitário, a Direita Alternativa Americana e as "comunidades antagônicas on-line" (todos descritos mais detalhadamente a seguir). Cada um deles têm sua própria história, estruturas, agrupamentos e ideias e, em alguns casos, continuam a operar de forma bem independente da direita alternativa. Porém, quando os três se superpõem e interagem, produzem o que pode ser entendido como a direita alternativa.

O líder sueco da *alt-right* Daniel Friberg explicou a um repórter da ABC News que a *alt-right* "é basicamente um fenômeno global, a *alt-right* americana é muito inspirada na Nova Direita, sobretudo da França, Alemanha e Bélgica".[7] A Nova Direita Europeia (ENR) é, falando em termos gerais, uma corrente de pensamento derivada das ideias do filósofo de extrema direita Alain de Benoist e do seu movimento GRECE, fundado na França em 1968, juntamente com desdobramentos subsequentes de pensamento/ativismo como o arqueofuturismo,* de Guillaume Faye, o eurasianismo,** de Aleksandr Dugin, e o movimento identitário europeu, discutido com mais aprofundamento na próximo capítulo. A ENR se localiza confortavelmente dentro da extrema direita e suas ideias são mais bem entendidas como uma busca da recuperação de uma identidade europeia mítica. Em essência, ela rejeita os ideais do Iluminismo e do Cristianismo e combate ideologias modernas e "materialistas", desde o liberalismo ao socialismo. Em seu lugar, propõe um nacionalismo pan-europeu e um mundo de comunidades etnicamente homogêneo.[8] Apesar do antiamericanismo explícito de grande parte da ENR, o núcleo ideológico da direita alternativa surgiu quando elementos do pensamento da ENR foram adotados pela extrema direita americana, como abordamos neste capítulo. (Quando me refiro à extrema direita americana, quero dizer a direita radical e não conservadora localizada nos Estados Unidos, incluindo indivíduos e grupos nazistas e supremacistas brancos, milícias não governamentais e membros da Ku Klux Klan.)

---

* Um termo cunhado por Faye para descrever a combinação de tecnologia e ciência futurista com valores tradicionais ou "arcaicos".
** Eurasianismo é o conceito de que a civilização russa faz parte do conceito geopolítico de Eurásia.

178 Tambores à distância

Porém a mistura de ideias da ENR com a extrema direita americana só pode ser considerada direita alternativa quando está fundida ao que podemos chamar de "comunidades antagônicas on-line". Estas são definidas como grupos reacionários on-line construídos em torno de vários interesses, mas que assumem um comportamento antagônico (seja por meio de criação de simbolismo ofensivo ou apenas expressão de ódio e desprezo). Esses grupos são encontrados em todos os lados do espectro político e podem ser totalmente apolíticos, mas, quando esse comportamento é adotado por pessoas dentro da direita alternativa, o antagonismo delas é direcionado para o que entendem como hegemonia política e social liberal/de esquerda.

Além disso, há uma pletora de movimentos, culturas e comunidades menores, cujos elementos contribuíram em vários graus para a formação da direita alternativa. Apesar de muitos desses movimentos terem continuado a existir separadamente da direita alternativa, eles mantiveram grandes áreas em comum em termos de ideias e cooperação quando o movimento da direita alternativa estava em seu auge, agindo, para alguns, como portas de entrada para ele. Os três mais importantes são os movimentos Manosfera, o Neorreacionário e o libertário de direita. De acordo com Simon Murdoch, o Manosfera é:

> Uma reunião de sites, fóruns, blogs e vlogs preocupados com questões masculinas e masculinidade, reunidos em torno de uma oposição ao feminismo, sendo que alguns abraçam uma misoginia extrema. A interpretação prevalecente dentro do Manosfera é que o feminismo promove a misandria (desprezo ou preconceito em relação a homens) em vez de a igualdade de gêneros. Essa percepção é central para se entender o Manosfera, pois muitos de seus interesses são inerentemente sexistas, antifeministas e misóginos, enquanto que outros, como preocupações com o suicídio masculino, não são em si expressões de seus interesses. A lente através da qual

essas questões são vistas no Manosfera culpabiliza as mulheres, o feminismo e a política progressista.[9]

Patrik Hermansson explicou como "a direita alternativa e os libertários eventualmente se cruzam. (...) Apesar de muitos na direita alternativa terem renunciado ao libertarismo, quase sempre com a motivação de que ele é leniente em relação à imigração e ao comportamento socialmente 'desviante', alguns se identificaram com ele por completo".[10] O mais difícil de definir desses três portais para a direita alternativa é o estranho, impenetrável e esotérico movimento Neorreacionário. Em termos gerais, o movimento Neorreacionário é um movimento antidemocrático de extrema direita que rejeita os princípios iluministas e busca combinar uma volta regressiva a um passado monárquico com um futuro pós-humano fetichizado. Além desses, há vários movimentos cujas ideias têm interessado membros da direita alternativa, como o conservadorismo nacionalista de direita conhecido nos Estados Unidos como paleoconservadorismo, o sobrevivencialismo e até mesmo o anarquismo nacional de direita.[11]

Uma concepção errônea é que a direita alternativa ou é completamente nova ou não passa de uma reformulação da extrema direita tradicional. Como é quase sempre o caso, a verdade está em algum ponto entre as duas opções. Esse movimento está, de fato, repleto de indivíduos e organizações cujo ativismo de extrema direita antecede em muito a adoção do termo *alt-right*, tal como Jared Taylor e Greg Johnson nos Estados Unidos, e muitos o adotaram numa tentativa de limpar sua imagem. Contudo, a direita alternativa, apesar de ser um conglomerado amorfo de crenças díspares e às vezes até mesmo contraditórias, pode e deve ser entendida como um movimento de extrema direita distinto, moderno e internacional. Para isso, é preciso usar o termo *alt-right* num sentido mais estreito do que muitos fazem atualmente e rejeitar seu uso como um termo abrangente para qualquer ativista ou indivíduo da extrema direita moderna.

180 TAMBORES À DISTÂNCIA

Há várias pessoas que se autodefiniam, ou ainda se autodefinem, como da *alt-right* – como o editor do site *The Daily Stormer*, Andrew Anglin – que muitos argumentariam serem nada mais do que neonazistas tradicionais. No entanto, isso não torna as duas categorias mutuamente excludentes. Apesar de nem todos na *alt-right* serem nazistas, nem todo nazista faz parte da *alt-right*, embora alguns façam. Anglin, por exemplo, faz parte da *alt-right*, em parte porque se autodefine como tal, mas sobretudo por causa da natureza de seu ativismo nazista – os meios pelos quais faz política e o método pelo qual propaga sua ideologia são, por natureza, da *alt-right*. Assim como para a *alt-right*, de modo geral, suas ideias carecem de novidade, mas seu ativismo, não.

Um elemento-chave para entender a *alt-right* é sua natureza genuinamente transnacional. Muitos de seus principais ativistas conceituam sua luta para além das fronteiras de seu Estado-nação: a *alt-right* está interessada numa "nação" branca transnacional e a *alt-lite*, num Ocidente mítico transnacional. Dito isso, como vários outros movimentos de extrema direita transnacionais, resta uma tensão entre este e um nacionalismo do Estado-nação mais tradicional. Apesar de Richard Spencer ter dito que é "ambivalente em relação aos Estados Unidos",[12] e o vlogger da *alt-lite* Paul Joseph Watson falar muito mais sobre "o Ocidente" do que na Grã-Bretanha ou nos Estados Unidos,[13] os fatores mobilizadores para os ativistas da direita alternativa quase sempre permanecem nacionais ou até mesmo hiperlocais. Isso, é claro, não é nenhuma novidade. Vários movimentos de extrema direita transnacionais anteriores funcionaram de maneira semelhante, seja a União Mundial de Nacional-Socialistas de Colin Jordan nos anos 1960 ou o movimento antimuçulmano contrajihadista pós-Onze de Setembro.[14]

Era outubro de 2016 e a primeira vez que eu voltava ao campus da Escola de Economia de Londres desde minha formatura alguns anos antes. Por trás dos Tribunais Reais de Justiça, esconde-se um labirinto de prédios, entre as ruas Kingsway e a Aldwych, que compõem a universidade. Sentei-me no pub George IV e olhei pela janela para o prédio de tijolinhos que abrigava o Centro Cañada Blanch, onde eu passara um ano obcecado pelas aulas do professor Paul Preston sobre a Guerra Civil Espanhola. Criamos um vínculo a partir do amor pelo Everton Football Club e pelo ódio a Francisco Franco. O George IV é um pub típico com piso de madeira e um teto decorativo de gesso manchado de amarelo por décadas de fumaça de cigarro. Eu estava lá para encontrar um amigo de uma amiga.

Faz alguns anos que eu conhecia Anna-Sofia Quensel, especialista em extrema direita escandinava. Ela era uma figura intrigante que casualmente mencionava o tempo que passara no Exército Republicano Irlandês (IRA) ou suas ligações não muito próximas como a Baader Meinhof Gang nos anos 1970, além das histórias de que jogava Pokémon com os netos. Um amigo seu, um jovem antifascista chamado Patrik Hermansson, estava de mudança para Londres para estudar e ela me perguntou se eu poderia me encontrar com ele. Nós nos sentamos um de frente para o outro com toda a estranheza de um encontro arranjado. Longilíneo, louro, maxilar quadrado, pele clara e faces rosadas, convencionalmente boa pinta e vestido de preto dos pés à cabeça, ele era a pessoa com aparência mais escandinava que eu já vira: o arquétipo do ariano. Ele tinha trabalhado na Suécia com a *Expo* como fotógrafo e expressado interesse de fazer o mesmo para a HOPE not hate enquanto estivesse em Londres. Havia manifestações de extrema direita acontecendo na maioria dos fins de semana, então lhe agradeci pela disponibilidade e garanti que ia ver como melhor usar a sua ajuda, acabei a minha bebida e saí. Ao andar de volta para a estação de metrô Holborn, liguei para Nick e disse que tinha uma ideia.

182 TAMBORES À DISTÂNCIA

Olhando em retrospectiva, eu poderia fingir que desde o primeiro encontro percebera que Patrik era especial, o tipo de pessoa que rapidamente obteria acesso a algumas das figuras mais influentes da extrema direita mundial e que ele teria tanto êxito nisso que a história se tornaria, mais tarde, um documentário passado nos canais de televisão no mundo todo. Mas, na verdade, eu não fazia a menor ideia. É claro que Patrik me pareceu arguto e inteligente, e percebi que ele tinha uma confiança tranquila parecida com a minha, mas o plano inicial era apenas perguntar se ele tinha interesse em ir a um evento da extrema direita dali a alguns dias.

Meu trabalho de infiltração estava com os dias contados. Enquanto algumas pessoas incríveis ficam infiltradas por anos ou até décadas, eu ficava pulando de grupo em grupo, expondo-os e depois partia para outra. Ao mesmo tempo, compareci a inúmeras manifestações de extrema direita, quase sempre com uma máquina fotográfica, o que fazia com que eu fosse cada vez mais reconhecido entre integrantes da extrema direita do Reino Unido. Tudo isso aliado a minhas publicações acadêmicas e jornalísticas, assinadas com meu próprio nome. Isso significava que não era sensato nem seguro continuar a fazer esse tipo de trabalho e que o próximo passo lógico seria começar a recrutar outros colaboradores e dirigir as operações. Apesar de não ter dito isso na época, Patrik foi o primeiro que recrutei e supervisionei. Minha única experiência prévia nessa área tinha sido com um colega, uma pessoa muito sociável e também uma fonte infiltrada incomumente talentosa, que supervisionava mais como colaborador do que como subordinado formal. Embora isso nunca tenha sido admitido publicamente, o trabalho corajoso deles no ano seguinte se mostraria vital para o sucesso do projeto de Patrik.

Poucos dias depois, liguei para Patrik e o convidei outra vez para ir ao bar. Conversamos bastante, inicialmente fazendo perguntas cordiais do que ele estava achando de Londres, da Escola de Economia de Londres e do curso. Eu tinha passado a semana anterior fazendo

Por dentro da direita alternativa internacional   183

verificação de antecedentes e falando com nossos parceiros na *Expo* para me certificar de que ele era confiável, mas fui mais fundo na pesquisa sobre sua atividade política, histórico de ativismo e conhecimento acerca da extrema direita. A conversa inicial passou para a sua atuação antifascista na Suécia e presença on-line rastreável. Não adianta tentar recrutar alguém para trabalhar infiltrado cuja posição de esquerda seja bem conhecida. O mais importante, no entanto, foi que analisei, em silêncio, seu temperamento e personalidade. Ele era um falastrão? Conseguia guardar segredo? Mantinha a calma? Era estável? Conseguia mentir? Conseguia mentir bem? Estava mentindo naquele momento? Saímos do bar para fumar um cigarro e, tentando ao máximo soar despretensioso, perguntei-lhe se estaria interessado em ir a uma reunião para mim. "Posso tomar todas as providências, só quero que você vá lá, escute e depois me conte". Não havia razão para pensar em ultrapassar a primeira barreira ou fazer grandes planos, pois muitos logo chegam à conclusão de que aquele tipo de trabalho não é para eles, o que é compreensível. "Tudo bem, eu vou", disse ele, sem perceber que mudaria nossas vidas ao dizer aquilo.

Há algum tempo, eu vinha procurando alguém para mergulhar no Fórum de Londres, um grupo fascista que se reunia com regularidade. O grupo atraía pessoas de toda a extrema direita para ouvir as falas dos maiores nomes do cenário internacional. É importante observar que, num momento em que a extrema direita britânica estava separada e dividida, havia um perigo de que o Fórum poderia ajudar a promover uma nova unidade, algo que estávamos prontos para impedir. O grupo era dirigido por Jeremy Bedford-Turner, um soldado desonrado que virou um fascista notório, que eu já encontrara antes em várias ocasiões. Em setembro de 2013, eu o acompanhei a uma reunião no Tramshed Community Centre, em Bethnal Green, para comemorar o vigésimo aniversário da eleição de Derek Beackon como primeiro vereador do BNP. Encontrei-me com o grupo perto do Memorial da Catástrofe da Estação de Metrô de Bethnal Green

184 Tambores à distância

(na época em construção) e, lutando para entabular uma conversa, mencionei que já estava na hora de lembrarmos quem tinha morrido na maior perda de vidas de civis de uma só vez durante a Segunda Guerra Mundial. Eu tinha feito um julgamento errôneo do grupo. Pensando que iria cair nas graças deles com meu patriotismo, sem querer traí minha falta de apoio à Luftwaffe.

A ideia inicial era que Patrik se infiltrasse no Fórum de Londres e descobrisse cismas e pontos de pressão que poderíamos aproveitar. Naquela época, as informações limitadas que eu tinha do grupo vinham do trabalho de outra fonte, que tinha ido às reuniões durante um período. O lento fornecimento de informações que eles estavam nos proporcionando era inestimável e não queríamos pôr tudo a perder botando muita pressão em cima deles. Com Patrik, no entanto, eu sabia que ele só ficaria em Londres por um ano, até terminar o curso, e depois voltaria para casa, o que tornava a estratégia de risco aumentado de uma operação intensa, visando diretamente a liderança do grupo, uma oportunidade que valia a pena aproveitar. Criamos uma história para ele, construímos uma persona verossímil on-line – Patrik Hermansson virou Erik Hellberg – e planejamos a nossa abordagem. Nos seis meses seguintes, ele foi abrindo caminho até o âmago do Fórum, criando uma relação próxima com os principais atores da organização.

Stead Steadman era uma figura cômica. Quase sempre vestido com camisa cáqui, bermuda cáqui e botas de trilha, faça chuva faça sol, ele parecia um instrutor da Juventude Hitlerista. Sua aparência ridícula tinha feito com que nós o descartássemos, mas Patrik estava convencido de que ele era a porta de entrada para o grupo. Ele era o organizador, o construtor das redes de contato, o guardião do livro negro que mantinha os nomes e informações particulares de alguns dos mais notórios fascistas do mundo. Patrik conseguiu fazer amizade com ele e se tornou professor de sueco de Steadman, encontrando-se com ele no café Nordic Baker no Soho para praticar conversação.

Ele acabou confiando tanto em Patrick que o convidou para se unir à equipe que vetava novos membros, dando-nos um acesso sem precedentes ao funcionamento interno do grupo e a uma opinião de quem poderia ou não participar. A cada novo sucesso, o escopo da operação se expandia até decidirmos usar os contatos de Steadman para obter o máximo de acesso possível aos maiores atores da *alt-right* internacional.

Minha admiração pela bravura e determinação de Patrik crescia a cada reunião. Ele concordava com tudo que eu lhe pedia para fazer, por mais perigoso ou estranho que fosse. Quando sugeri que ele usasse uma câmera secreta para gravar todas as reuniões, Patrick concordou como se eu tivesse lhe pedido para aproveitar que iria sair e trouxesse um pacotinho de amendoim na volta. Cada relatório que ele mandava vinha recheado de mais informações valiosas do que o anterior. Logo passamos de uma relação entre fonte e supervisor para uma relação de amizade, cujos laços estavam calcados em nossa missão comum e confiança mútua. Do nosso jeito, sentíamos que estávamos lutando para mudar o mundo. No entanto, isso dificultava muito o meu trabalho, porque estava pedindo que um amigo se expusesse a riscos cada vez maiores. Ficou impossível manter distância da operação, separar o trabalho da vida particular. Quanto mais ele galgava degraus, melhores as informações – mas maior o perigo e menor o meu descanso.

Ao criar uma tese acadêmica falsa que explorava a supressão da esquerda pela extrema direita, poderíamos agilizar o projeto e estimular Steadman a apresentar Patrick a figurões da *alt-right* para que ele os "entrevistasse". Logo obtivemos centenas de horas de gravações secretas de conversas, proporcionando-nos um entendimento sem precedentes do funcionamento interno da *alt-right* – até então um movimento pouco compreendido. Também coletamos muitas fofocas relacionadas com brigas internas e disputas de poder, muito úteis para a divisão de incitação. Simultaneamente à direção desse projeto, eu e meus colegas da HNH, David Lawrence e Simon Murdoch, estávamos produzindo um relatório importante sobre a *alt-right*, que objetivava definir e mapear com precisão o movimento. As informações de Patrik nos guiaram o tempo todo, nos permitindo combinar nossa pesquisa de fonte aberta com seu conhecimento de primeira mão.

Depois de admitido no Fórum de Londres, Patrik começou a se mover entre grupos no Reino Unido, comparecendo a reuniões ridículas do Clube Extremista para ouvir poesia ruim e política pior ainda, e participar de cerimônias pagãs racistas, onde bebiam em chifres e adoravam deuses nórdicos. Então decidimos que, para chegar ao cerne do movimento, ele teria que cruzar o Atlântico para o berço da *alt-right*. Nos Estados Unidos, ele fez um discurso sobre os perigos da infiltração antifascista numa reunião da *alt-right* em Seattle e foi a um churrasco na casa do famigerado ceramista nazista Charles Krafft – famoso por suas chaleiras em formato de busto de Hitler. Em agosto de 2017, portando uma câmera secreta, ele viajou para Charlottesville, na Virgínia, e foi a um comício da Unite the Right [Unir a Direita]. Rodeado de extremistas fortemente armados, balançando bandeiras com suásticas e entoando "Os judeus não nos substituirão", ele viu em primeira mão as consequências mortais do fascismo quando Heather Heyer, uma contramanifestante antifascista, foi atropelada por um carro diante dele, vindo à óbito. Quando ele me disse que estava a poucos metros da cena, eu quase vomitei. Nesse ponto, ele já havia iniciado negociações com uma produtora para fazer um documentário e eu estava desesperado para encerrar o projeto e tirar Patrik de lá.

Além de definir o que é a direita alternativa, vale a pena explorar o breve histórico do movimento.

O chamado Gamergate é, em geral, entendido como um importante catalizador no desenvolvimento da direita alternativa, um esforço ostensivo para proteger o espaço sagrado masculino dos jogos da suposta investida de valores feministas. Isso foi desencadeado em agosto de 2014, depois que um namorado desprezado alegou que sua ex-namorada – uma desenvolvedora de jogos – tinha sido infiel. Usuários da Manosfera e das redes antissociais 4chan e 8chan (que há muito abrigam elementos da extrema direita) deslancharam então uma torrente de abusos, incluindo ameaças de estupro e de morte, contra desenvolvedoras e críticas de jogos do sexo feminino.[15] Para muitos, o Gamergate se tornou símbolo de um contra-ataque mais amplo contra o "politicamente correto" e a esquerda, em termos mais gerais. Ao fazer um relatório favorável ao movimento, figuras como a personalidade britânica nas redes sociais da *alt-lite* e outrora jornalista da rede Breitbart News, Milo Yiannopoulos, foram capazes de destacar muito seus perfis no escândalo subsequente. A experiência de engajamento na campanha on-line coordenada contra supostos adversários estimulou a direita alternativa emergente como um todo.

Contudo, foi a campanha presidencial de Donald Trump, lançada em junho de 2015, que deu o impulso de união de partes díspares da direita alternativa e os elevou ao palco internacional. Trump até então não possuía carreira na política, tinha uma abordagem fortuita e heterodoxa, posições extremas a respeito da imigração e – o mais importante – era totalmente politicamente incorreto. Além disso, estava concorrendo com Hillary Clinton, vista como a incorporação mais perfeita da elite governante liberal "feminista". Tudo isso fazia de Trump um ímã para a *alt-lite* e a *alt-right*, que o viam como um meio de romper com o *establishment* republicano e o consenso liberal. A diferença era que, enquanto a *alt-lite* pode ter alimentado uma crença verdadeira de que as posições antimuçulmanas e anti-imigração de Trump se alinhavam com as próprias posições políticas, a *alt-right* o via mais como um meio de empurrar a "janela de Overton" (as fronteiras do debate aceitável) bem mais para a direita, com o objetivo precípuo de normalizar a política racializada. Por meio de Trump, a *alt-right* nacionalista branca criou relações simbióticas com figuras da direita moderada on-line, com comentadores como o vlogger conspiratório britânico Paul Joseph Watson e Milo Yiannopoulos da Breitbart News, usando muitos dos insultos e imagens escarnecedores inflamados para atacar a esquerda e a direita constituída.

A rede Breitbart News, conhecida por seus ataques virulentos a grupos liberais, imigrantes e conservadores da situação, se tornou a casa de máquinas da propaganda de extrema direita pró-Trump.[16] Em março de 2016, Breitbart publicou *An Establishment Conservative's Guide to the Alt-Right* (Guia dos conservadores do *establishment* para a *alt-Right*), escrito por Yiannopoulos e Allum Bokhari, que, apesar de repudiarem abertamente elementos nazistas, também subestimavam muito do racismo do movimento como mera provocação na internet.[17] Em junho de 2016, Steve Bannon, então presidente executivo da Breitbart News e estrategista-chefe de Donald Trump, disse à revista *Mother Jones* que a Breitbart era "a plataforma para a *alt-right*".[18] A filosofia sempre repetida de *"don't punch right"* ["não soque a direita", em tradução livre], isto é, não ataque pessoas mais extremistas com quem você compartilha objetivos comuns, deu cobertura para a *alt-right* racista. Com a óbvia exceção do site da *alt-right* nazista, *The Daily Stormer,* que era em geral profundamente antagônico a figuras da *alt-lite*, os racistas toleravam essas figuras moderadas enquanto era conveniente, a despeito das diferenças ideológicas óbvias (Yiannopoulos, por exemplo, é um homem abertamente gay que alega ascendência judaica). Richard Spencer, figura-símbolo da *alt-right*, disse ao *Daily Beast* em agosto de 2016 que a Breitbart atuava como um "portal para ideias e escritores da *alt-right*".[19]

Após a vitória de Trump, surgiu um confronto entre a *alt-lite* e a *alt-right* em 21 de novembro de 2016, durante a conferência anual do Instituto de Políticas Nacionais de Spencer com a participação de figuras da extrema direita/*alt-right* como Jared Taylor,[20] Kevin MacDonald[21] e Peter Brimelow[22] – antecessores da *alt-right* racista – como

Por dentro da direita alternativa internacional   189

oradores. Foi divulgada uma gravação feita pela revista *The Atlantic* mostrando Spencer fazendo um discurso eivado de antissemitismo e terminando de forma histriônica com as palavras "Salve Trump, salve o nosso povo, salve a vitória!", o que levou vários ouvintes a fazerem saudações nazistas.[23] Isso atraiu a atenção negativa da imprensa mundial e figuras mais moderadas logo se distanciaram deles. Os apoiadores de Trump, desconfortáveis diante da *alt-right* abertamente racista, começaram a abandonar o barco.

O início do fim da *alt-right* coesa aconteceu no dia 12 de agosto de 2017, no comício da Unite the Right, em Charlottesville, na Virgínia. Anunciada no contexto de violência crescente em eventos da *alt-right*, a Unite the Right seria o momento em que o movimento principalmente de internet demonstraria que suas várias facções e figuras poderiam se unir em solidariedade ao nacionalismo branco, exercendo poder nas ruas contra toda a oposição. Conforme os eventos foram transcorrendo, a Unite the Right foi sendo definida por uma violência feroz que resultou em dezenas de feridos, culminando na morte de Heather Heyer depois que James Fields, um autodenominado neonazista, jogou o carro que estava dirigindo contra uma multidão de contramanifestantes. Em 2019, num Tribunal Distrital dos Estados Unidos em Charlottesville, Fields confessou 28 crimes em juízo relativos a atos de ódio causando lesões corporais e envolvendo uma tentativa de homicídio e um crime de ódio que resultou em morte.[24] Apesar de a *alt-right* ter tentado por um longo tempo se retratar como uma alternativa nova para o supremacismo branco americano tradicional caduco e violento, após os acontecimentos em Charlottesville, as mídias no mundo todo ficaram cobertas de imagens de líderes da *alt-right* ao lado de bandeiras nazistas, participantes da Ku Klux Klan e ativistas com escudos e capacetes portando armas improvisadas. O escopo da cobertura negativa foi ampliado pelo fracasso do presidente Trump em condenar adequadamente os supremacistas brancos, até mesmo descrevendo alguns dos manifestantes como "boas pessoas".[25]

Charlottesville foi uma tentativa arrogante de capitalizar o ímpeto criado pela eleição de Trump, mas, em vez disso, deu à *alt-right* seu momento mais infame. Apesar de algumas figuras da *alt-right* terem tentado transformar o evento malogrado em vitória, Charlottesville significativamente intensificou a atenção negativa para a *alt-right*. Nos momentos subsequentes, ela se viu operando num ambiente mais hostil, que ficou ainda pior após a ampla repressão que se seguiu à tomada do Capitólio em 2021, da qual várias figuras proeminentes da *alt-right* participaram. A *alt-right* ficará para sempre associada aos eventos de Charlottesville e, embora tenha recebido atenção mundial, a manifestação também marcou o momento que o movimento entrou em nítido declínio. Os anos que se seguiram ficaram marcados por lutas e divisões internas. Paradoxalmente, a Unite the Right funcionou como catalisador da desintegração de muitas das ligações já tênues que mantinham esse "movimento" unido.

Charlottesville não representa o rematado colapso da *alt-right* nos Estados Unidos e no exterior, porém resultou em mudanças táticas significativas e alterou a natureza do movimento. Apesar de, sem dúvida, a *alt-right* ter enfrentado um período conturbado após Charlottesville, a mísera participação na Unite the Right 2 em 2018 não significou a morte do movimento, mas uma mudança de rumo. O contingente ainda ativo da *alt-right* se afastou das ruas e continuou a realizar conferências privadas, reunindo os maiores nomes da Europa e dos Estados Unidos da *alt-right* e proporcionando oportunidades de travar contatos e fortalecer o sentido de comunidade. Os discursos são posteriormente colocados no YouTube e em outros sites, continuando a radicalizar uma nova geração de jovens ativistas de extrema direita. Os membros da *alt-right* continuam a empestear as redes sociais, os produtores de conteúdo da *alt-right* ainda produzem infindáveis horas de vídeos e podcasts, os escritores da *alt-right* ainda publicam resmas de artigos e os organizadores da *alt-right* ainda realizam conferências pelo mundo afora com figuras conhecidas que viajam para discursar nesses eventos. Não é porque a *alt-right* não mais se identifica coletivamente ou não organiza manifestações como a de Charlottesville que ela não existe. O movimento sempre foi uma rede decentralizada e distribuída, só que hoje está ainda mais decentralizado.

———

O melhor resultado de toda a infiltração de Patrik veio em maio de 2017, num jantar em homenagem ao falecido fascista britânico Jonathan Bowden. Steadman tinha informado a Patrik que um dos convidados do evento seria nada mais nada menos do que o líder da *alt-right* norte-americana Greg Johnson. Editor-chefe da editora supremacista branca Counter-Currents Publishing, Johnson era um fantasma. Apesar de ser um dos principais atores da extrema direita dos Estados Unidos há anos, ninguém nunca tinha conseguido tirar uma foto dele, o que permitia que ele realizasse suas famigeradas ações políticas na obscuridade. Antifascistas tinham tentado rastreá-lo, mas ele continuava se esquivando, falando apenas em reuniões fechadas e sempre com seu rosto embaçado em fotos e vídeos. Eu até escutei uma história de que alguém tinha conseguido o antigo anuário da escola dele, decepcionando-se em seguida porque sua foto tinha sido retirada. Ao descobrirmos que ele estaria em Londres, montamos uma operação completa para garantir que conseguiríamos uma imagem dele. Por intermédio de Steadman, soubemos que a reunião ocorreria no Mandeville Hotel, perto da Wigmore Street, no pretencioso bairro de Marylebone. Patrik estava equipado com uma minicâmera presa no peito, enquanto outra colega, Rosie Carter, fingia ser uma turista sentada no saguão lendo um livro, porém me mandava informações por mensagens de texto.

Posicionei-me mais adiante na rua, sentando-me a uma mesa do lado de fora de uma loja de sucos com uma câmera e uma lente objetiva escondida debaixo do casaco. Logo fui avistado pelos seguranças intimidadores de Johnson, que se aproximaram e se sentaram à mesa. Fingindo surpresa que dois homens de terno preto tivessem aparecido e começado a fazer perguntas, disse-lhes que só estava esperando minha namorada sair do trabalho. Conversamos por alguns minutos até eu ter pensado que os tinha convencido da minha história, mas, quando se levantaram e saíram andando, a lente da câmera escondida fez um zumbido quando o autofoco se armou. Eles olharam firme para a máquina, depois para mim, e fizemos contato visual por um tempo maior do que seria confortável, antes que eu agarrasse a câmera e saísse correndo. Desci a rua rápido e entrei na loja de departamentos Selfridges, quando os despistei no meio das muitas escadas rolantes. Felizmente Patrik teve mais sorte e tirou fotos muito nítidas de Johnson, que mais tarde publicamos num momento de júbilo. Era um grande furo para a HOPE not hate, e alcançamos uma de nossas metas principais para todo o projeto: fazer com que a extrema direita soubesse que o Reino Unido não era mais um lugar seguro para sua atuação.

Expusemos toda a operação em 19 de setembro de 2017. Patrik, Nick e eu viajamos para os Estados Unidos para negociar um acordo com o *New York Times*, que estava interessado na gravação secreta feita por Patrik de Jason Jorjani em Nova York se gabando de suas ligações com o governo Trump. Concordamos que eles publicariam um artigo sobre toda a infiltração e, simultaneamente, divulgaríamos nosso relatório mais amplo: *The International Alternative Right: From Charlottesville to the White House* [*A direita alternativa internacional: de Charlottesville à Casa Branca*]. O namorado de Patrik veio para Nova York para lhe dar apoio no que deve ter sido um momento aterrorizante para os dois. Lembro-me de entrarmos num táxi na Flatbush Avenue, no Brooklyn, e de ele nos pedir para não falar sobre o que ia acontecer. Ele não queria pensar nisso. Foi só então que percebi o preço alto que aquele projeto representou para os entes queridos de Patrik e para ele próprio. Não tinha dúvida de que seu companheiro deve ter me odiado pelo que eu pedi para Patrik fazer e não o culpo.

Como esperado, a história provocou um escândalo ao ser publicada, sendo repercutida pela imprensa no mundo todo. O mais importante é que teve o efeito desejado dentro da extrema direita. Dedos foram apontados, cismas surgiram e grande divisões aconteceram. O Fórum de Londres não teve outra reunião desde então, o que significa que o número de grandes figuras da extrema direita indo ao Reino Unido se reduziu. O documentário que estávamos fazendo navegou por mares agitados e passou pela mesa de vários diretores famosos até, por fim, e felizmente, aportar na SVT, na Suécia, e ser encaminhado para o diretor de documentários Bosse Lindquist. Ele foi ao ar no horário nobre de canais de televisão no mundo todo, da Alemanha ao Japão, antes de ser liberado em serviços de *streaming*.

É claro que tudo isso teve um preço. Apesar de agora trabalhar para a HOPE not hate como pesquisador, Patrik teme por sua vida até hoje. Alguns meses depois da publicação, fizemos um evento especial no Frontline Club em Londres e foi só por causa de outra fonte infiltrada que descobrimos que fascistas estavam planejando um ataque. Quando eles apareceram, tínhamos seguranças a postos para protegê-lo, mas isso nos lembrou do custo à vida de Patrik. Se o fascismo não morreu com a revelação das câmaras de gás, sabíamos que não morreria com um artigo no *New York Times* ou com um documentário. Mas demos um golpe certeiro, provocamos um certo retrocesso e – o melhor de tudo – fizemos tudo isso juntos.

8
Identitários na terra e no mar

– Está em Djibuti!

– O que está em Djibuti?

– O *C-Star*. Está em Djibuti!

– Onde fica Djibuti?

– Não sei.

– Alguém sabe? – perguntei, olhando para os rostos inexpressivos no escritório.

Em 26 de junho de 2017, a Defend Europe [Defenda a Europa] anunciou que tinha conseguido um navio. O plano deles era navegar pelo Mediterrâneo e dificultar missões de resgate de refugiados. Durante anos, um número crescente de pessoas tinha rumado para a Europa por terra, via Europa sul-oriental, ou fazendo viagens perigosas pelo mar, do Norte da África para a Itália ou a Espanha. Fugindo da sangrenta guerra civil na Síria e dos conflitos em curso no Afeganistão e no Iraque, refugiados subiam em todo tipo de barcos e botes infláveis e seguiam para o norte em busca de segurança. A cada semana, os jornais mostravam manchetes alarmistas de invasão e referências ao crescente número de mortes em decorrência de afundamentos de barcos com excesso de passageiros com uma regularidade trágica.

Em maio daquele ano, meu colega Simon Murdoch, um jovem estudioso que corta o próprio cabelo com resultados supreendentemente impressionantes, notou que três membros do movimento de extrema direita Geração Identitária [Génération Identitaire, GI], acompanhados da jornalista canadense da *alt-lite* Lauren Southern, tinham sido detidos pela guarda costeira italiana. Eles foram capturados depois de uma tentativa fracassada de impedir o *Aquarius*, uma embarcação operada pela ONG SOS Mediterranée com uma equipe do Médicos sem Fronteiras a bordo, de deixar o porto de Catânia na Sicília e navegar rumo à Líbia numa missão de resgate. Southern publicou um vídeo no qual a GI disparava um sinalizador na direção do *Aquarius*, declarando com muito orgulho: "Se os políticos não param os barcos, nós pararemos!". Na HOPE not hate, passamos nossos dias vendo gente odiosa fazendo coisas ruins, mas a visão de ativistas de extrema direita tentando impedir abertamente o resgate de migrantes desesperados à beira da morte fez com que uma raiva incomum se espalhasse pela equipe de pesquisa. Nos quatro meses seguintes, tornou-se uma obsessão para nós lutarmos desesperadamente para desarticular os planos deles.

Nas semanas que se seguiram à façanha na Sicília, observamos os desdobramentos numa campanha organizada por ativistas identitários de todo o continente. Eles começaram a levantar fundos para fretar um navio a fim de seguir embarcações de busca e salvamento, documentar suas atividades e "confrontá-las" em bloqueios marítimos. O objetivo era forçar os navios das ONGs a alterar suas rotas e drenar seus recursos financeiros e organizacionais, bem como inspirar outras pessoas a apoiarem a missão. Seus planos foram recebidos com muito entusiasmo pela extrema direita internacional, e o dinheiro começou a fluir, sobretudo da América do Norte. Uma campanha de arrecadação de fundos rapidamente angariou cerca de 100 mil euros, com figuras de destaque internacional como David Duke, ex-Grande Mago da Ku Klux Klan, tuitando para seus 40 mil seguidores no Twitter: "A missão

196   TAMBORES À DISTÂNCIA

de busca e salvamento identitária da Defend Europe tem um navio, mas agora precisa de dinheiro para chegar ao Mediterrâneo. Doe já! #DefendEurope". De forma semelhante, o maior site neonazista do mundo, *The Daily Stormer*, publicou um artigo que dizia:

> É uma grande iniciativa (...) Esses parasitas precisam ter um medo profundo de cruzar o mar Mediterrâneo. Atualmente, os negros acreditam que os europeus vão vir resgatá-los para levá-los para seus países (...) Boa sorte em sua jornada, homens. Seus ancestrais estão orgulhosos de vocês.

A Defend Europe evidenciou o processo de internacionalização da extrema direita contemporânea – e o perigo que representavam ao colaborar para além das fronteiras.

Um temor se instalava a cada dia que chegávamos ao escritório e víamos que eles estavam angariando cada vez mais fundos, contra o que não havia o que fazer. Tínhamos que encontrar o tal navio. Se não o encontrássemos, não poderíamos detê-lo. Então, em 26 de junho, tivemos nosso primeiro avanço quando eles triunfalmente declararam que tinham conseguido os serviços de um navio e postaram uma foto. Contudo, não conseguimos encontrar a embarcação em nenhum registro marítimo; era um navio-fantasma. A descoberta veio quando percebemos que a imagem tinha sido adulterada – a cor do navio tinha sido mudada e lhe deram um nome falso, com o intuito de atrapalhar nosso rastreamento. A foto original mostrava um navio chamado *Heqet*, o nome de uma antiga deusa egípcia representada por um sapo. Isso poderia ser uma referência a uma piada interna popular dentro dos círculos da *alt-right*, conhecida como "Kek" ou o "Culto de Kek", que é uma religião satírica centrada na adoração a uma antiga deidade egípcia representada por um sapo; ou talvez se referisse ao famigerado Pepe, o sapo, meme preferido de membros de mau gosto da *alt-right*. Na realidade, a embarcação era um navio de pesquisa finlandês chamado *Suunta*, posteriormente renomeado como *C-Star*. Com quarenta metros de comprimento e pesando 422 toneladas, era um navio de verdade, muito maior do que eu imaginara. Estava a um mundo de distância do barquinho usado por Lauren Southern na Sicília, em maio daquele ano. Esse navio tinha de fato a capacidade de deter navios de resgate e um arrepio de preocupação percorreu a comunidade de ONGs. Com uma vaga ideia dos planos da Defend Europe, pessoas que trabalhavam com refugiados no Mediterrâneo começaram a entrar em contato conosco pedindo ajuda. Eles iam abalroar suas embarcações? Será que atacariam as pessoas desse setor? O que aconteceria se de fato tivessem contato com refugiados? Não tínhamos respostas. O que começou como um sonho distante tinha se tornado realidade. Uma realidade que realmente poria as vidas de refugiados em risco.

Depois que tivéssemos o nome do navio, poderíamos começar a investigar de verdade. Usando tecnologia de satélites, logo o rastreamos. "Está em Djibuti!", gritou Simon. Uma onda de entusiasmo seguida de alívio se espalhou pela equipe ao percebermos que o navio ainda não estava no Mediterrâneo, mas no leste da África. Tínhamos uma chance de diminuir seu ritmo de avanço.

O Diretório de Navegação Mundial mostrou que o navio era gerido por uma empresa do Reino Unido que fornecia "navios de guarda, embarcações de apoio, embarcações de pesquisa e embarcações de acomodação e manutenção *offshore*". Ficamos sabendo que o proprietário do navio era um tal Sven Tomas Egerstrom, cujos registros suecos mostravam que fora condenado por fraude em 2002 e tinha recebido pena de dois anos e meio de prisão. A dúvida persistente de "Que tipo de pessoa aluga uma embarcação para a extrema direita?" tinha sido finalmente esclarecida. Quando fizemos contato para perguntar se ele estava confortável com o fato de seu navio estar sendo usado dessa forma, ele apenas respondeu: "De forma alguma assumimos posições políticas nos negócios comerciais. (...) Não vejo

198 Tambores à distância

problema com o navio estar na área realizando pesquisas permitidas".
Era óbvio que nem todo mundo que estava com tanta raiva a respeito
desse assunto quanto eu.

Isso ficou ainda mais claro quando no dia 17 de julho a controversa "jornalista" britânica Katie Hopkins tuitou: "Ansiosa para conhecer
a tripulação do *C-Star* em Catânia amanhã. Decidida a defender o
Mediterrâneo. Toda essa semana @MailOnline". Ela também retuitou a postagem no Twitter da Defend Europe entre outras manifestações de apoio. Tudo indicava que estava indo acompanhar Martin
Sellner, líder da Defend Europe, e seus companheiros identitários na
missão, para relatar ao vivo no site do *Daily Mail*, um dos maiores
jornais britânicos. Hopkins tinha conhecimento nessa área: vários
anos antes, ela escrevera um desprezível artigo de jornal que incluía
um trecho que dizia: "NÃO, não me importo. Podem me mostrar
fotos de caixões, corpos boiando na água, violinos tocando e gente
esquálida com cara de triste. Não estou nem aí"; e "Coloquem os
navios de guerra nas águas, façam os migrantes voltarem para seus
países e queimem os barcos".

Assim que soubemos que Hopkins estava a caminho da Sicília,
partimos para a ação. Escrevi um artigo para o *The Guardian* criticando
fortemente o *Daily Mail*, lançamos uma petição pública e, por trás
dos panos, unimos esforços para escrever uma carta assinada por um
grupo de indivíduos e organizações influentes, enviada para o editor
do *Daily Mail*. Felizmente a resposta foi rápida e o primeiro artigo de
Hopkins, escrito em Catânia, foi retirado dos sites antes mesmo que
ela regressasse ao Reino Unido. Escapamos por pouco. Seria muito
perigoso permitir que a extrema direita fosse normalizada, e a ideia
de que um dos maiores jornais britânicos estava dando cobertura de
mídia positiva a essa missão era um desastre. Isso ia além de apenas
discordar das opiniões de Hopkins. Era permitir que o *Daily Mail* – e
qualquer outro canal de mídia que decidisse apoiar a Defend Euro-

Identitários na terra e no mar 199

pe – desempenhasse um papel primordial na promoção de pessoas, organizações e narrativas explicitamente de extrema direita.

Tinha começado a correr boatos de que o barco estava pronto para zarpar, entrar no mar Vermelho e rumar para norte na direção do canal de Suez. Assim que o rastreador via satélite mostrou a movimentação, sabíamos que tínhamos que mudar a tática. Eu estava a ponto de pegar um navio e ir confrontá-los: antifascismo em alto mar! Felizmente, me acalmaram e explicaram, com toda razão, que a última coisa que ONGs de resgate precisavam era dois grupos de amadores num barco se metendo e atrapalhando o trabalho salva-vidas. Então orquestramos um plano. Sabíamos que cada dia que passasse sem que o *C-Star* operasse na costa da Líbia seria mais um dia de desperdício de fundos para a Defend Europe. Se conseguíssemos retardá-los o suficiente para drenar seus recursos, poderíamos limitar seu potencial de causar problemas e o número de dias restantes para se manterem ativos.

Para aumentar nosso temor, havia a perspectiva de que a tripulação do *C-Star* pudesse estar armada. Daniel Fiss, líder do ramo alemão da GI, contou a um site alemão que o grupo contrataria seguranças prontos para "partir para a ação" contra traficantes de pessoas potencialmente armados. Nossa preocupação cresceu quando, em 12 de julho, o satélite de rastreamento mostrou o *C-Star* se encontrando com outro navio chamado *Jupiter*, uma embarcação conhecida por ter tripulação armada. Apesar de não termos certeza absoluta, estávamos preocupados com essa possibilidade. Entramos em contato com a Embaixada do Egito em Londres e com as autoridades portuárias em Suez e falamos de nossa apreensão de permitirem que o navio *C-Star* passasse pelo canal. Incertos se nossas ligações e cartas tinham surtido algum efeito, ficamos observando o ícone em forma de barquinho amarelo na tela ir se aproximando lentamente do canal. Com intervalo de poucas horas, Simon ou eu atualizávamos a tela para acompanhar o barquinho passar por Porto Sudão, depois Meca e Jidá, antes de

200   TAMBORES À DISTÂNCIA

entrar na passagem estreita que separa a Península do Sinai do Egito continental. Então ele parou. Estava perto da entrada do canal, mas tinha parado de se mover. Ficamos atualizando a página várias vezes, mas, nada, sem alteração. O que tinha acontecido? Tinha funcionado? Quase uma semana se passou com o *C-Star* imóvel no golfo de Suez.

Começamos a ligar para a autoridade portuária e conseguimos obter algumas poucas informações num inglês estropiado. Relatos não confirmados indicavam que o navio poderia ter sido detido em circunstâncias dramáticas, com a marinha egípcia cercando a embarcação. Por fim, um funcionário da Autoridade do Canal de Suez confirmou que a detenção do navio não tinha nada a ver com eles, mas sim que "foi detido pelas autoridades de segurança", pois era "uma questão de segurança devido à falta de documentação e autorizações". Era um golpe embaraçoso para a Defend Europe, e sabíamos que o transcorrer dos dias reduzia seus recursos. Para nossa grande satisfação, Martin Sellner divulgou um vídeo junto com o resto da tripulação do *C-Star*, esperando na Itália a bordo do navio, culpando a HOPE not hate pelo atraso. Nossa alegria durou pouco, porém, ao vermos que o pequeno ícone amarelo tinha começado a se movimentar para o norte mais uma vez. Tínhamos reduzido seu ritmo, mas não o tínhamos parado de vez. Com esperanças de que a embarcação fosse rumar para a Itália para pegar a tripulação da Defend Europe, despachamos Simon para Catânia com a tarefa de monitorar os acontecimentos *in loco*.

Não acostumado com o calor intenso, Simon chegou a uma Catânia escaldante, uma cidade resplandecente com uma incrível arquitetura barroca à sombra do monte Etna, marcada por séculos de terremotos e erupções. A função dele era se aproximar da resistência que vinha sendo feita no local e de outras ONGs internacionais, como a organização sem fins lucrativos norte-americana Avaaz, para impedir que o *C-Star* aportasse. Ele descobriu que Sellner e outros conseguiram alugar uma acomodação na Via Gagliani e começou a nos mandar atualizações. Em Londres, eu permanecia no escritório, observando com desalento o navio passar por Porto Said, alcançando, por fim, o Mediterrâneo. Naquela altura, a Defend Europe era manchete em todos os veículos de comunicação. Passei os dias conversando com jornalistas, falando no rádio e na televisão, ligando freneticamente para as autoridades portuárias, a Organização Marítima Internacional e a Agência Europeia de Segurança Marítima, para tentar encontrar formas de desacelerar ou deter o *C-Star*. Eu não estava sozinho: antifascistas de toda a Europa, junto de ONGs que trabalham com migrantes e refugiados, estavam fazendo tudo o que podiam. Estávamos trabalhando muito próximos a um grupo chamado Sleeping Giants, que estava na dianteira da campanha para pressionar plataformas de levantamento de fundos a retirarem do ar os sites da Defend Europe, com cada vez mais sucesso.

Em vez de cruzar o Mediterrâneo direto para a Itália, o navio rumou para o norte na direção de Chipre, possivelmente para obter suprimentos muito necessários após seu período de detenção no Egito. Toda a atenção se voltou para o Centro de Coordenação de Resgate Conjunto de Chipre, que, para minha grande alegria, confirmou que, se o navio entrasse em águas cipriotas, eles fariam tudo ao seu alcance para detê-lo. Cientes da acolhida que provavelmente receberiam, o navio mudou o rumo para o lado norte da ilha, em direção ao porto de Famagusta, controlado pelos turcos. Com o auxílio das redes sociais, descobri ativistas antirracistas na área que passaram a nos fornecer informações em tempo real a partir do momento que avistaram o navio chegando ao porto. Tudo passou a acontecer muito rapidamente. Mensagens truncadas e relatórios de notícias locais mal traduzidos começaram a chegar. O capitão do navio e seu imediato tinham sido presos e a embarcação, evacuada. No mais belo golpe do destino, foi noticiado que o navio que estava rumando para a Itália para iniciar uma missão de extrema direita para conter a migração estava supostamente carregando refugiados na esperança de chegar à Itália. Quando entramos em contato com a polícia local, eles confirmaram que: "Os membros da tripulação, o capitão e o proprietário do navio foram presos, tendo comparecido em juízo hoje. O tribunal ordenou detenção por um dia". Eles também afirmaram que estavam cientes de nossa pesquisa sobre a Defend Europe e nos pediram para enviar mais informações para ajudar nas investigações.

Ficamos sabendo que o proprietário e os oficiais de mais alta patente tinham sido detidos por suposto "tráfico de pessoas" depois que 21 sul-asiáticos foram encontrados a bordo. Faika Pasa, uma ativista de direitos humanos local, conversou com alguns refugiados que desembarcaram do navio: "Alguns disseram que tinham pagado 10 mil euros a traficantes para embarcarem e serem levados para a Itália. (...) Desde então, cinco tinham pedido asilo. Os outros quinze estavam voltando para o Sri Lanka". Foi um golpe vergonhoso para a Defend Europe e um momento de imenso alívio. Notícias ainda melhores foram dadas por Simon, cujo trabalho junto com inúmeros outros na Sicília tinha gerado frutos quando Enzo Bianco, prefeito de Catânia, ordenou às autoridades portuárias que negassem o direito de aportar ao *C-Star*.

Finalmente, no dia 31 de julho, após semanas de atrasos onerosos, os ativistas da Defend Europe conseguiram, por fim, acostar o *C-Star* e começaram a missão para valer. Após passarem mais de um mês alegando que iam zarpar triunfalmente de Catânia – até mesmo convocando a imprensa internacional para ir à cidade para um suposto lançamento no dia 19 de julho –, a pressão nacional e internacional de ONGs, organizações antirracistas e políticos os tinha forçado a fazer uma mudança de plano humilhante. Em vez do lançamento coreografado diante da imprensa mundial, os ativistas da Defend Europe foram forçados a fugir em segredo para Chipre e aportar lá.

Nas semanas seguintes, o *C-Star* rumou para a área de busca e salvamento na costa da Líbia e começou a filmar navios de ONGs na região. Contudo, logo os suprimentos começaram a escassear e a embarcação partiu para a Tunísia para se reabastecer de combustível e víveres. Ao saber que o *C-Star* estava rumando para o porto de Zarzis, pescadores locais organizaram com sucesso o bloqueio do navio, forçando-os a irem buscar suprimentos em outro lugar. A impossibilidade de reabastecer o combustível se tornou um problema de fato, e por algum tempo eles ficaram ilhados na costa da Tunísia. Documentos que mais tarde foram vazados para nós sugerem que o *C-Star* provavelmente se reabasteceu de combustível e suprimentos no Terminal de Ashtart, um terminal petrolífero ao largo da costa da Tunísia, antes de partir de volta para a costa da Líbia. Contudo, no dia 11 de agosto, sofreu um "problema técnico de menor importância" e as autoridades ordenaram que a ONG Sea-Eye fosse resgatar a embarcação à deriva.

Nesse ponto estávamos preparando nossa cartada final e, no final, os pegamos com uma questão técnica: o *C-Star* era um navio antigo e desgastado e percebemos que talvez fosse possível conseguir sua classificação como "não seguro". Conversamos com vários especialistas da marinha que estudaram centenas de imagens e relataram várias preocupações sérias em relação à navegabilidade. Com base nas provas levantadas, redigimos uma reclamação formal e solicitamos com sucesso uma inspeção imediata conhecida como Inspeção de Controle de Navios pelo Estado do Porto. Funcionou, e o *C-Star* foi classificado como "Prioridade 1", o que significava que na próxima vez que entrasse em qualquer porto europeu, seria detido e inspecionado de novo. Com todos os portos europeus não sendo mais uma opção para suprimentos ou combustível, o *C-Star* navegava sem destino. A gota d'água aconteceu no dia 17 de agosto, quando uma aliança de ONGs, tanto locais quanto internacionais, entre elas a HOPE not hate, conseguiu que o *C-Star* fosse banido de todos os portos malteses. Mais tarde naquele mesmo dia, a Defend Europe anunciou o fim da missão. Apesar de anunciarem um grande sucesso em seus vídeos, eles não tinham alcançado nenhuma de suas metas e não tinham interceptado nenhum barco de resgate, nem posto nenhuma vida em risco.

Essa pequena batalha serviu como um vislumbre de como viria a ser o fascismo e o antifascismo no futuro. Os identitários por trás da Defend Europe eram uma rede internacional de ativistas vindos de toda a Europa, buscando apoio e levantando fundos no mundo todo. Para nós, estava claro que o antifascismo não exigia apenas conhecer o inimigo na nossa rua ou comunidade, ou mesmo no nosso país. Para contra-atacar de modo eficaz, tínhamos que pensar globalmente. O episódio também nos mostrou que o campo de batalha havia mudado e as ferramentas necessárias precisavam ser outras. Apesar de manter campanhas antifascistas tradicionais – enraizadas em comunidades locais, nas ruas e nas urnas –, uma nova frente se abria. Não se tratava de produzir jornais, panfletos ou placas, mas, sim, de usar satélites, pressionar empresas de tecnologia multinacionais, moldar narrativas jornalísticas e construir novos níveis de cooperação internacional e apoio em redes sociais.

Embora a Defend Europe não tenha alcançado as metas desejadas, o episódio tinha dado visibilidade ao identitarismo e aumentado seu prestígio dentro da extrema direita internacional. Logo se soube que, entre os observadores deleitados, estava um grupo de jovens ativistas do Reino Unido, e logo depois iríamos enfrentar a GI um pouco mais perto de casa.

———

No outono de 2012, um vídeo foi publicado na internet. Uma sucessão de rostos jovens, capturados em closes monocrômicos, apareciam junto a um fundo musical de cordas que ia se avolumando. Eles falavam sobre "fracasso total da coexistência e mistura forçada das raças", lamentavam a "rejeição da tradição" pela sociedade, rejeitavam a "aldeia global" e a "família do homem", reclamavam a herança de sua "terra", seu "sangue", sua "identidade" e prometiam "marchar nas ruas", pintar slogans nos muros e enfunar suas "bandeiras com lambda, bem alto". Conforme as cordas seguiam num crescendo, um homem barbado olhava diretamente para a câmera e dizia em francês: "Isto não é um simples manifesto. É uma declaração de guerra". Com isso, a Geração Identitária [Génération Identitaire, GI] foi lançada.

Sete anos depois, no dia 15 de março de 2019, um homem armado com dois rifles semiautomáticos, duas pistolas e um revólver entrou na mesquita de Al Noor e no Centro Islâmico de Linwood, em Christchurch, na Nova Zelândia, durante a oração de sexta-feira. A declaração de guerra feita on-line fora posta em prática e o resultado foram 51 muçulmanos mortos. O manifesto do assassino estava claramente apoiado na ideologia identitária. Seu próprio título – "A Grande Substituição" – é a ideia alarmista central perpetuada por grupos como a GI, e uma das demandas centrais do manifesto – "autonomia étnica" –, corresponde também ao desejo identitário de "etnopluralismo" (a ideia de que grupos étnicos devem viver separadamente para se "preservarem"). Após o ataque, surgiu a versão de que o assassino não estava apenas inspirado nas ideias identitárias, mas tinha de fato entrado em contato com o líder da GI Martin Sellner e doado somas significativas para ramificações da GI na Áustria e na França. A Comissão Real de Investigação da Nova Zelândia descobriu que o assassino fizera pelo menos dezesseis doações para pessoas e grupos de extrema direita internacionais desde 2017, incluindo um total de 2.500 libras para várias bases da Geração Identitária.[1] Mais tarde, naquele mesmo ano, outro ativista de extrema direita irrompeu numa sinagoga em Halle, na Alemanha, e atirou em duas pessoas. Durante o processo judicial, o acusado mencionou várias vezes a teoria da conspiração identitária, a "Grande Substituição", admitiu ter sido inspirado pelo ataque de Christchurch e ter feito contato com a GI antes do ataque que perpetrou.[2] Embora a GI e o identitarismo em geral não sejam uma ideologia terrorista, sua visão de mundo apocalíptica de que os brancos precisam agir antes que sejam extintos inspirou algumas pessoas a tomarem medidas extremas e violentas.

Sob muitos pontos de vista, o movimento identitário é um movimento moderno, utilizando-se das novas tecnologias e das redes sociais para difundir suas ideias e influenciar debates políticos. O ativismo identitário como o vemos hoje encontrou sua primeira encarnação em 2003 com a criação do Bloco Identitário [Bloc Identitaire, BI], na França. O BI (que virou um partido e depois uma associação, Les Identitaires) ajudou a nutrir o movimento identitário francês e, em especial, a organização jovem agora independente, Geração Identitária, lançada em 2012. Contudo, o que começou como um movimento jovem de extrema direita francês se disseminou por toda a Europa, construindo uma rede formal de ramificações que hoje é apenas uma parte, apesar de ser a maior, num cenário identitário global e variado. O movimento encontrou adesões na Rússia, América do Sul e Austrália, e exerce influência crescente na América do Norte entre os membros remanescentes da *alt-right*. Em 2019, Simon Murdoch e eu divulgamos um relatório intitulado *From Banners to Bullets* [*De faixas a balas*], no qual traçávamos o perfil de organizações identitárias em 23 países. A Geração Identitária era a rede mais significativa com 63 ramificações regionais em nove países.[3]

Na verdade, muitas das ideias que compõem o alicerce do grupo internacional estão em circulação há mais de meio século e podem encontrar vestígios num movimento de extrema direita europeu conhecido como Nova Direita Europeia (ENR). Como vimos no Capítulo 7, a ENR surgiu das ideias do filósofo de extrema direita francês Alain de Benoist e sua organização GRECE [Grupo de Estudos e Pesquisa de Civilização Europeia[, fundada em 1968. De Benoist criou um movimento de direita que seria ao mesmo tempo moderno e intelectual, operando via publicações e fóruns de discussão.[4] A ENR alega ser uma alternativa à democracia social e ao liberalismo conservador, um "laboratório de ideias", uma "escola de pensamento", uma "comunidade de mentes" e um "espaço de resistência contra o sistema" que transcendeu o esquema político da extrema direita existente.[5] Tais alegações podem ser descartadas, pois pesquisadores mostraram claramente os paralelos ideológicos do movimento com o fascismo clássico e a continuidade histórica desde então, passando pelo fascismo do pós-guerra e chegando ao surgimento da ENR em 1968. Na realidade, o movimento sem dúvida é de extrema direita, defendendo um nacionalismo europeu abrangente e um mundo além de comunidades etnicamente homogêneas. Trata-se de um antiliberalismo e um antissocialismo que fundamentalmente rejeitam os ideais iluministas do século XVIII e do Cristianismo, retrocedendo para um passado pagão e uma identidade europeia mítica.

A GRECE se tornou conhecida como a Nova Direita Francesa [Nouvelle Droite] e, em 1999, de Benoist e Charles Champetier publicaram uma síntese de seus trinta primeiros anos de pensamento como um *Manifesto for a European Renaissance* [*Manifesto para um Renascimento Europeu*]. Nele, a dupla fala em "Crise da Modernidade" e discute "o principal inimigo", o liberalismo. Em essência, de Benoist e Champetier argumentam que a globalização, o liberalismo e o hipermodernismo levaram à erradicação de identidades coletivas e culturas tradicionais"[6] e lamentam a "ameaça sem precedentes da homogeneização"[7] forjada pela imigração, que – de maneira geral – é tida como um "fenômeno inegavelmente negativo".[8] Em vez de multiculturalismo liberal, eles chamam de "etnopluralismo": a ideia de que grupos étnicos diferentes são iguais, mas devem viver separados, como abordado anteriormente. A isso conecta-se o "direito à diferença": "O direitos de todos os povos, etnias, culturas, nações, grupos ou comunidades de viverem de acordo com suas normas e suas tradições, independentemente da ideologia ou homogeneização globalista",[9] como afirmou Guillaume Faye. Ademais, esse direito admite a pressuposição de um "diferencialismo cultural": a ideia de que existem "diferenças duradouras entre culturas".[10] São essas ideias que compõem muitas das premissas essenciais da ideologia identitária. Contudo, apesar de ser uma derivação da ENR, o identitarismo não

208 Tambores à distância

é, de forma alguma, idêntico. Uma importante área de divergência está em torno da importância atribuída à raça. Embora também seja um movimento racista, a ENR e o próprio de Benoist limaram os excessos do "tribalismo identitário" e lastimam como os identitários atribuem "fatores étnicos ao papel que Karl Marx atribuiu a fatores econômicos".[11] O fato de de Benoist não posicionar a raça no centro da questão é talvez um dos motivos de muitos no movimento identitário terem encontrado mais afinidade com o trabalho do outrora aliado da GRECE, Guillaume Faye, que foi, nos últimos anos de vida, muito mais aberto ao racismo declarado. A divergência com de Benoist é mais bem vista na adaptação de Faye do lema da Nova Direita Francesa de "Causa dos povos" para "Causa de *nosso* povo" e na sua crítica a de Benoist e a seus colegas da ENR de "uivarem junto com os lobos contra o racismo".[12] Por muitos anos, as pessoas e os grupos que aceitavam essas ideias "viam-se como retaguarda de um mundo moribundo";[13] o que Julius Evola descreveu como "homens em meio a ruínas".[14] Porém a confiança da última década cresceu dentro do movimento, e de acordo com Philippe Vardon, fundador do movimento identitário na França: "Longe de ser a última expressão de um mundo em seus estertores, os [identitários] são o primeiro despertar de um novo nascimento".[15] O livro de 2013, *Die Identitäre Generation: Eine Kriegserklärung an die 68er* [*Geração Identitária: uma declaração de guerra contra os defensores de 1968*], escrito pelo austríaco Markus Willinger, é entendido como o manifesto da Identitäre Bewegung Österreich, o ramo austríaco do movimento identitário. Nele, Willinger declara:

> Uma nova corrente política está varrendo a Europa. Ela tem uma meta, um símbolo e um pensamento: identidade. (...) Este livro não é um mero manifesto. É uma declaração de guerra. Uma declaração de guerra contra tudo que deixa a Europa doente, contra a falsa ideologia dos defensores de 1968. Somos nós declarando guerra a vocês.[16]

Identitários na terra e no mar 209

Apesar de ser fácil descartar o manifesto de Willinger como algo que não passa de um jovem raivoso expondo sua posição, seu livro é certamente uma articulação de ideias quase sempre densas e enigmáticas aceitas pelos semelhantes de de Benoist. É uma reação contra os protestos estudantis de 1968 e os radicais que lutam pelo progresso na França e além de suas fronteiras, e contra a suposta hegemonia cultural de esquerda. Willinger fala mal das elites políticas que "nos enojam"; condena a crescente aceitação de pessoas LGBT+ na sociedade – o que ele chama de "a união da nulidade" –; e, em contraposição, conclama por um retorno de papéis de gênero tradicionais como "Mulheres desejam ser conquistadas".[17] Também rejeita totalmente o multiculturalismo, declarando que "não queremos que Mehmed e Mustafá se tornem europeus", e, como de Benoist, defende o etnopluralismo.[18]

O que me preocupa é que o identitarismo ultrapassou o discurso defendido por Willinger e as opiniões outrora marginalizadas discutidas em "instituições de pesquisa" de simpatizantes identitários em salas privadas de pubs ou em centros de conferências alugados sob nomes falsos. Agora, ele se tornou o alicerce de um movimento internacional presente nas manchetes no mundo todo cuja ideologia permanece uma das mais influentes dentro da extrema direita global. Contudo, desde que as ligações entre o movimento identitário europeu e o terrorista de extrema direita de Christchurch foram reveladas, o movimento vem passando por um escrutínio sem precedentes. Em primeiro lugar, foi banido de diversas redes sociais e agora enfrenta banimentos reais em vários países. Em fevereiro de 2021, por exemplo, o governo francês anunciou que abriu processos para fechar as filiais francesas da Geração Identitária em resposta a sua atividade anti-imigratória em curso e possível contravenção referente a uma lei proibindo a discriminação.[19] Apesar de ser um movimento bem-vindo que pode reduzir os esforços da GI, as ideias do identitarismo não podem ser banidas e sua influência continuará inspirando o ativismo de extrema direita.

Em julho de 2017, à altura da campanha da Defend Europe, foi lançada uma página no Facebook da Geração Identitária da Grã--Bretanha e da República da Irlanda, autointitulando-se o "mais novo ramo do movimento identitário pan-europeu". Embora as ideias da Nova Direita Francesa tenham gozado de momentos de influência dentro da extrema direita britânica, principalmente na Frente Nacional, foi só com o surgimento dessa página no Facebook que o identitarismo despontou no Reino Unido. A Defend Europe fracassou, mas suas proezas ousadas e campanha astuta nas redes sociais impressionaram uma nova onda de jovens racistas. Naquele mesmo mês, detectamos a primeira atividade off-line quando um jovem de Liverpool chamado Jordan Diamond viajou para Londres e se encontrou com identitários austríacos e noruegueses para discutir o desenvolvimento da Geração Identitária no Reino Unido. A rede internacional se animou com a perspectiva de uma nova ramificação britânica, ao menos como uma ponte para o mundo anglófono. Em julho também, um grupo de ativistas escoceses tentou realizar uma reunião em Glasgow, mas enfrentaram a oposição feroz de antifascistas locais.

As atividades iniciais da GI no Reino Unido ficavam em geral limitadas a colocar adesivos ou posar para fotos na frente da bandeira amarela e preta com um lambda. Depois, em outubro de 2017, uma fonte que estava infiltrada num grupo de discussão de extrema direita chamado Grupo Britânico Tradicional nos informou que Sellner falaria na próxima reunião. Ao mesmo tempo, meu chefe Nick Lowles estava trabalhando na equipe de um documentário e tinha conseguido infiltrar pessoas na mais nova ramificação da GI. Ao mesmo tempo, Julie Ebner, uma amiga que também pesquisava a extrema direita, obtivera acesso ao grupo para fazer uma pesquisa para um livro a ser lançado. Quando Sellner pôs os pés em Londres, parecia que praticamente metade dos ativistas da GI no Reino Unido estava passando informações para nós de uma forma ou de outra.

Após seu discurso, Sellner correu para um restaurante onde se encontrou com o ex-líder do BNP Nick Griffin para conversar sobre a criação da GI no Reino Unido. No dia seguinte, ativistas da GI, entre eles Sellner e Jonathan Rudolph, da GI na Alemanha, se reuniram de novo num espaçoso flat alugado em Beaufort Gardens, em Norbury, a sudoeste de Londres, para receber as orientações de Sellner e planejar uma façanha para acompanhar o lançamento público formal. Eles iriam desenrolar uma enorme faixa da GI na ponte Westminster, visível do Parlamento. Depois do treinamento do dia, foram testar o desenrolar da faixa numa ponte, como preparação. Na manhã seguinte bem cedo, sem alarde e com muito pouco interesse da imprensa, desfraldaram uma faixa amarela e preta em que se lia "Defenda Londres: pare a islamização", marcando o lançamento oficial da GI no Reino Unido e na Irlanda.

A alegria durou pouco. Em 9 de novembro, a ITV pôs no ar o documentário *Undercover: Inside Britain's New Far Right* [*Infiltrado: dentro da nova extrema direita na Grã-Bretanha*] com filmagens extensivas de Martin Sellner durante sua estada em Londres. O pior de tudo é que ele tinha sido filmado usando epítetos racistas, um desconforto para um movimento que tenta de todas as formas apresentar uma imagem respeitável e não racista. Tendo sido arrancado da obscuridade e lançado nas telas de televisão de toda a nação, os dois colíderes da ramificação no Reino Unido, Jordan Diamond e Sebastian Seccombe, logo se afastaram e então se desfiliaram do movimento. Sem um líder, a GI do Reino Unido estava natimorta e caiu em silêncio pelo resto de 2017. No ano seguinte, no entanto, começou a ressurgir das cinzas com velocidade alarmante. Só em janeiro, rastreamos quinze ações da GI, indo de colocação de adesivos e grupos de estudos até sessões de panfletagem. A rápida retomada da atividade da GI no Reino Unido coincidiu com o surgimento de um norueguês diminuto chamado Tore Rasmussen. Sabíamos muito pouco sobre ele além de que era gerente no Reino Unido e na Escandinávia da marca de roupas identitária chamada Phalanx Europa, uma copropriedade dos líderes austríacos da GI Martin Sellner e Patrick Lenart. A descoberta de seu passado sombrio mais tarde seria de grande valia para desarticular a GI no Reino Unido mais uma vez.

Em abril de 2018, eles tentaram sua primeira manifestação no Hyde Park de Londres, enfim me dando a oportunidade de vê-los com os próprios olhos. Eram um bando bem mediano de rapazes levemente esquisitos no fim da adolescência e início da idade adulta fazendo discursos tediosos sobre os níveis de imigração. Mas era o fato de serem tão comuns que me assustava. A extrema direita britânica há muito tinha dificuldades para atrair os jovens, e, quando isso acontecia, eles certamente não tinham uma aparência comum. Não se tratava de um bando de caras tatuados e de cabeça raspada; eles pareciam mais jovens professores de geografia, vestindo calças cáqui e de barba rala.

Um deles era particularmente comum pelos padrões da extrema direita. Com uma camisa azul, cabelo repartido e rosto jovial, Tom Dupré se destacava de seus colegas adolescentes. Ele fez um discurso curto sobre o dia, abordando a multidão com um sotaque sulista bem pronunciado. Observei de perto suas interações com outros ativistas da GI e ficou evidente que ele era a figura-símbolo, se já não fosse seu líder formal. Quando voltei ao escritório no segunda-feira seguinte, David e eu nos reunimos em torno do computador de Simon como era de hábito e fomos passando pelas fotos aos poucos. "Ele", falei, apontando para a imagem de Dupré. "Quero saber quem ele é." Nas semanas seguintes, começamos a construir um retrato de seu ativismo, que incluía a proeza de mau gosto de distribuir "refeições com carne de porco" para os sem-teto, o que excluía os muçulmanos. Cada fato novo que descobríamos ressaltava um perfil diferente da maioria das pessoas de extrema direita que costumávamos investigar. Ele frequentara uma boa escola antes de estudar psicologia experimental na Universidade de Bristol, e trouxemos à tona a informação de que era gerente-assistente de relacionamento do Standard Chartered Bank, no centro financeiro londrino. Jovem, inteligente, articulado, com ótimo emprego. Nem de longe o fascista padrão.

Uma das partes mais difíceis desse trabalho era tomar decisões que teriam um efeito negativo sobre a vida dos nossos oponentes. Isso soa óbvio, pois é o que de fato nos dispomos a fazer. Mas prejudicar uma pessoa, por mais perigosa e desprezível que seja sua atuação política, nunca é fácil. Eles continuam a ser seres humanos, e quem se esquecer disso não deve fazer esse trabalho. Simon, David e eu tivemos uma reunião para discutir nosso plano de ataque e tomamos a decisão de tentar fazer com que Dupré fosse demitido do emprego no banco. O perigo dessa tática é que ela reduz as opções do indivíduo em questão e pode deixá-lo sem outra escolha a não ser se comprometer mais profundamente com a extrema direita, eliminando possíveis saídas. Acreditamos que o maior risco que enfrentamos com a extrema direita moderna é que ela se normalize, se torne aceitável, assim como qualquer outro conjunto de crenças políticas. Ela não é aceitável, e nunca podemos deixar que se torne. Conseguir a demissão de Dupré serviria como um lembrete a ativistas de extrema direita de que o que eles fazem não é visto como aceitável pela sociedade. Isso funciona como uma advertência a outros jovens que estejam pensando em se envolver, de que haverá um custo social negativo ao serem admitidos no movimento. O ativismo deles piora a vida de outras pessoas e não podemos permitir que isso continue nas sombras.

Escrevi uma carta para o Standard Chartered Bank mencionando a atuação política passada de Dupré e informei que iríamos publicar um artigo que identificava o banco como seu empregador. Por alguns dias nada aconteceu, então decidi aumentar a pressão. Liguei para Andrew Gilligan do jornal *The Times* e lhe ofereci a matéria, que ele aceitou com entusiasmo. Eu sabia que uma ligação dele teria muito mais peso do que um artigo meu, e eu não estava errado. Poucos dias depois, o artigo foi publicado: "Ativistas antirracismo denunciam que 'fascistas hipster' estão dando vida nova à extrema direita". Dupré foi suspenso durante a investigação e demitido logo em seguida. Eu consegui o que queria.

No curto prazo, a demissão não deteve Dupré ou a GI. Durante a primeira metade de 2018, a GI foi o grupo de extrema direita mais ativo no Reino Unido, com constantes sessões de panfletagem, desfraldamento de faixas e grupos de estudo por todo o país. Em abril, eles organizaram uma conferência internacional no Reino Unido que previa o comparecimento dos líderes da rede europeia. Simultaneamente ao evento, lançamos um novo relatório intitulado *A New Threat?: Generation Identity UK and Ireland* [*Uma nova ameaça: Geração Identitária do Reino Unido e da Irlanda*]. Ao mesmo tempo, fizemos *lobby* com o Ministério do Interior para recusar a entrada de fascistas visitantes, com sucesso. Abel Bodi, colíder da GI na Hungria, teve sua entrada recusada, assim como Martin Sellner, sua companheira Brittany Pettibone e Lauren Southern. O que foi engraçado é que recebemos informações de que Sellner estava lendo nosso relatório no celular enquanto esperava na fila do controle de passaportes no aeroporto de Luton, poucos momentos antes de ser detido pelos oficiais de fronteira. A conferência decadente teve continuidade a despeito do não comparecimento dos convidados, mas antifascistas militantes apareceram no local e acabaram com o evento, resultando em confrontos violentos nas ruas de Sevenoaks. Eu estava lá para tirar fotos, mas tive que bater em retirada no carro de um jornalista quando comecei a chamar a atenção indesejada do público da conferência.

O tiro de misericórdia no mandato de Dupré como líder do GI veio em agosto daquele ano. Naquele ponto, já tínhamos mapeado o cenário no Reino Unido e conhecíamos praticamente todos os ativistas no país. Simon tinha se infiltrado no grupo, estava comparecendo a vários eventos e ia me fornecendo um fluxo constante de informações úteis. Era sua primeira operação infiltrado e isso me deixou incomumente nervoso. Embora Dupré fosse o líder, Simon identificara Tore Rasmussen como o poder real por trás do trono e o contato com a rede europeia mais ampla. Começamos uma investigação que logo ficou sombria. Contatamos colegas na Noruega e a resposta que veio foi chocante. Apesar de seu ar alegre, Rasmussen tinha sido ativo no grupo nazista norueguês Vigrid no fim dos anos 1990 e início dos anos 2000, e o grupo de vigilância norueguês Monitor o descreveu como um "nazista famoso" em 2001. Era de conhecimento que Rasmussen fora integrante de um dos grupos de nazistas na Noruega que entrega folhetos ostentando a convocação de "salvar a raça branca", além de outras informações sobre ouvir o nazista americano William Pierce "falar sobre os judeus". Rasmussen também costumava ir a jogos do clube de futebol de Oslo Vålerenga junto com figuras ativas da extrema direita norueguesa. O líder do Vigrid, Tore Tvedt, há pouco tempo afirmara que estava "orgulhoso" de Rasmussen, referindo-se a ele como "tenente".

Quando questionado em entrevistas em norueguês, Rasmussen mencionara brevemente seu envolvimento nazista, mas ficara claro que ele tinha minimizado a extensão desse envolvimento e também os aspectos violentos do movimento. Apesar de todo o extremismo da GI, o movimento tinha trabalhado com afinco para cultivar uma imagem respeitável e uma exposição assim causaria um enorme constrangimento.

Por sorte, em agosto os líderes da GI de toda a Europa iriam se encontrar num campo de treinamento na cidade de Saint-Didier-en-Velay, na França, nos proporcionando o momento perfeito para divulgar a história e causar o máximo de dano. Liguei para Mark Townsend do *The Observer*, um ótimo jornalista com um histórico de ataques à extrema direita. Ele ficou de publicar a história, então juntamos as provas e as enviamos para ele. Enquanto a Geração Identitária se reunia para um fim de semana de palestras ideológicas e treinamento

216 Tambores à distância

físico, Mark enviou o dossiê com as provas para Dupré e pediu que ele comentasse. O que aconteceu depois excedeu em muito as nossas expectativas. Mark me ligou animado: "Ele foi embora! Ele recuou e deixou a GI!". Na manhã seguinte, acordei cedo e corri para a banca mais próxima para comprar o jornal, e lá estava a bela matéria, preto no branco, em página dupla. Dupré era citado:

> Acabei de sair; obviamente, essa informação vai causar tumulto. Conversei com duas pessoas e elas estão muito preocupadas. Se você estiver falando do Islã e de imigração, é necessário um muro para manter os racistas afastados, os nazistas. Se alguma coisa vazar, o projeto todo vai por água abaixo. Estou consternado. Eu me demiti. Na minha opinião, outros vão deixar [o grupo].

A saída de Dupré foi um golpe duro para a ramificação do Reino Unido e um grande revés aos olhos dos líderes europeus da rede. A reboque da exposição de Rasmussen, ele anunciou que estava saindo da Irlanda e voltando para a Noruega. Outra baixa. Naquele momento, a grande esperança posta na ramificação do Reino Unido como ponte para o mundo anglófono tinha sido despedaçada por nosso trabalho. Os dias da GI no Reino Unido estavam contados. O movimento tentou continuar sob a liderança do comicamente subqualificado Benjamin Jones, mas, assim que conseguiram se reerguer, Simon foi contatado por um jovem jornalista chamado Ben van der Merwe, que tinha se infiltrado no grupo por conta própria e estava esperando orientações. Marcamos um encontro no Windsor Castle, um pub numa rua atrás da estação Victoria. Simon e eu o sondamos e começamos a formular um plano. Seria só uma breve infiltração, mas ele compareceu à conferência nacional por nós, resultando em mais uma torrente de informações prejudiciais. Além de revelar o comparecimento de vários extremistas, ele descobriu que dois ativistas da GI estavam servindo como membros da Marinha Real e um deles estava para se tornar engenheiro de sonares num submarino nuclear. Assim que ouvimos isso, entendemos que não havia outra opção a não ser suspender a infiltração e divulgar nossos achados ao público. Não havia como deixar um fascista trabalhar num submarino nuclear. Mark Townsend publicou outro artigo, e mais uma vez a GI foi atacada pela imprensa nacional. As recriminações que resultaram da infiltração forçaram os líderes europeus do movimento a banir a ramificação britânica da rede, e, a despeito de uma breve reformulação, o grupo foi oficialmente desfeito no início de 2020.

Em meus dez anos na HOPE not hate, nunca tinha visto uma destruição tão completa de uma organização de extrema direita como a que fizemos com a GI do Reino Unido. Tínhamos nos infiltrado em praticamente todas as reuniões e grupos fechados, o que significava que conseguiríamos atrapalhar qualquer plano que fizessem. Por um breve período, pareceram ser a nova esperança da extrema direita britânica, atraindo jovens para um movimento envelhecido, mas nunca tiveram chances de verdade. Toda a equipe de pesquisa participou dessa operação com duração de quase dois anos, mas, para Simon e eu, isso se tornou uma obsessão. A GI tinha a nossa idade e sentíamos que essa era uma luta nossa. Felizmente, dessa vez, vencemos a batalha.

9
A Índia de Modi e o nacionalismo hindu

Ao andar pelas ruas estreitas ladeadas por lojas, vi riquixás motorizados habilidosamente ziguezagueando sem se chocarem, como se fossem um cardume de peixes. Olhei para cima e vi uma placa de sinalização pendurada: "Jew Town" [Bairro Judeu]. À esquerda, outra placa, mas desta vez de metal branco enferrujado, oscilando num poste, na base do qual estava uma barraca vendendo colares, bolsas de couro e pochetes de cânhamo adornadas com folhas de marijuana. A placa dizia "Jew Cemetery" [Cemitério Judeu] em letras vermelhas com uma seta apontando para longe da rua. Curioso, atravessei por um mercado coberto antes de ressurgir no calor reluzente do sul da Índia.

Para minha surpresa, me vi de pé diante de uma sinagoga. Construída em 1568, era considerada a mais antiga sinagoga ativa em toda a Commonwealth. Os muros externos pintados de branco não davam uma pista do interior colorido e eclético. O interior era revestido de azulejos chineses azuis pintados à mão, assentados em 1762, cada um diferente do outro. Uma parte menor estava coberta por tapeçaria tecida à mão, presente do último imperador da Etiópia, Haile Selassie. No meio do salão ficava o altar, uma plataforma elevada, na qual se lê a torá, rodeada de pilares de bronze, enquanto do teto pendia uma série de lustres de vidro belga que não combinavam entre si. A decoração da sinagoga espelhava a área do entorno, moldada por séculos de comércio e ondas de imigração. A poucos passos dali, está a igreja de São Francisco, a igreja europeia mais antiga da Índia e onde está enterrado o explorador português Vasco da Gama, e o Palácio Holandês, rodeado de templos dedicados a Krishna e Shiva.

Eu chegara a Kochi no dia anterior, depois de uma curta conexão no aeroporto de Abu Dhabi. Tinha sido uma experiência levemente distópica, povoada de vendedores de lojas usando máscaras espirrando colônia em empresários empanturrados. Era março de 2020 e a pandemia do novo coronavírus estava só começando. Rumei direto para a cidade antiga de Kochi e fiz o check-in no hotel Malabar House, localizado num bairro decadente. Era o primeiro dia do mês, então álcool estava proibido. Só me restava ir para cama cedo e assistir à televisão. Supostamente aquela seria a primeira noite de um período de pesquisa de três meses pela Índia. Eu tinha chegado num momento de tensões crescentes, e a poeira ainda não tinha abaixado. Há apenas uma semana, Délhi havia irrompido em tumultos violentos entre hindus e muçulmanos, os piores vistos há algum tempo. A violência começou devido a uma nova lei de cidadania do primeiro-ministro Narendra Modi que oferece anistia a imigrantes indocumentados não muçulmanos vindos do Paquistão, Bangladesh e Afeganistão. Ao excluir os muçulmanos, o projeto de lei viola os princípios seculares consagrados na constituição indiana que proíbe a discriminação religiosa. A lei está ligada a outra iniciativa controversa de Modi, o Livro de Registro Nacional de Cidadãos, cujos críticos argumentam que pode deixar milhões de muçulmanos indianos apátridas. Histórias horrendas de espancamentos, linchamentos e pessoas sendo queimadas vivas em Délhi foram relatadas no mundo todo. Apesar de haver exemplos inquestionáveis de violência liderada por muçulmanos, foi a comunidade muçulmana a que mais sofreu. Das estimadas 53 pessoas que morreram nos confrontos, a maioria era muçulmana, muitas delas mortas por armas de fogo ou espancamento na região a nordeste de Délhi.

220 Tambores à distância

Liguei a televisão e zapeei pelos canais. O primeiro canal em inglês que encontrei foi o Republic TV, que transmitia um programa chamado The Debate [O Debate], com Arnab Goswami. Considerava os canais de notícias americanos impossíveis de assistir com seus infindáveis "debates" em telas divididas, mas este era de uma magnitude muito pior. A tela estava dividida em não menos do que dez cabeças falantes, todas gritando umas com as outras. Era como a Fox News com anabolizantes.

Modi ameaçara deixar o Twitter, e o grande "debate" era sobre como empresas de tecnologia e de mídia ocidentais estavam espalhando *fake news* sobre os recentes tumultos mortais. Goswami, um debatedor cuja característica principal não era a objetividade, condenava com entusiasmo o Twitter como sendo "anti-Índia", antes de continuar seu discurso sobre as "mentiras das mídias ocidentais", as "campanhas de *fake news*" e a "narrativa de pogrom distorcida" do Ocidente. Uma das cabecinhas falantes então anunciou: "Havia um jornalista no Reino Unido chamado Anthony que foi mandado para a prisão por contar a verdade sobre gangues de aliciamento paquistanesas!". Na mesma hora entendi que ele queria dizer Tommy, e não Anthony. O notório islamófobo britânico Tommy Robinson (também conhecido como Stephen Yaxley-Lennon, que conhecemos em capítulos anteriores) tinha ficado preso por treze meses, em maio de 2018, após filmar e transmitir do lado de fora do tribunal enquanto um julgamento estava em curso. Robinson se apresentava como mártir de suas desgraças jurídicas e se tornou uma referência para ativistas antimuçulmanos e "pró-liberdade de expressão" de extrema direita no Reino Unido – e, ao que parecia, na Índia também.

A cada ano, o mundo parece um pouco menor e mais uniforme, fazendo com que a visita a um novo país seja facilitada e gere a sensação imediata de estar em casa. A Índia é diferente, e é bom que seja assim. O fato de minha mãe ser metade indiana não torna o país menos perturbador para mim. Não importa aonde se vá na Índia, sempre é possível ouvir o bater ritmado de tambores à distância. O país parece caminhar ritmado por toques de tabla quase indistintos. Contudo, sentado na cama assistindo à televisão com seus comentaristas de direita gritando sobre *fake news* e atacando a "mídia *mainstream*", com um primeiro-ministro obcecado por redes sociais, discursos antimuçulmanos explícitos e inquestionados e até mesmo a menção a um ativista britânico de extrema direita, tudo parecia tristemente familiar. Num país tão inimaginavelmente complexo e diverso, encontrei, em uma hora de televisão, uma base de comparação, algo que eu reconhecia: a extrema direita populista.

Em sua obra magistral *Índia: um milhão de motins agora*, o ganhador do Prêmio Nobel V. S. Naipaul escreveu:

> Despertar para a história significava deixar de viver instintivamente. Era começar a se ver e a ver seu grupo da forma como o mundo exterior os via; e significava conhecer um tipo de raiva. A Índia estava agora cheia dessa raiva. Houve um despertar geral. Mas todos despertaram primeiro para o próprio grupo ou comunidade; cada grupo se pensava singular em seu despertar; e cada grupo buscava separar sua raiva da raiva de outros grupos.[1]

Apesar de ele estar escrevendo sobre uma insurgência sikh em Punjab nos anos 1980, as palavras de Naipaul sobre divisão, raiva e ódio étnicos e religiosos ainda soam verdadeiras na Índia moderna atual de Narendra Modi. Quando cheguei ao país, Modi, o garoto *chaiwala* de Gujarat que virou primeiro-ministro, acabara de ser reeleito, estando no poder desde 2014. Perdi a visita de Donald Trump por poucos dias. Sua turnê "Namastê Trump", uma resposta ao evento "Howdy Modi" [Salve, Modi] realizado no Texas em 2019, tinha terminado

222 Tambores à distância

recentemente com os jornais do mundo todo falando de uma amizade entre os dois líderes e de uma admiração mútua. Sob alguns pontos de vista, contudo, eles não poderiam ser mais diferentes. Trump, filho de um magnata do setor imobiliário de Nova York, e Modi, um "gujarati ascético de família pobre" cujo pai gerenciava um refeitório de estação ferroviária em Vadnagar.[2] Porém ambos tinham sido alçados ao poder por meio de uma plataforma de retórica excludente e então chefiavam as duas maiores democracias do mundo.

A jornada de Modi até se tornar um líder mundial é notável. É bom lembrar que não muito antes da eleição de 2014, ele havia caído no ostracismo pela comunidade internacional e sido diplomaticamente ignorado pela Grã-Bretanha e pela União Europeia.[3] Em 2005, sua entrada nos Estados Unidos tinha sido recusada com base numa lei pouco conhecida de 1998, que o responsabilizava por "graves violações de liberdade religiosa". A recusa veio como resultado de sua incapacidade de deter a violência antimuçulmana em seu estado natal de Gujarat. No início de 2002, a Índia irrompeu em violência étnica e religiosa novamente. Um trem de peregrinos hindus foi detido e queimado, matando 59 pessoas. Gangues hindus responderam com motins antimuçulmanos por todo o Gujarat, quando famílias muçulmanas foram arrastadas de suas casas e espancadas até a morte e locais sagrados muçulmanos foram arrasados sem a intervenção da polícia. O resultado: dois mil mortos. Quando questionado sobre esses fatos, Modi respondeu:

> Depois disso [o ataque ao trem], ocorreram tumultos, resultando na morte de hindus e muçulmanos. A violência grassou, mas o objetivo deveria ser evitar que o trem fosse abordado, em primeiro lugar. Se o Congresso quer tratar da questão do Gujarat, eles também deveriam tratar do que aconteceu com os nativos hindus que foram retirados de suas casas em Kashmir. (…) Os hindus não conseguem se autorrepresentar. (…) Faz parte do projeto de banalizar a nossa civilização.[4]

Segundo o jornalista e historiador Patrick French, "Modi não expressou qualquer arrependimento e se concentrou nas vítimas do ataque ao trem, dando a entender que os muçulmanos mereciam o que lhes acontecera".[5] Apesar disso, o governo de Atal Bihari Vajpayee não conseguiu afastar Modi do cargo de primeiro-ministro. O mais impressionante é a semelhança dessa retórica com a que ouvi da extrema direita nos Estados Unidos. A alegação é a de vitimização em relação à comunidade majoritária, nos Estados Unidos, homens brancos, e nesse caso, os indianos hindus.

Modi ascendeu ao poder em 2014 como líder do Partido Bharatiya Janata (BJP), o maior partido político do mundo, que alegava ter 100 milhões de membros.[6] O lema do partido é "O país em primeiro lugar, o partido em segundo, o indivíduo em terceiro",[7] e sua missão, de acordo com Patrick French, é "redefinir a identidade indiana ligando-a a um passado hindu mitificado".[8] Assim como com a ascensão de muitos partidos de extrema direita europeus, o BJP cresceu ao longo de várias décadas até se tornar a força que é hoje. Na eleição de 1984, obteve dois assentos entre os 542 da câmara inferior do Parlamento (a Lok Sabha), mas apenas uma década mais tarde, "o BJP estava se tornando a força mais importante na política indiana".[9] French explica como a ascensão do movimento resultou de uma "sucessão perfeita de acontecimentos" que lançou o partido e o movimento Hindutva mais amplo "no centro da vida nacional". Isso incluiu o "desaparecimento" da família Gandhi, naquela época ainda a primeira família de políticos indianos; a raiva da classe média em relação à "sufocante rede de controles e regulamentações" instituída por vários governos do Partido do Congresso; e a prontidão do movimento para "manipular a política comunal a fim de obter ganhos políticos".[10] No entanto, como explica Achin Vanaik, sua "ascensão eleitoral tanto nas províncias quanto no centro faz parte de um avanço cultural e ideológico mais amplo, e uma penetração mais profunda nas estruturas e instituições do país".[11] Isso é uma referência ao movimento Hindutva, do qual o BJP faz parte.

224 Tambores à distância

A Hindutva, essencialmente "a qualidade de ser hindu", é um conceito que funde religião, cultura e geografia numa identidade nacional. Cas Mudde chama a ideologia Hindutva de "talvez a mistura mais perfeita de nativismo e religião",[12] enquanto que Vanaik descreve o nacionalismo hindu como uma "fênix comunal" se elevando para "lançar sua sombra no corpo político da Índia".[13] No início, o crescimento da Hindutva política se deu de forma lenta, de 1947 a 1990, mas acelerou desde então. Cas Mudde descreve Modi e o BJP como o "representante partidário do movimento Hindutva organizado e bem estabelecido, que inclui grupos violentos e extremistas como a Organização Voluntária Nacional (RSS)".[14] De acordo com Walter Andersen e Shridhar D. Damle, "para entender a Índia, é preciso entender o RSS".[15] A organização foi fundada em 1925 pelo dr. Keshav Baliram Hedgewar, que acreditava que "as profundas divisões sociais entre os hindus da Índia eram responsáveis pelo que ele considerava mil anos de dominação estrangeira no subcontinente".[16] Não muito tempo após a independência em fevereiro de 1948, o RSS foi banido devido à suspeita de que estava envolvido no assassinato de Mahatma Gandhi, já que o assassino, Nathuram Godse, era ex-membro do RSS. A proibição foi suspensa não muito tempo após julho de 1949, mas havia prejudicado gravemente a reputação da organização aos olhos de muitos indianos. Ela começou a se recuperar nos anos 1960 e depois cresceu rápido a partir do início dos anos 1990. Hoje o RSS é descrito como "supostamente o grupo mais poderoso e violento da extrema direita no mundo".[17] A rejeição às ideias do Iluminismo ocidental e a crença de que o etnonacionalismo é mais importante do que a luta de classes na formação da sociedade indiana é central para sua visão de mundo.[18] Em 2016, tinha cerca de 1,5 a 2 milhões de participantes regulares, seis mil trabalhadores em regime de tempo integral e cerca de 57 mil reuniões diárias locais, 14 mil reuniões semanais e sete mil reuniões mensais (*shakhas*) em 36.293 locais diferentes.[19]

A Índia de Modi e o nacionalismo hindu   225

Fundamental para o entendimento da ascensão do RSS e do nacionalismo hindu são os acontecimentos em torno do Movimento do Templo de Ram, que culminou na destruição da mesquita Babri Masjid em dezembro de 1992. Foi durante esses eventos "que o poder transformador das forças comunais hindus na Índia realmente ficou aparente".[20] No centro de uma disputa de séculos entre hindus e muçulmanos na cidade de Ayodhya está uma mesquita do século XVI que muitos hindus acreditam ter sido construída sobre as ruínas de um templo que marca o local de nascimento de uma de suas deidades mais admiradas, Ram. Em 1992, uma multidão de 150 mil manifestantes, estimulada por uma campanha de seis anos chefiada pelo BJP, rompeu as linhas policiais e destruiu a mesquita.[21] Nos dias que se seguiram, tumultos sangrentos irromperam por todo o país, sendo o pior de todos em Mumbai, matando cerca de novecentas pessoas. Graças às "estruturas da Constituição e a lealdade indiana ao secularismo",[22] esses acontecimentos não levaram à destruição de mesquitas em todo o país como muitos temeram. Contudo, para secularistas indianos, "a destruição da mesquita Babri Masjid pareceu marcar o fim de um estado secular, que não protege nenhuma mesquita nem nenhum muçulmano do fundamentalismo".[23] Nas eleições gerais quatro anos depois, o BJP desbancou o Partido do Congresso como o maior partido da Índia.

Em agosto de 2020, o primeiro-ministro Narendra Modi viajou para Ayodhya com todos os olhos da Índia voltados para si. No local da mesquita Babri Masjid destruída, ele lançou a pedra de fundação de um novo Templo de Ram, colocando um tijolo de prata simbólico no *sanctum sanctorum*. O ato foi uma declaração ponderosa da base nacionalista hindu do BJP. Isso foi possível após um relatório da Pesquisa Arqueológica da Índia fornecer provas de que ruínas de um prédio não islâmico estavam embaixo da mesquita demolida. A luta para criar o Templo de Ram "desempenhou o papel mais significativo na aceitação sociopolítica do RSS na Índia", e de fato estava bem

226 Tambores à distância

representada na cerimônia pioneira.[24] O *bhagwat* chefe do RSS, diante de Modi, disse: "Tomamos uma decisão. O então chefe do RSS Balasaheb Deoras nos disse para estarmos perparados [*sic*] para uma luta de 20 a 30 anos para realizar esse sonho. Lutamos e no início do 30º ano, atingimos a graça de cumprir nossa decisão". Não surpreendeu o fato de que Modi estava ansioso para estar no evento. Há muito que ele vinha se alinhando intimamente com o RSS, tendo sido membro do partido desde que tinha 8 anos de idade[25] e começando a trabalhar como *pracharak* (militante) para eles aos 21 anos.[26] A ligação de Modi com o RSS vai além do simbolismo e se estende às políticas, ponto reiterado em setembro de 2015, quando o RSS realizou uma de suas reuniões de "coordenação" com dezenas de seus afiliados para pensar em questões de políticas públicas, depois da qual Modi e vários outros ministros seniores do governo apareceram pessoalmente para discutir as questões levantadas.[27]

A destruição de uma mesquita e a sua substituição por um templo hindu é um ato altamente simbólico, que, para muitos, é arquetípico da atitude supremacista do nacionalismo extremista hindu. Por essa razão, assim como houve com Trump nos Estados Unidos, há um debate dentro da esquerda indiana sobre se Modi e a extrema direita hindu é fascista ou não. A posição dominante entre os marxistas indianos é que é. Contudo, Vanaik argumenta que "não é correto caracterizar as forças da Hindutva como fascistas, a despeito de seus aspectos fascistas inegáveis",[28] apesar de admitir que "o deles [RSS e BJP] é o tipo mais pernicioso [de nacionalismo hindu], posicionado na hostilidade ao 'outro' muçulmano".[29] Patrick French descreve alguns membros do BJP como "semelhantes a homens com quem conversei no Paquistão que imaginavam uma nação mais pura. A visão deles do hinduísmo era uma correspondência direta para o Islã político", em parte devido à sua "forma semelhante de ver os seres humanos e o mundo", que é "o preconceito exclusivista, reducionista e incansavelmente masculino".[30]

O RSS e os elementos do BJP atingiriam de muitas formas o "mínimo fascista" de Roger Griffin e sua definição de fascismo como uma "forma palingenética de ultranacionalismo populista".[31] Modi e o BJP sem dúvida convocam ao renascimento da Índia, fazem distinção entre um povo supostamente puro e uma elite corrupta e estimulam uma política ultranacionalista. O jornalista de esquerda Sumanta Banerjee até mesmo disse à BBC Radio 4 que "membros do atual governo do BJP liderado por Modi assimilaram a ideologia de Savitri Devi".[32] Fascista francês que se mudou para a Índia no início dos anos 1930, Devi acreditava que o hinduísmo era "o guardião da herança ariana e védica através dos séculos, a própria essência da Índia" e via o Terceiro Reich de Hitler como o renascimento do paganismo ariano no Ocidente.[33] Qualquer flerte com suas ideias é um sinal claro de afiliação fascista. Contudo, Modi está no poder desde 2014 e não conseguiu criar nada parecido com uma ditadura fascista, o que apresenta uma questão difícil para quem o descreve como fascista. Todos concordam, no entanto, que Modi e o BJP podem ser classificados como de extrema direita.

Apesar de Modi ter emergido do RSS, e o movimento nacionalista hindu ser fundamental nessa ascensão, só isso não explica sua vitória impressionante em 2014. De suma importância foi sua capacidade de usar o poder do populismo como uma arma. Sob muitos aspectos, Modi é o exemplo perfeito de populista. Em abril de 2018, por exemplo, ele declarou que o Partido do Congresso é para a *namdaar* (elite), enquanto ele e o BJP são para o *kaamdaar* (povo).[34] Como muitos outros líderes populistas, Modi é louvado por sua retórica e sua capacidade de reunir multidões, apesar de que talvez sua habilidade mais astuta seja a capacidade de equilibrar o "futuro da Índia, por meio de sua nova geração entendida em tecnologia, e seu passado, incorporado nos mitos e lendas de sua herança cultural".[35] Num discurso ele ataca seus adversários políticos por "se oporem à tecnologia" e declara que "para uma Índia moderna, em cada área

228   TAMBORES À DISTÂNCIA

da vida, precisamos dar importância à tecnologia",[36] e, no outro, fala à multidão que "acredito fortemente nas palavras das lendas. Tenho grande fé nas afirmações feitas por ascetas, sábios e santos", até mesmo citando Swami Vivekananda: "Vejo diante dos meus olhos a Mãe Índia despertando mais uma vez".[37]

Usando essas ferramentas, em 2014, o BJP garantiu 31% dos votos e se alinhou a vários outros partidos pequenos no que é chamada de Aliança Democrática Nacional (NDA), e juntos alcançaram 39% dos votos. Fundamental para a vitória de Modi foi o declínio do Partido do Congresso, dominante por longo tempo, que obteve apenas 19% dos votos. Apesar de não ter atingido a maioria dos votos, a matemática eleitoral funcionou e ele se tornou o vencedor absoluto. Lance Price, ex-assessor especial do primeiro-ministro britânico Tony Blair, descreveu a vitória como "uma aula magna de política eleitoral moderna",[38] uma conclusão da qual é difícil discordar, considerando que o BJP mais do que dobrou seus votos em comparação com a eleição anterior, em 2009.

A vitória de Modi foi calorosamente recebida por figuras da extrema direita no mundo todo. O aliado de Trump, Steve Bannon, declarou-a parte de uma "revolta global", ao passo que o líder da *alt-right* europeia Daniel Friberg descreveu-a como parte de uma "mudança de paradigma histórica".[39] Friberg e seus colegas na famosa editora da *alt-right* Arktos afirmaram ter realizado mais de cem reuniões com políticos e líderes religiosos indianos e pelo menos duas reuniões com membros do BJP e do RSS. De fato, em dezembro de 2013, uma postagem na página no Facebook da Arktos afirmou que numa reunião com representantes do BJP:

> Discutimos possibilidades de cooperação entre movimentos tradicionalistas e conservadores na Europa e na Ásia, bem como estratégias potenciais para afrontar a hegemonia globalista liberal, além, é claro, de projetos de livros futuros. (...) A Arktos pretende se tornar o portal

do Direito Indiano para o mundo ocidental, o que será produtivo tanto para nossos amigos na Índia quanto para os interessados na Índia contemporânea em outros lugares, sem falar nas lições que o país pode oferecer ao mundo.[40]

Algumas seções da extrema direita internacional observavam a Índia de perto, e a vitória de Modi causou grande entusiasmo e inspirou muitas pessoas. No entanto, resta a questão: uma vez no poder, qual seria o grau de radicalismo de seu governo?

———

Quando cheguei a Chenai, o jogo de críquete já tinha sido cancelado. O plano inicial era trabalhar alguns dias antes de voar para o Sri Lanka para encontrar um amigo e assistir ao jogo da equipe de críquete da Inglaterra no Estádio Internacional de Galle. Tendo o oceano Índico no horizonte e os muros desgastados do Forte Galle se erguendo imperiosamente do solo, não há lugar melhor para se assistir a uma partida de críquete. Infelizmente, a temporada foi cancelada com pouca antecedência devido à proliferação incansável da covid-19.

Nas semanas anteriores, eu seguira sem pressa em direção à costa oeste da Índia. Tinha passado dias maravilhosos nos confins de Kerala antes de seguir para o norte até Panaji, a extremamente improvável capital de Goa. O guia de turismo me prometia uma cidade montanhosa com construções com telhas vermelhas da encantadora era portuguesa e uma visão incrível do estuário do rio Mandovi. O que encontrei foi uma cidade dilapidada com margens do rio arruinadas por cruzeiros-cassino espalhafatosos com anúncios em neon. Foi só quando cheguei ao hotel que me dei conta da deterioração causada pela covid. Coloquei minha mala no chão e toquei a campainha.

– Há quanto tempo você está na Índia? – ouvi uma voz por trás da porta.

230 TAMBORES À DISTÂNCIA

– Duas semanas – retruquei.

– Não há quartos vagos – veio a resposta.

– Eu fiz uma reserva e paguei pelo quarto.

– Não há quartos vagos.

– Mas se já paguei, deve ter um quarto.

– Não há quartos vagos. Cheio. – E, com isso, minha conversa com a porta fechada acabou.

Eu tinha feito a reserva pela internet, então liguei para o atendimento ao cliente no Reino Unido, que disse que iria contatar o hotel para saber qual era o problema. Numa cena cômica, ouvi o telefone do dono tocar por trás da porta. "Não há quartos vagos", disse ele. Numa sincronia perfeita, meu telefone então tocou e alguém em Londres começou a me explicar que o dono do hotel, que estava a poucos metros de mim, alegava não ter quartos vagos. Quando eu já estava a ponto de jogar o telefone longe de frustração, ouvi um ruído por trás da porta. "Desculpe, covid. Não há quartos vagos."

Recebi a mesma resposta em toda parte. Ninguém queria aceitar visitantes estrangeiros por causa do avanço da pandemia. Naquela noite, andei pelas ruas de Panaji, indo de hotel em hotel, cada vez mais cansado e irritado com a rejeição, até que finalmente achei um quarto no Hotel Arcadia. O ar-condicionado não funcionava e não havia onde tomar banho, com a exceção de uma pia, mas aceitei de bom grado e logo caí no sono.

Acordei cedo e peguei um ônibus para o sul até uma praia de tirar o fôlego em Palolem. Uma lua crescente de areia cor de caramelo se apartava do mundo por uma faixa de palmeiras e cabanas de madeira. O bizarro resumo de notícias ou a olhada rápida num jornal me lembraram das tensões raciais ainda efervescentes e da rápida propagação da pandemia. Com o críquete cancelado e a Índia revogando todos os vistos de turismo, entendi que meu tempo no país seria limitado, então arrumei minhas coisas e parti para Chenai de avião.

A Índia de Modi e o nacionalismo hindu   231

Meu anfitrião na cidade era Nithi Sevaguru, um homem incrivelmente gentil que eu conheci por intermédio de um amigo da família no Reino Unido. Nos três dias seguintes, ele foi meu guia, levando-me para jantar, organizando minha viagem e gritando com os funcionários do hotel quando fui atacado por percevejos. Chenai, antes conhecida como Madras, é uma cidade contagiantemente agitada ao longo da costa de Coromandel, onde a água morna da baía de Bengala desemboca na maior praia urbana natural do toda a Índia. Espremi na minha agenda uma visita ao Museu do Governo – o terceiro maior do mundo – e me enchi de culpa imperialista no Forte St. George, a primeira Fortaleza inglesa na Índia, datando de 1639. Contudo, eu estava em Chenai por uma razão: visitar um protesto pacífico, em seu 31º dia.

Além da violência vista em Délhi, os protestos contra a Lei de Alteração de Cidadania (CAA), o Registro Nacional de Cidadãos (NRC) e o Registro Populacional Nacional (NPC) de Modi tinham explodido por toda a Índia. Eram uma resposta ao grau de radicalismo do governo de Modi, uma vez no poder. Os protestos tinham acontecido em Chenai desde a promulgação da lei em dezembro de 2019, alguns deles enormes. Quando cheguei, restara apenas um eco da fúria dos meses anteriores.

Saí da moderna estação de metrô de Mannadi e andei na direção do som abafado de cantos à distância. Uma pequena rua lateral estava bloqueada com barreiras de metal, o chão coberto de tapetes de bambu e um toldo laranja esticado de um prédio ao outro fazendo sombra para proteger os manifestantes do sol escaldante. Na frente, vi por volta de doze adolescentes sentados de pernas cruzadas e cantando. Atrás deles, separados por uma corda fina, havia um grupo maior de mulheres e moças usando lenços coloridos na cabeça. Tremulando acima da manifestação estava uma grande bandeira indiana com os seguintes dizeres: "Quem é você para dizer que não sou indiano. Tenho orgulho de ser indiano". No centro do grupo estava um quadro branco escrito com caneta pilot: "Fora-CAA-NRC-NPR, Mannady Shaheen Bagh, 31º dia, 15/03/20".

O protesto era observado sem interesse por alguns policiais, e os habitantes da cidade o ignorava ao sair para fazer as compras vespertinas. Com intervalos de poucos minutos, o grupo irrompia em cantos barulhentos. A paixão e o entusiasmo deles após 31 dias era bonito de se ver. Nervosamente, me apoiei na cerca de metal e tirei uma foto. Por ser branco numa parte da cidade pouco visitada por turistas, não demorou muito para que eu atraísse atenção, tanto dos policiais quanto dos manifestantes. Um garoto no fim da adolescência andou na minha direção e, confiante, me cumprimentou com um aperto de mão. "Como posso ajudá-lo?", perguntou ele. "Sou jornalista e resolvi dar uma olhada no protesto depois que li sobre vocês no jornal", respondi, incerto de como ele se sentia em relação à minha chegada. "Junte-se a nós", retrucou ele, me fazendo rodear a barreira e entrar no protesto. Parei, agradecido pelo convite, mas expliquei que estava ali só para observar. Ele pareceu muito desapontado, então lhe perguntei se gostaria de conversar sobre o motivo do protesto. Ele assentiu, animado, e o sorriso largo e amigável retornou ao seu rosto. "Estamos aqui 24 horas por dia em oposição a CAA, NRC, NPR", disse ele, pronunciando as três siglas com facilidade, incorporadas na memória muscular após um mês de repetições contínuas. Conversamos um pouco e lhe garanti que voltaria no dia seguinte e passaria o dia no protesto.

Na tarde seguinte, ele veio correndo em minha direção quando me aproximei das barreiras de metal que faziam um cordão de isolamento para a manifestação. "Você veio!" Antes de sequer conversarmos, ele já foi me conduzindo apressadamente para a manifestação, me instruindo a tirar o sapato e me sentar no chão. Ele estava tão feliz de me ver que fiquei emocionado. Um amigo dele me ofereceu uma pequena chamuça, uma garrafa d'água e um crachá em que estava escrito FORA CAA. "Meu nome é Ibrahim Mohammed", disse ele. Perguntei se ele gostaria de conversar, e Ibrahim concordou e me disse: "Vamos ficar aqui até impedir o projeto de lei. Eles querem que eu prove que meu pai e o pai do meu pai são cidadãos. Meu pai nasceu num vilarejo, então não tem certidão de nascimento". Perguntei o que aconteceria com ele se o projeto de lei fosse aprovado. "Eles vão vir até a minha casa e, se eu não mostrar os documentos, vou me tornar um refugiado". Perguntei se aquela era uma manifestação muçulmana. "Não, é uma manifestação indiana", foi a resposta que ele me deu. Ouvi a mesma história várias vezes de manifestantes diferentes, todos apavorados que as leis de Modi tirasse o país deles.

Enquanto conversávamos, um homem idoso com uma longa barba ruiva que cantava no microfone se aproximou e se postou na minha frente. "Um branco se juntou a nós! Temos um apoiador branco!", gritou ele pelo sistema de som. Olhei em volta e percebi que ele estava apontando para mim. Um telefone num tripé que transmitia ao vivo a manifestação foi virado para a mim e o grupo aplaudiu. "Fale, explique por que você nos apoia, explique por que os ingleses nos apoiam." É claro que eu os apoiava. Senti a raiva deles, fui tocado por sua paixão e estávamos de acordo quanto a Modi, mas não me sentia preparado para ficar diante de uma multidão nas ruas de Chenai e fazer um discurso. Apenas desejei-lhes boa sorte e disse-lhes para se cuidarem. Trinta e um dias era um longo tempo, mas eu temia que seria preciso muito mais do que protestos como aquele para deter as leis de Modi.

Ao assistir ao noticiário naquela noite, ficou claro que meus dias na Índia estavam contados. A covid-19 continuava se espalhando e o Taj Mahal fechara as portas aos visitantes. Eu tinha acabado de iniciar minha pesquisa e não queria de forma alguma voltar para casa, então atravessei a rua do meu hotel até a estação ferroviária Chennai Egmore, uma imponente construção de tijolos vermelhos coroada por domos brancos, e comprei uma passagem para o próximo trem para Délhi. A viagem duraria tediosas 33 horas, mas embarquei

234   TAMBORES À DISTÂNCIA

às 9h05 na manhã seguinte, muito animado com a aventura. Meu entusiasmo logo se desvaneceu quando descobri que minha beliche era espremida contra o teto do vagão, sem janela. A imagem romantizada de uma viagem cruzando a Índia de trem, com um cenário majestoso passando rápido pela minha janela, foi destruída, e me acomodei para passar um dia e meio olhando para a parede, tentando desesperadamente não ir ao banheiro. Cheguei a uma Délhi estranhamente quieta e fui para um hotel da Associação Cristã de Moços. Pelo que percebi, fora os funcionários, eu era a única pessoa ali. A sala de jantar estava deserta, a piscina, fechada. Eles aferiram minha temperatura, me pediram para preencher um formulário e me entregaram a chave do quarto.

Na manhã seguinte, ficou claro como a situação tinha piorado. Acordei com uma batida na porta e, ao abri-la, dei de cara com um homem uniformizado com uma máquina fotográfica. "Precisamos tirar uma foto para mandar para a sua embaixada", disse ele. Entendi que provavelmente era hora de voltar para casa. No pouco tempo que me restava, andei até o Rajpath, com a Porta da Índia numa extremidade e o vasto Palácio Presidencial na outra. Tudo estava fechado. Os monumentos estavam cercados. A Índia estava entrando em *lockdown*, e comecei a temer ficar preso no país. É um país maravilhoso, mas sou fumante e asmático e não estava nem um pouco a fim de ficar preso lá durante uma pandemia. Rapidamente comprei uma passagem de avião para voltar para casa naquela noite, olhei no relógio e percebi que tinha tempo para um último passeio.

"Preciso ir a Jamia Millia Islamia", disse ao condutor do riquixá motorizado amarelo. "Por quê?", perguntou o motorista barrigudo. "Quero ir ao protesto." A universidade, um pouco afastada do centro da cidade no distrito oriental de Okhla, estava abrigando outro protesto anti-CAA duradouro. "Não vou levar você lá", retrucou ele, num inglês perfeito. "É muito longe?", perguntei. "Você vai levar um tiro", disse ele. Eu ri. Ele não.

A Índia de Modi e o nacionalismo hindu   235

Corria um boato de que o governo estava se aprontando para dispersar o protesto, usando a covid como pretexto. Parei e pensei nas opções que eu tinha. Levar um tiro não era a forma como eu gostaria que minha viagem atribulada terminasse, mas tomei uma decisão rápida de ir ao protesto de qualquer forma. O próximo motorista de riquixá não fez nenhuma ressalva. Enfrentamos o trânsito por uns bons 45 minutos antes de chegar à universidade. O protesto ocupava metade da rua, protegido por um viaduto. "Vou esperar aqui", disse o motorista.

Todos os pilares do viaduto estavam cobertos de grafites ou pôsteres que diziam: "Se não nos opusermos aos horríveis CAA 2019, NRC e NPR, nossa geração vai ser enterrada viva". Deram-me um panfleto com uma bandeira indiana e a famosa citação de Mark Twain: "Lealdade ao país, sempre. Lealdade ao governo, quando ele a merece". Ao longo do muro, em volta da universidade, estavam filas de barracas onde os manifestantes dormiam e, numa extremidade, uma tenda azul. Mulheres ocupavam a tenda, enquanto um pequeno grupo de homens estava do lado de fora, todos ouvindo o discurso. Não consegui entender nada até que o orador mudou o idioma e disse "Abaixo o fascismo!". Isso, eu entendi. Havia uma tensão pesada no ar – os boatos de que a multidão estava para ser dispersada a qualquer momento tinham chegado ali também. A maioria das pessoas ficou desconfiada de mim, mas algumas foram amigáveis. Um homem se aproximou, me cumprimentou com um aperto de mão e me ofereceu uma máscara. Cartazes sobre a covid estavam em todo lugar. Aquelas pessoas tinham consciência da ameaça do vírus, mas estavam mais apavoradas com uma pandemia diferente. Mais apavoradas com a disseminação da intolerância e do ódio. Mais apavoradas com a possibilidade de perder sua cidadania. Com a possibilidade de perder seu país, sua casa.

10
O Brasil de Bolsonaro, a pandemia global e a mudança climática

Se a covid-19 atrapalhou a minha viagem para a Índia, ela destruiu qualquer esperança de ir ao Brasil. No verão de 2020, a pandemia atingira todos os cantos do planeta, e as viagens internacionais foram ficando cada dia mais difíceis. Para piorar, tinha a própria situação do Brasil. O presidente do país, Jair Bolsonaro, estava, como muitos de seus colegas líderes de extrema direita no mundo todo, fracassando em entender a seriedade da situação. Ele descrevia a doença como uma "gripezinha", convocava os cidadãos a voltarem ao trabalho, zombava das medidas de distanciamento social e dizia "Todos nós vamos morrer um dia".[1] Ele até mesmo fazia declarações bizarras dizendo que o vírus era uma "fantasia" e um "truque" da mídia e que ele "nada sentiria" se fosse infectado.[2] Isso criou uma situação *sui generis* em que, assim como Trump nos Estados Unidos, o presidente estava prejudicando ativamente as tentativas de conter o vírus no país. Quando o número de mortos ultrapassou 162 mil em novembro, o segundo maior percentual no mundo, ele declarou: "Todos nós vamos morrer um dia. Não adianta fugir disso, fugir da realidade. Tem que deixar de ser um país de maricas".[3]

A pandemia de covid-19 tinha dominado os noticiários desde o início de 2020 e, para cada história comovente de comunidades se unindo e vizinhos se ajudando, tinha outra sobre divisão, clamores para reforçar as fronteiras e insurgência de crimes de ódio contra comunidades asiáticas no mundo todo. Desde o início da pandemia, houve um aumento de relatos de ataques, crimes de ódio e assédio a asiáticos, indo da agressão verbal do tipo "Volte para a China" e acusações de "terem trazido o vírus" a ataques físicos a vítimas supostamente chinesas ou apenas asiáticas. A Agência dos Direitos Fundamentais da União Europeia observou um aumento geral de ódio contra descendentes de chineses ou asiáticos em toda a União Europeia. O ódio também impactou o acesso dessas pessoas a serviços de saúde.[4]

No Reino Unido, que tem uma população de origem asiática significativa, números mostram que ataques a "orientais" registrados pela Polícia Metropolitana aumentaram acentuadamente com a propagação da pandemia, caíram durante o primeiro *lockdown* e depois, com a flexibilização das restrições em maio, voltaram a subir drasticamente.[5] Em fevereiro de 2020, o dr. Michael Ng, membro de uma associação chinesa no sul da Inglaterra, disse ao *The Guardian* que as hostilidades contra a comunidade chinesa estavam no pior nível visto por ele em 24 anos.[6] Essa hostilidade se traduziu em crimes de ódio e, em maio, foi anunciado que esse tipo de crime direcionado para comunidades do sul e do leste da Ásia tinha crescido 21% durante a crise do novo coronavírus.[7] Esse padrão foi percebido em grande parte da Europa. Na França, a hashtag #JeNeSuisPasUnVirus [Eu não sou um vírus] foi usada por cidadãos asiáticos franceses que enfrentavam o estigma e os ataques.[8] Isso se seguiu à indignação quando um jornal local, *Le Courier Picard*, publicou a manchete "Alerte jaune" [Alerta amarelo] e "Le péril jaune?" [Perigo amarelo?] acompanhada da imagem de uma mulher chinesa usando uma máscara de tecido.[9]

Na Itália, a ONG Lunaria coletou mais de cinquenta relatórios de casos de ataques, discriminação e assédio a pessoas vistas como chinesas. A enxurrada de retórica de ódio também pôde ser identificada em discursos de políticos e até mesmo de partidos no poder. O governador da região de Vêneto, um dos primeiros epicentros

238 Tambores à distância

da pandemia, disse a jornalistas em fevereiro que o país conseguiria lidar melhor com o vírus do que a China devido aos "fortes hábitos de higiene [dos italianos], lavar as mãos, tomar banho, enquanto que todos nós já vimos chineses comendo ratos vivos".[10] Gianni Ruffin, diretor geral da Anistia Internacional na Itália, se posicionou quanto a essa questão: "Informações cientificamente incorretas, afirmações irresponsáveis de políticos e medidas locais incompreensíveis [tomadas para conter a propagação do vírus] levaram a uma onda vergonhosa de sinofobia".[11] Exemplos semelhantes de racismo contra asiáticos foram vistos por toda a Europa, sobretudo na Suécia e na Polônia,[12] enquanto na Hungria asiáticos de ascendência não chinesa sentiram a necessidade de deixar claro que não eram chineses, com pelo menos duas lojas em Budapeste ostentando placas em que se lia: "Vietnamiak vagyunk" [Somos vietnamitas].[13]

O ódio vivenciado por asiáticos devido à covid-19 não existe num vácuo político. Seria equivocado dizer que a ascensão do racismo contra asiáticos durante a pandemia foi resultado apenas da extrema direita, já que existe um racismo social mais amplo em jogo. Contudo, a extrema direita certamente buscou explorar esse preconceito existente e, em alguns casos, exacerbá-lo. O surgimento da covid-19 coincidiu com uma mudança mais ampla da extrema direita internacional em relação à política antichinesa. Nos últimos anos, ao testemunharmos a "dissociação" das economias dos Estados Unidos e da China e uma mudança rumo ao que alguns estão chamando de "uma nova guerra fria" entre o Ocidente e a China, figuras nacionalistas e de extrema direita estão mirando cada vez mais a comunidade chinesa.

É claro que é muito cedo para saber os efeitos de longo prazo da pandemia. Ao contrário de grandes acontecimentos catalisadores como a crise financeira ou a crise migratória, a extrema direita internacional não vivenciou como antes um grande aumento de popularidade. De fato, a terrível forma como a pandemia foi gerenciada por Donald Trump provavelmente contribuiu para sua derrota em

2020. Muitos partidos europeus de extrema direita não conseguiram reagir coerentemente e foram marginalizados nos debates nacionais sobre a questão. Se a extrema direita será capaz de capitalizar sobre as prováveis dificuldades econômicas de longo prazo advindas da pandemia é uma questão preocupante, ainda sem resposta.

Contudo, a pandemia com certeza trouxe novas oportunidades para a extrema direita, engendradas por uma explosão de teorias conspiratórias, entre elas a ideia de que a China projetou o vírus como uma arma biológica, que Bill Gates está tentando implantar microchips nas pessoas por meio de uma vacina e que a internet 5G deve ser culpada de alguma forma. Apesar de algumas dessas conspirações serem novas, muitas são extensões de teorias antigas já muito disseminadas por redes de extrema direita. O desdobramento mais significativo tem sido o crescimento e a disseminação do QAnon, a teoria da conspiração que alega que Trump está envolvido numa guerra secreta contra uma vasta quadrilha de pedófilos satânicos que sequestram, torturam e canibalizam crianças. Embora essa teoria tenha começado nos Estados Unidos há alguns anos, a pandemia lhe deu novo ímpeto e causou sua disseminação por toda a Europa.

É tentador descartar teóricos da conspiração como excêntricos inofensivos que se reúnem em fóruns on-line para discutir ideias peculiares, mas, em última instância, ineficazes. Na verdade, teorias da conspiração são o sangue que corre nas veias do extremismo de ultradireita, fornecendo explicações simples e monocausais para os problemas do mundo, com frequência culpando grupos secretos, normalmente os judeus. Com tantas pessoas aderindo a teorias da conspiração on-line, há um perigo genuíno de que a nova geração seja apresentada ao antissemitismo conspiratório e à extrema direita de forma mais ampla.

240 Tambores à distância

Não conseguir ir ao Brasil foi decepcionante. Por ter crescido numa Grã-Bretanha chuvosa, para mim o Brasil sempre foi um país fascinante. Agora, como adulto cujo trabalho é pesquisar e monitorar a extrema direita internacional, minha visão do Brasil começou a mudar. O Rio de Janeiro continua a ser a metrópole vibrante com a qual sempre sonhei, mas algumas nuvens começaram a pairar acima da estátua do Cristo Redentor.

Em 2018, assisti aterrorizado a Jair Bolsonaro se tornar presidente com o slogan "Brasil acima de tudo, Deus acima de todos". Isso me lembrou o tradicional slogan da extrema direita britânica, "Grã-Bretanha em primeiro lugar", ou os coros de "Estados Unidos em primeiro lugar" que eu ouvira nos comícios de Trump em Ohio, em 2016. Às vezes é reconfortante perceber que você não está sozinho. Outras vezes, perceber que fenômenos semelhantes estão acontecendo em vários lugares do mundo só torna tudo mais apavorante. A eleição de Bolsonaro foi um desses momentos, outro indicativo de que estamos tomando um rumo preocupante. Sua vitória representa que o Brasil se uniu à Índia, aos Estados Unidos e a partes da Europa central ao cair sob o feitiço de xenófobos nacionalistas. Até recentemente, Trump, Modi e Bolsonaro formavam um bloco de extrema direita no topo da política mundial, o que significa centenas de milhões de pessoas vivendo em países dirigidos por governos eleitos de extrema direita, desestabilizando três das maiores democracias do planeta. O Brasil se tornou ator central no enredo global da ascensão da extrema direita.

Em julho de 2018, Jair Bolsonaro, ex-capitão do Exército, de família humilde, foi escolhido como candidato à presidência pelo conservador Partido Social Liberal (PSL), para alguns, de extrema direita. No dia 6 de setembro, ao fazer campanha na cidade de Juiz de Fora, recebeu uma facada. Em seguida, um tuíte de seu filho Flávio confirmou que a faca tinha perfurado partes do fígado, pulmão e intestino.[14] Apesar de ter ficado afastado de grande parte da campanha presidencial, ele teve uma vitória fragorosa com 55,2%

O Brasil de Bolsonaro, a pandemia global e a mudança climática 241

dos votos válidos contra 44,8% para Fernando Haddad, do Partido dos Trabalhadores (PT). Para alguns de seus apoiadores, sobreviver à facada foi "prova da graça divina" e "transformou o político populista em herói messiânico indestrutível".[15] O presidente Trump foi rápido em ligar e parabenizar o homem que foi chamado de "Trump dos trópicos" pela imprensa internacional.[16] No entanto, embora a mídia esteja certa em traçar paralelos entre os dois líderes de extrema direita, e posicionar sua vitória no contexto de uma tendência mais ampla de sucesso eleitoral da direita mais radical e extremista no mundo todo, de muitas formas, Bolsonaro está numa ordem de magnitude diferente da do seu aliado americano.

Há poucas minorias que Bolsonaro não tenha atacado até hoje, apesar de seus rompantes irados mais chocantes terem a homossexualidade como alvo. Em 2002, no jornal *Folha de São Paulo*, ele disse: "Não vou combater nem discriminar, mas, se eu vir dois homens se beijando na rua, vou bater";[17] depois, em 2011: "Seria incapaz de amar um filho homossexual. Não vou dar uma de hipócrita aqui: prefiro que um filho meu morra num acidente do que apareça com um bigodudo por aí. Para mim, ele vai ter morrido mesmo".[18] Ele sugeriu que se o filho de alguém "começa a ficar meio gayzinho, leva um couro, ele muda o comportamento dele".[19] Em 2011, numa entrevista para a revista *Playboy*, Bolsonaro acrescentou: "Se um casal homossexual vier morar do meu lado, isso vai desvalorizar a minha casa! Se eles andarem de mão dada e derem beijinho, desvaloriza".[20]

Ouvir tais declarações extremamente homofóbicas de um presidente é chocante, mas infelizmente não raro. O paralelo mais forte que podemos traçar é com a perigosa agenda anti-LGBT+ estimulada pelo partido de extrema direita Lei e Justiça (PiS) no governo da Polônia e seu presidente Andrzej Duda. Durante a adiada campanha eleitoral para presidente de 2020, Duda prometeu "defender as crianças da ideologia LGBT" e descreveu o casamento e a adoção homoafetivos como parte de "uma ideologia estrangeira".[21] Num rompante

242 Tambores à distância

semelhante ao de Bolsonaro, Przemysław Czarnek, membro do PiS no Parlamento, disse: "Vamos parar de ouvir essas idiotices sobre direitos humanos. Essas pessoas não são iguais a pessoas normais".[22] A despeito, ou talvez por causa, de sua campanha homofóbica, Duda venceu com uma margem estreita seu adversário social liberal Rafał Trzaskowski na eleição de julho, sendo reeleito presidente.

Houve tempo em que a homofobia virulenta era a norma absoluta para todas as vertentes da extrema direita internacional. A homossexualidade era descrita como "degenerada" e "perigosa"; atitudes que permanecem inalteradas dentro da extrema direita. No entanto, o quadro recente ficou mais misturado quando se trata do espectro radical e de extrema direita mais amplo, tornando os ataques de Bolsonaro ainda mais anacrônicos. As atitudes em relação a direitos LGBT+ na extrema direita moderna é uma questão complexa, mas muitos agora mantêm diálogos limitados com homens gays, principalmente para fins estratégicos. Como meus colegas David Lawrence e Simon Murdoch mostraram em vários artigos, posicionar o direito de ser gay como um valor ocidental central permitiu que a extrema direita contemporânea atacasse as culturas islâmica e não ocidentais por sua intolerância flagrante, fortalecendo o argumento de que essas culturas são incompatíveis com a cultura ocidental. Às vezes cinicamente, às vezes de forma totalmente genuína, elementos da extrema direita moderna usam os direitos dos gays como um "assunto controverso" que divide pessoas LGBT+, esquerdistas liberais e muçulmanos. Seja ele simbólico ou real, esse desdobramento serviu para fazer com que a extrema direita moderna parecesse mais palatável durante um período de maior aceitação social em relação à comunidade gay.[23] Isso faz parte de uma tentativa de muitos na extrema direita de assimilar a linguagem dos direitos humanos e da opressão, com alguns até se identificando publicamente com Martin Luther King, Gandhi ou Mandela. Cada vez mais observa-se um esforço retórico para enquadrar o ativismo de extrema direita como uma luta por direitos humanos e igualdade, isenta de epítetos abertamente grosseiros. No entanto, como mostraram Bolsonaro e Duda, esse não é o caso em todo lugar.

O histórico agressivo de Bolsonaro em relação à homofobia anda de mãos dadas com uma misoginia cada vez mais explícita. Em fevereiro de 2016, ele disse: "Eu não empregaria [uma mulher] com o mesmo salário [de um homem]. Mas tem muita mulher que é competente".[24] Seu preconceito se estende até para a própria família. Ao fazer um discurso no clube Hebraica no Rio, ele falou sobre seus filhos: "Tenho quatro homens e, no quinto, eu dei uma fraquejada e veio uma mulher".[25] O episódio mais chocante foi durante um debate na televisão com a deputada Maria do Rosário, em que ele disse: "Jamais estupraria você, porque você não merece (...) vagabunda!".[26] Ele também admitiu ter batido numa mulher quando era garoto em Eldorado Paulista porque "a garota forçou a barra pra cima de mim".[27]

Além de declarações homofóbicas e misóginas, ele tem um histórico de rompantes racistas. Como argumenta o historiador Federico Finchelstein, Bolsonaro deprecia pessoas negras.[28] Por exemplo, durante um discurso no Rio de Janeiro, em 2017, ele falou da visita a um quilombo em Eldorado Paulista fundado por pessoas de origem africana: "Olha, o afrodescendente mais leve lá pesava sete arrobas. Não fazem nada! Eu acho que nem para procriador serve mais".[29] Ele também atacou outros sul-americanos, descrevendo refugiados venezuelanos como a "escória do mundo".[30]

Contudo, o Brasil já era uma sociedade desigual muito antes da eleição de Bolsonaro. Apesar de 51% da população se identificar como negra, os negros vivenciam os níveis mais altos de desemprego e analfabetismo, os menores salários e têm mais probabilidade de serem vítimas de homicídio, de violência policial e de serem presos.[31] Brasileiros negros e pardos recebem pouco mais da metade da renda média dos brancos. Mais da metade das pessoas vivendo nas favelas do Rio de Janeiro são negras, em oposição a apenas 7% nos bairros mais ricos da cidade.[32] O ativista negro Ivanir dos Santos descreveu a situação: "No Brasil, a gente tem um inimigo invisível. Ninguém é racista. Mas quando sua filha sai com um negro, as coisas mudam".[33] A ideia de que "ninguém é racista" se refere ao orgulho que muitos brasileiros têm da diversidade étnica do país. Michael Reid, por exemplo, argumenta que: "Até a invasão de ideias acadêmicas norte-americanas, a maioria dos brasileiros pensava que a diversidade racial do país estava entre suas maiores riquezas. Eles não estavam de todo errados". Reid aponta que o país tem uma legislação antidiscriminação que data dos anos 1950 e, desde a Constituição de 1988, discriminação e crimes de racismo são ilegais.[34] Apesar disso, "muitos brasileiros simplesmente supõem que os negros pertencem à camada mais baixa do estrato social. Apoiadores de ações afirmativas estavam certos em dizer que o país fechou os olhos para o problema".[35]

A eleição de Bolsonaro não fez nada para ajudar a vencer a desigualdade racial no país, menos ainda para os indígenas brasileiros, a quem ele ataca com regularidade usando uma linguagem extremamente racista. Em 2020, ele disse: "Com toda a certeza, o índio mudou, tá evoluindo. Cada vez mais o índio é um ser humano igual a nós". Antes mesmo, em 1998, ele chegou ao ponto de louvar o genocídio de comunidades nativas nos Estados Unidos: "A cavalaria brasileira foi muito incompetente. Competente, sim, foi a cavalaria norte-americana, que dizimou seus índios".[36] Desde que tomou posse, sua posição política racista se transformou em políticas racistas. O Observatório dos Direitos Humanos adverte que "o plano de Bolsonaro é legalizar crimes contra indígenas".[37]

A homofobia, a misoginia e o racismo extremos e explícitos de Bolsonaro representam uma ameaça verdadeira para o povo brasileiro, e até mesmo para a própria sobrevivência da democracia no país. Sua presidência precisa ser vista no contexto de seu longo histórico de crenças antidemocráticas e pró-ditatoriais, aliadas à fragilidade das instituições democráticas do Brasil. Também é importante ressaltar aqui a visão positiva de Bolsonaro da ditadura militar sangrenta que governou o país de 1964 a 1985. De acordo com a Comissão Nacional da Verdade brasileira, a ditadura foi responsável por 434 mortes e desaparecimentos e pelo massacre de ao menos oito mil indígenas.[38] Apesar disso, Bolsonaro nega que o Brasil tenha vivido uma ditadura de verdade e até disse a Viktor Orbán, o líder de extrema direita da Hungria, que a junta militar não poderia ser descrita dessa maneira.[39] Em parte isso se deu porque, ao contrário de muitas outras ditaduras latino-americanas do período, "ela manteve uma fachada de regime constitucional" e "manipulou eleições, mas não as aboliu".[40] Bolsonaro também foi pródigo em elogios a outros ditadores como o presidente paraguaio Alfredo Stroessner e o presidente chileno Augusto Pinochet,[41] o que levou Federico Finchelstein a acusá-lo de usar descaradamente a "história como uma mera ferramenta de propaganda" e alegar que ele "inventou e depois buscou personificar uma era mítica de ditaduras latino-americanas".[42] Bolsonaro não confinou suas visões pró-ditadura à história – ele mesmo defendeu uma mudança violenta e sangrenta. Em 1999, afirmou:

> Através do voto, você não vai mudar nada nesse país, nada, absolutamente nada! Você só vai mudar infelizmente se um dia nós partirmos para uma guerra civil aqui dentro. E fazendo um trabalho que o regime militar não fez. Matando uns 30 mil, começando pelo FHC, não deixar ir pra fora não, matando! Se vai morrer alguns inocentes, tudo bem, tudo quanto é guerra morre inocente.[43]

Quando o entrevistador perguntou, "Se você fosse hoje o presidente da República, fecharia o Congresso Nacional?", ele respondeu:

> Não há a menor dúvida, daria golpe no mesmo dia! [O Congresso] Não funciona! E tenho certeza de que pelo menos 90% da população ia fazer festa, ia bater palma, porque não funciona. O Congresso

hoje em dia não serve pra nada, só vota o que o presidente quer. Se ele é a pessoa que decide, que manda, que tripudia em cima do Congresso, dê logo um golpe, parte logo para a ditadura.[44]

Ele também disse: "Eu sou favorável à tortura, tu sabe disso. E o povo é favorável a isso também".[45]

Na campanha para presidente, ele não ocultou esses pontos de vista. Na verdade, ao ser questionado sobre a crescente violência policial, ele respondeu: "Se [um policial] matar dez, quinze ou vinte [criminosos], com dez ou trinta tiros cada um, ele tem que ser condecorado e não processado".[46] Segundo Damian Platt, Bolsonaro chegou a prometer "facilitar para que mais policiais matem mais gente".[47] Não causa surpresa que a posse de armas tenha aumentado 98% durante o primeiro ano do seu mandato como presidente e, em abril de 2020, ele revogou decretos criados para possibilitar o rastreamento de armas e triplicou a quantidade de munição disponível para civis.[48] O jornalista Fernando de Barros e Silva descreveu isso como "a vitória do modelo miliciano de gestão da violência brasileira".[49] Nos dois primeiros anos no poder, Bolsonaro já tinha "recrudescido sua campanha para minar instituições democráticas com ataques constantes ao Poder Judiciário, ao Congresso, a governos estaduais e à mídia tradicional",[50] representando "o maior revés para o progresso social no Brasil desde o golpe militar de 1964", de acordo com Platt.[51] Finchelstein declarou que "o estilo e a base de Bolsonaro, ancorados na violência policial, no chauvinismo nacional e na glorificação pessoal, têm características essencialmente fascistas".[52] Os pilares da democracia brasileira e do estado de direito estão oscilando.

———

Ao medir o perigo de um político ou governo de extrema direita, a maioria das pessoas, de maneira compreensível e correta, pensaria no efeito terrível que a eleição teria sobre minorias, o estado de direito e as normas de uma democracia liberal. Contudo, num mundo globalizado, a eleição de uma pessoa de extrema direita num país pode ter reverberações no mundo todo. Vitória num lugar estimula vitória em outro e cria uma sensação de mudança histórica que se torna autorrealizante. Políticas promulgadas por governos de extrema direita também podem ter efeitos dramáticos fora do próprio país. Isso ficou óbvio com a eleição de Trump nos Estados Unidos, mas também pode ser o caso de países menores como a Polônia e a Hungria, já que toda eleição de um governo de extrema direita contribui para a normalização da política de extrema direita aos olhos da comunidade global. Mais do que qualquer outra, há uma questão que mostra os efeitos globais dramáticos que podem resultar da eleição de um governo de extrema direita: a mudança climática.

Com a vitória de Bolsonaro, os pulmões da Terra passaram a enfrentar um perigo ainda pior. Em agosto de 2020, com incêndios grassando pela Amazônia, ele foi à televisão para declarar que seu governo assumiria uma abordagem de "tolerância zero" com crimes ambientais. A verdade, contudo, é que o próprio Bolsonaro é um criminoso ambiental. Desde que tomou posse, como assinalado pelo jornal *New York Times*, "ele vem trabalhando incansável e assumidamente para reverter a imposição de proteções ambientais outrora rígidas do Brasil".[53] Nos primeiros anos no poder, ele "defendeu indústrias que querem maior acesso a áreas protegidas da Amazônia, buscou enfraquecer os direitos à terra de povos indígenas e reduziu os esforços para o combate à extração de madeira, criação de gado e mineração ilegais".[54] Ele até exige a abolição do que chama de "indústria da multa" por crimes ambientais. "Com os discursos de Bolsonaro desde 2018, o que se entende é que agora o crime ambiental não é mais punido", disse Suely Araújo, doutora em ciência política pela Universidade de Brasília.[55]

Talvez não seja surpresa, então, que os dados para os primeiros quatro meses de 2020 indicaram que o desmatamento na parte brasileira da Amazônia aumentou 55% em relação ao ano anterior.[56] Em parte, isso é resultado de uma queda substancial no gasto do governo com atividades de inspeção florestal feitas pelo Instituto Brasileiro do Meio Ambiente e dos Recursos Renováveis (Ibama). O governo também reduziu significativamente o financiamento do plano de mudança climática nacional, de 436 milhões de reais em 2019 para apenas 247 milhões de reais em 2020.[57] Esse corte no financiamento foi o resultado direto do ceticismo de Bolsonaro em relação à mudança climática e sua oposição expressiva ao movimento ambiental. Ao ser perguntado por um jornalista como combinar desenvolvimento agrícola com proteção ambiental, ele respondeu: "É só deixar de comer menos um pouquinho. Você fala pra mim em poluição ambiental, é só você fazer cocô dia sim, dia não, que melhora bastante a nossa vida também".[58] Em setembro de 2019, seu ministro das Relações Exteriores, Ernesto Araújo, afirmou que "Não há uma catástrofe de mudança climática", e continuou: "Com todo debate que está acontecendo, parece que o mundo está acabando".[59] Ele até mesmo argumentou que a mudança climática faz parte de um complô de "marxistas culturais" para comprometer potências ocidentais e aumentar a influência global chinesa e não ocidental.[60] Por esses motivos, a política e ambientalista brasileira Marina Silva, junto com vários outros ex-ministros do Meio Ambiente, declararam que o governo Bolsonaro está tornando o Brasil um "exterminador do futuro".[61]

A retórica, as políticas danosas do governo Bolsonaro e seus efeitos já mensuráveis sobre a Amazônia podem ter consequências duradouras sobre a batalha contra a mudança climática, uma questão muito agravada pela posição igualmente negacionista de Donald Trump enquanto no poder. Em 2012, Trump postou no Twitter: "O conceito de aquecimento global foi criado por e para os chineses tornarem a indústria norte-americana não competitiva". Depois, em 2013, ele afirmou: "O aquecimento global é uma fraude total e muito cara!".[62] Assim como em relação a Bolsonaro e à Amazônia, a negação climática de Trump tem tido efeitos desastrosos, promovendo o uso de combustíveis fósseis nos Estados Unidos e, em junho de 2017, ele anunciou que retiraria os Estados Unidos do Acordo de Paris de 2015 sobre mitigação da mudança climática, uma decisão rapidamente revertida por seu sucessor Joe Biden ao se tornar presidente.

Contudo, a negação da mudança climática não está de forma alguma confinada ao continente americano. Grande parte da extrema direita europeia seguiu o exemplo. Após as eleições para o Parlamento Europeu de 2019, a direita radical e a extrema direita ficaram com quase um quarto dos assentos e estão representadas em oito governos nacionais, o que significa que têm uma capacidade muito real de afetar a política climática na Europa. Num relatório de 2019, Stella Schaller e Alexander Carius investigaram as atitudes da direita radical europeia em relação à mudança climática e descobriram que:

> Dois de cada três membros do Parlamento Europeu (MEPs) populistas de direita regularmente votam contra medidas de políticas climáticas e energéticas. Na única organização diretamente eleita na Europa, o Parlamento Europeu, metade de todos os votos contra resoluções sobre clima e energia vem do espectro de partidos populistas de direita. Sete dos 21 partidos populistas de direita analisados negam a mudança climática, suas causas antropogênicas e consequências negativas.[63]

Um dos piores negacionistas da mudança climática na Europa é o partido AfD na Alemanha, que realizou uma propaganda pró-diesel em sua campanha para as eleições federais de 2017, afirmando que "o CO^2 não é um poluente, mas um componente indispensável de toda vida".[64]

O interesse da extrema direita na política climática pode, em parte, ser explicado por sua rejeição descarada de qualquer discussão política esquerdista e por suas críticas às "elites globalistas" que estão supostamente suprimindo e controlando as visões do senso comum e as liberdades das pessoas.

Disso isso, a negação climática não é onipresente em toda a extrema direita. Nos próximos anos, é provável vermos indivíduos e partidos de extrema direita tentarem assimilar o tema do ambientalismo para os próprios propósitos. Sempre houve uma vertente da extrema direita que colocou o ambientalismo no cerne de sua posição política, quase sempre expandindo a definição a fim de incluir a preservação de sociedades tradicionais bem como a ecologia, um nacionalismo enraizado no "Blut und Boden" [sangue e solo], slogan da era nazista entoado no comício da direita alternativa em Charlottesville, em 2017.[65] Como apontado por meu colega David Lawrence: "Fóruns nazistas obscuros agora estão inundados de propaganda produzida pela chamada 'Eco Gangue', em referência a uma conexão mística com a terra, a imposição violenta dos direitos dos animais, os perigos da superpopulação e um colapso ecológico iminente".[66] Esse "ecofascismo" se mostrou mortal nos últimos anos: tanto os ataques terroristas de extrema direita em Christchurch quanto em El Paso foram perpetrados por pessoas que buscavam enquadrar seus crimes de ódio letais como soluções para o declínio ambiental e uma suposta superpopulação.[67]

Para ser sincero, na HOPE not hate, demoramos para perceber a importância da mudança climática em nosso trabalho sobre a extrema direita. A crise climática iminente e a ascensão da extrema direita eram entendidas por nós como vitalmente importantes, mas como fenômenos essencialmente separados. Isso começou a mudar em 2018, após uma conversa num pub lotado em Westminster. Um grupo de pesquisadores da HNH e eu nos apertávamos em torno de uma mesa pequena com Craig Fowlie, diretor editorial global da editora Routledge. Alguém perguntou qual seria a maior ameaça para o antifascismo nas próximas décadas, e todos nós demos as respostas habituais: "terrorismo", "radicalização on-line", "normalização". Então, como se fosse a resposta mais óbvia do mundo, Craig disse: "Mudança climática". Sobrancelhas franzidas e olhares perplexos surgiram em torno da mesa. Porém, no fim da noite, estávamos todos convencidos de que ele estava certo, e no dia seguinte me reuni com Nick Lowles e comecei um plano para uma área de pesquisa completamente nova para a HNH que continua a funcionar até hoje: mudança climática e extrema direita. Isso culminou num relatório importante, *Extreme Weather. Extreme Denial. Extreme Politics.* [*Clima extremo. Negação extrema. Política extrema*], junto com uma série de conversas e conferências que organizei em Nova York em 2019.

Durante a pesquisa para o projeto, foi ficando cada vez mais claro, de forma aterrorizante, que a extrema direita não apenas bloquearia uma ação efetiva contra a mudança climática, como também estaria em melhor posição para explorar seus efeitos negativos no médio e longo prazos. Então, em 2019, fui para a África para entender melhor sobre como a mudança climática poderia afetar a migração para a Europa – e qual seria a possível reação da extrema direita quanto a isso.

Se você ficar de pé nas praias de Tânger, no Marrocos, e olhar para o horizonte, verá o sul da Espanha. Em seu ponto mais estreito, a passagem tem apenas quatorze quilômetros, uma mera hora de travessia de balsa ou aterradoras duas ou três horas se estiver remando num bote inflável. Stephen (não é este o seu nome de verdade) levou cinco anos para chegar a essas praias. Ele partiu da Libéria, na costa sul da África Ocidental, em 2014 e começou sua jornada para o norte, com a esperança de, por fim, chegar à Europa e começar uma nova vida. Ele tinha trabalhado no comércio de diamantes e, depois que um negócio deu errado no Mali – ele manteve os detalhes sobre isso vagos de propósito –, foi forçado a fugir para se proteger, deixando a filha para trás. "Parei de ligar para ela", disse. "Não conseguia mais mentir, ser otimista. É melhor ficar em silêncio." Ele havia chegado a

Tânger duas semanas antes, depois de ter pegado um ônibus lotado para cruzar o Saara. A maioria dos migrantes pega ônibus, mas o trem de Marrakesh até Casablanca e a capital Rabat também tinha pequenos grupos de jovens africanos ocidentais indo para o norte, a maioria de chinelos e sem bagagem, exceto a típica sacola de plástico.

Stephen estava dormindo mal, junto com cerca de trinta outros migrantes da África Ocidental, na Catedral Nossa Senhora da Assunção, uma igreja católica romana cheia de vitrais azuis. A maioria dormia no chão de concreto sem cobertor ou, na melhor das hipóteses, numa toalha fina ou folha de papel. Um cheiro forte de carne e pelos queimados pairava no acampamento, pois a rua ao lado era usada para fazer churrasco de cabeças de ovelha. Os nativos atiravam os chifres nas calçadas e mergulhavam os crânios em buracos cheios de carvão, produzindo uma fumaça acre. Apesar de não falar espanhol, Stephen ia à missa toda noite, às 19 horas. "Eles são bons para nós", explicou ele, mas era difícil ter comida, e dias inteiros podiam passar sem nenhuma refeição. O sonho era conseguir os 150-200 euros necessários para comprar um lugar num pequeno bote inflável. "É perigoso", admitiu, enquanto engolia um ovo frito com um solitário triângulo de queijo processado, "mas vale a pena." Os pequenos botes de borracha são projetados para carregar nove pessoas, mas, com frequência, carregam até vinte, e, aos 47 anos, Stephen era bem mais velho do que a maioria dos que fazem a perigosa travessia.

A própria Tânger parece uma cidade vivendo uma segunda onda. Em meados do século XX, ela abrigou Tennessee Williams, Allen Ginsberg, Jack Kerouac, Brion Gysin e, mais tarde, os Rolling Stones. Com suas ruas antigas entremeadas e vistas panorâmicas do Mediterrâneo, a cidade atraiu artistas do mundo inteiro. Agora a cidade se gabava de ter hotéis envidraçados de excelente qualidade dando para uma marina com iates e um calçadão agradável, servindo para a caminhada noturna com vista para a praia com larga faixa de areia e mar calmo.

O Brasil de Bolsonaro, a pandemia global e a mudança climática   253

A comunidade migrante e refugiada era praticamente invisível. A maioria dos migrantes estava vivendo nos arredores de Tânger, nas chamadas "selvas" (acampamentos improvisados), tentando evitar serem detidos ou presos e ameaçados de serem levados de volta para o Saara, para ter que começar a viagem toda de novo. A situação no Marrocos em relação a migrantes e refugiados era complexa, o que não é surpresa para ninguém. A maioria das pessoas entra cruzando a fronteira com a Argélia. A população refugiada na época estava espalhada por 51 cidades e vilarejos diferentes no país. De acordo com o ACNUR, havia apenas 6.272 refugiados oficiais no Marrocos e 2.889 solicitantes de asilo aguardando uma decisão quando eu estava no país. Se esses números parecem pequenos, é porque apenas uma parte dos que entram no Marrocos pretendem ficar. É difícil fazer uma estimativa. O número real de refugiados e migrantes no país provavelmente está mais próximo de 80 ou 90 mil, a maioria visando seguir viagem para a Europa. "Tentamos convencê-los [os refugiados] a não fazer a viagem arriscada de travessia do mar e tentar a vida aqui no Marrocos", explicou Masaki Miyoshi, o oficial de proteção do ACNUR que conheci em Rabat. Contudo, é difícil convencê-los e até mesmo a maioria dos que solicitam asilo ainda tenta fazer a travessia para a Europa em algum momento.

Essa viagem não é fácil, principalmente depois que os governos marroquino e espanhol fizeram um acordo para limitar a imigração irregular em fevereiro de 2019, e alguns, cansados de esperar, começaram uma nova vida no Norte da África. Foi por isso que houve um aumento nas solicitações de asilo na cidade de Nador, onde pessoas perceberam que naquele momento estava muito difícil fazer a travessia. No entanto, ao contrário do que se pensa normalmente, em especial se você ouvir a extrema direita na Europa, a maior parte da migração na África Ocidental e Central não visa a Europa, mas é, na verdade, inter-regional. Como Damien Jusselme, do Escritório da África Ocidental e Central da Organização Internacional para as Migrações (OIM) da ONU me explicou: "Estimamos que cerca de 95% dos fluxos na região são inter-regionais. As pessoas estão migrando muito dentro da África Ocidental e Central e por várias razões". De fato, acrescentou ele, "as chegadas à Europa estão em baixa neste ano".

De acordo com o Portal Operacional do ACNUR, em 19 de agosto de 2019 apenas 53.761 refugiados e migrantes tinham chegado à Europa naquele ano, 43.105 dos quais chegaram por mar à Itália, Grécia, Espanha, Chipre e Malta. A Grécia recebeu mais de 29 mil pessoas, seguida pela Espanha, com 18.458, e a Itália, com 4.393. Os países de origem variam, mas, em junho daquele ano, 14,4% vinham do Afeganistão, 12,9% do Marrocos e 9,9% da República Árabe da Síria. Nos dez principais países de origem, a África Ocidental e Central está bem representada, com Mali, Guiné, Costa do Marfim e República Democrática do Congo na lista. Esses números, apesar de significativos, são muito menores do que nos anos anteriores. O pico ocorreu em 2015, com 1.032.408 pessoas se deslocando para a Europa, enquanto que, em 2020, foram 95.031.[68] A viagem para a Europa continua a ser extremamente perigosa e a ONU estima 839 mortos ou desaparecidos em 2019 até o momento em que eu estava naquelas praias.

Os motivos para as pessoas fazerem a viagem são extremamente complexos. Contudo, os fatores principais são, sem dúvida, conflitos e migração econômica. Este último é quase sempre recebido com ceticismo na Europa, enquadrando essas histórias de migrantes como uma simples "escolha" econômica. Porém, a verdade costuma ser mais complicada, como Jusselme da OIM explica: "É de fato uma escolha, mas, no que se refere à migração econômica, qual parte é uma escolha e qual parte é você sendo forçado a se mudar?". No momento, a mudança climática está bem no fim da lista dos fatores que fazem com que as pessoas deixem suas casas e partam para o norte, rumo à Europa. Daniel Trilling, autor de *Lights in the Distance* [*Luzes à distância*], um livro sobre migração e refugiados na Europa, explica: "A mudança climática pode resultar em deslocamento, mas, de longe, as principais causas para as pessoas se tornarem refugiadas são a guerra e a desigualdade". No entanto, é provável que o clima se torne um fator de migração no futuro e, apesar de a maioria dos afetados atualmente se tornar deslocados internos, isso não vai durar para sempre. É provável vermos os níveis de migração transfronteiriça causada pelos efeitos do aquecimento global aumentarem.

Neste momento, há ainda muita hesitação ao abordar a discussão da questão dos refugiados climáticos. O medo é que falar sobre a mudança climática como motivo de migração em massa para a Europa cause uma reação. De fato, para alguns funcionários de ONGs com quem eu conversei, como Hannes Stegemann, diretor da Cáritas em Rabat, no Marrocos, a mudança climática supostamente "não é uma preocupação". A preocupação de verdade é que "interconexões falsas são quase sempre usadas para manipulação política. Se você induzir ao medo – milhões em fuga por causa da mudança climática –, vai haver uma reação xenofóbica mobilizada pelo medo". Stegemann está certo de que não devemos exagerar e provocar uma reação xenofóbica, mas as evidências dos efeitos da mudança climática são tão claras que não dá para evitar a sensação de que existe, por parte das ONGs, certa tentativa de disfarçar o que está ocorrendo.

Isso está claro para Steve Trent, cofundador e diretor da Environmental Justice Foundation [Fundação de Justiça Ambiental]. Ele argumenta que "é fato que os números envolvidos, mesmo que cheguemos a um índice zero [de emissões] amanhã, serão da ordem das dezenas de milhões, possivelmente centenas de milhões". Ao ser perguntado para onde essas essas pessoas vão se dirigir, ele não hesitou: "Se você olhar, por exemplo, para o Sahel, para grande parte da África Subsaariana e para países como o Mali, que já estão efetivamente em seca permanente, essas pessoas não vão se dirigir para o sul, elas vão para o norte". De fato, Trent lamentou a falta de preparação legislativa e humanitária, sem a qual ele acredita que veremos a Europa ser "testada ao máximo (...) e é o clima que vai fazer isso".

256 TAMBORES À DISTÂNCIA

No entanto, apesar de parecer muito provável que uma mudança climática vá forçar milhões a saírem de suas casas, e que muitos vão recorrer à Europa em busca de asilo, é preciso ir com calma quando se trata de fazer previsões. Como Trilling diz em poucas palavras: "É importante reconhecer a ameaça da mudança climática sem ser alarmista a respeito da migração".

O comparecimento à missa naquela noite foi bem esparso. Alguns poucos católicos espanhóis foram acompanhados de um punhado de migrantes, alguns deles aproveitando para descansar à sombra, outros esperando o momento de carregar o celular numa das tomadas na lateral dos bancos da igreja. Stephen deu um sorrisinho e recusou um livro de orações quando lhe ofereceram: "Não falo espanhol". Quando a missa acabou, ele me deu seu número de telefone e prometeu entrar em contato ao chegar à Europa. Quando perguntei quanto tempo ele achava que ia levar, ele fez um gesto como se estivesse remando e riu: "Depende de quanta energia eu vou ter!". Na realidade, tudo dependia de quanto ele poderia economizar para pagar um "passador" e se ele seria um dos afortunados que conseguiria cruzar o estreito de Gibraltar ileso. Ele levara cinco anos para finalmente chegar ao Mediterrâneo e agora podia ver a Europa no horizonte. Parecia otimista e ávido por começar uma nova vida, arrumar algum dinheiro e poder ligar para a filha de novo, dessa vez com boas notícias de verdade. Não tive coragem de lhe contar que eu temia pela acolhimento que receberia, tendo visto a reação da extrema direita durante a chamada crise migratória.

Se algumas das previsões quanto aos trágicos efeitos da mudança climática sobre os países em desenvolvimento se tornarem realidade, podemos esperar um aumento da migração para a Europa e para o Ocidente, em geral. A extrema direita estará a postos e pronta para explorar a situação.

Conclusão

No dia 3 de novembro de 2020, Donald Trump perdeu a eleição presidencial nos Estados Unidos. Contudo, no dia 6 de janeiro de 2021, a poucos dias da posse de Joe Biden, apoiadores de Trump acorreram para Washington numa tentativa chocante e, por fim, malsucedida, de reverter a derrota eleitoral. Durante meses, Trump não conseguira aceitar a derrota, recorrendo às redes sociais para insistir em declarações infundadas e à desinformação total acerca da fraude na votação. Para muitos apoiadores de Trump, principalmente os que acreditam na bizarra teoria da conspiração QAnon, a eleição tinha sido fraudada e eles partiram para o Capitólio para retomá-lo. Com o estímulo direto de Trump, milhares de seus apoiadores marcharam para o Capitólio, enquanto o Congresso estava em sessão e iniciando a contagem da votação do colégio eleitoral que confirmaria a vitória de Biden.

O que aconteceu chocou o mundo. Manifestantes de extrema direita romperam as barreiras policiais, escalaram muros, arrombaram portas e entraram no prédio. Imagens ao vivo mostravam os apoiadores de Trump adentrando os saguões santificados da democracia americana, muitos vestidos com uniformes militares, alguns armados, outros com braçadeiras para tomar pessoas como reféns. Pela primeira vez na história dos Estados Unidos, a bandeira dos confederados foi içada dentro do Capitólio. A análise das filmagens nos dias seguintes comprovou que os arruaceiros vinham de uma gama de organizações neonazistas e de extrema direita, embora, numa demonstração da transformação radical do Partido Republicano, muitos fossem apenas apoiadores do partido. A poucos quarteirões do prédio, foram encontradas duas bombas caseiras, uma perto do prédio do Comitê Nacional Republicano e outra na sede do Comitê Nacional Democrático. Não foi um protesto, foi uma tentativa de golpe e, apesar de malsucedido, deixou feridas na democracia americana que vão levar tempo para cicatrizar.

Os acontecimentos em torno da eleição 2020 nos Estados Unidos e o comportamento de muitos dos apoiadores de Trump desde então são outro lembrete de que a extrema direita não acredita na democracia. Eles podem apoiar eleições. Eles podem pedir o seu voto. Eles podem alegar que acreditam no estado de direito e em direitos iguais, mas eles não acreditam na democracia. A extrema direita acredita no poder. Eles acreditam nos direitos deles, não nos seus. Eles acreditam no direito deles à liberdade de expressão, mas não no seu direito à liberdade de expressão. Eles condenam a violência até decidir usá-la. Donald Trump nos lembrou disso.

Não há dúvida de que a derrota de Trump é uma boa notícia, mas qualquer declaração de que é o início do fim para a extrema direita global está completamente equivocada. Mais de 74 milhões de americanos votaram nele em 2020. Votaram nele depois que Trump chamou os neonazistas e fascistas em Charlottesville de "boas pessoas"; depois que impôs uma proibição de viagem a muçulmanos; depois que retirou os Estados Unidos do Acordo de Paris; depois que retuitou vídeos antimuçulmanos do segundo líder do Britain First; e depois que separou crianças migrantes de seus pais na fronteira com o México. Trump pode ter perdido, mas há milhões e milhões de pessoas nos Estados Unidos e no mundo que ainda concordam com ele. Essa derrota é um revés bem-vindo e mais uma prova de que a ascensão da direita não é inevitável; mas, em grande parte do globo, sociedades estão se afastando de normas liberais, progressistas e democráticas para se tornarem sociedades fragmentadas, divididas e anti-igualitárias. No momento em que escrevo este livro, no início de 2021, as pesquisas para a eleição presidencial francesa de 2022 mostram Marine Le Pen, que acabou de propor a proibição do hijab, a caminho do segundo turno com uma parcela dos votos nunca antes vista. Não está na hora de ser complacente. Os pilares da democracia liberal continuam a oscilar.

As razões para isso são complexas, e qualquer livro que ofereça uma explicação simples estará mentindo. Como vimos, em parte, são os efeitos negativos da globalização e da economia neoliberal que estratificaram comunidades e criaram sociedades ainda mais desiguais. Também é culpa das elites políticas no mundo todo que não conseguiram atender às necessidades de parcelas inteiras da sociedade por tempo demais, levando-as a pensar que não tinham para onde ir até se voltarem para a direita radical ou a extrema direita. A luta entre argumentos culturais e econômicos continuará por anos, mas os historiadores do futuro provavelmente concordarão com uma combinação dos dois. Também temos que olhar para o papel da internet e do mundo on-line. Ele nos oferece muitas oportunidades maravilhosas de encontrar conhecidos, amigos e parceiros, mas também nos fornece ferramentas que foram exploradas com sucesso por quem busca dividir sociedades e destruir a democracia. Apesar de a globalização e a internet terem tornado o mundo menor, elas também parecem dividi-lo. Contudo, para entender a situação atual, é fundamental lembrar a natureza duradoura do ódio, do preconceito e da discriminação. Nem todos que votaram em Trump, Bolsonaro ou Modi são racistas ou misóginos, mas nenhum deles se importava com o racismo ou a misoginia a ponto de não votar neles. É assim que vamos perder. Não é que todo mundo vai se tornar extremista de direita, é que não haverá pessoas suficientes se importando com quem é.

260 TAMBORES À DISTÂNCIA

Por fim, há certa presunção neste livro que não consegui evitar. Sou irrelevante em meio aos vastos acontecimentos mundiais que este livro cobre, uma nota de rodapé em que eu arrogantemente me acrescentei. Os relatos pessoais que fiz aqui foram apenas para dar mais cor a uma história muito maior e mais importante. Uma história sobre a ascensão lenta, mas contínua de uma forma de participação política agressiva que piorou a vida de milhões de pessoas e continuará a fazer isso.

O sentimento que prevalece ao escrever este livro é de medo, mas também de esperança. Quanto mais próximo observei o que está acontecendo em diferentes partes do mundo, mais preocupado fiquei. Parece menos com uma série de lamentáveis eventos simultâneos e mais com um rumo bem definido. Escrever este livro me convenceu mais do que nunca que a história não é uma jornada linear inevitável em direção ao progresso, mas uma luta contínua que precisa ser vencida de novo e de novo. A outra reflexão central que faço é que coisas ruins são fruto da crença e da ação de pessoas normais. Lembro-me de todos os ativistas de extrema direita que conheci, muitos deles de quem de fato gostei, mesmo desprezando suas crenças e desejando detê-los. É muito fácil, e reconfortante, desumanizar as pessoas. Fazer delas um mal abstrato, torná-las monstros. Na realidade, elas são pessoas, quase sempre não muito diferentes de você e de mim. Isso torna tudo ainda mais apavorante.

Espero que este livro não romantize demais a minha história. Muitas vezes pensei que o custo desse trabalho era alto demais, quando seu efeito sobre minha vida parecia exceder as recompensas pessoais ou os sucessos políticos. Enfrentar pessoas más tem um custo. Fui fisicamente ameaçado, perseguido, abusado, jogado de escadas e, o que foi mais doloroso, menti e difamei de formas que quase me destruíram. Houve momentos em que pensei que o trabalho tinha tirado tudo de mim e me deixado sem nada. Ele endureceu partes de mim que eu gostaria que não tivesse endurecido e amoleceu outras de uma forma que me tornaram vulnerável. Ele criou período de dor, medo e solidão dos quais me escondi, quase sempre nos braços do hedonismo.

Pior de tudo, houve momentos em que fiquei preocupado se não estava me tornando uma pessoa má ou, ao menos, alguém que estava fazendo coisas que pessoas más fazem. Para ser bom nesse trabalho, tive que ser um bom mentiroso e estar sempre pronto para trair – e, com o tempo, fui ficando muito bom nisso. Fiquei repetindo para mim mesmo que os fins justificam os meios, que o perigo do fascismo justifica esse comportamento. Talvez sim; possivelmente não. Porém eu me comprometi com ele, mas minha família, não, e ver os nomes e endereços deles publicados pela extrema direita foi um dos piores momentos que já vivenciei nesse trabalho.

Apesar de ter tentado ser o mais sincero possível, deixei algumas histórias de fora. Algumas porque as pessoas envolvidas não quiseram ser mencionadas, outras porque ainda não é seguro contá-las. Há outras ainda que não me sinto pronto para reviver. Às vezes, esse trabalho tomou minha vida inteira, me consumiu. Momentos em que a missão estava acima de tudo o mais, quando nada nem ninguém importava mais. Momentos em que me arrisquei desnecessariamente ou, o mais vergonhoso, quando optei por arriscar a vida de outras pessoas. Eu não tinha esse direito. Alguns desses momentos estão neste livro, outros, não, porque sou muito covarde para contar. Fico apavorado de reservar um tempo para pensar nisso, refletir sobre meu comportamento e como isso me afetou, mas também como isso afetou as pessoas à minha volta. Há coisas que fiz que ainda estão muito cruas, cicatrizes mal curadas que não estou pronto para revisitar.

Também não quero dar a impressão de que tudo que fiz, fiz pelos motivos certos. Às vezes, eu fiz porque era divertido ou estimulante. Medo e adrenalina são intoxicantes, mais viciantes do que qualquer droga que já experimentei. Racionalizei que as coisas eram "necessárias" quando, na verdade, eu só queria fazê-las, pela emoção, pela glória. Qualquer um nesse jogo que negue isso estará mentindo.

Mas ainda estou aqui fazendo isso. É porque, ao pôr na balança, os pontos positivos pesaram mais do que os negativos. Este livro está

cheio de momentos dos quais tenho muito orgulho, momentos fugazes em que senti que tinha feito a diferença. Vi o mundo, criei histórias,
me diverti, me apaixonei, me desapaixonei e, o mais importante, fiz
amigos sem os quais nada disso teria sido possível e certamente não
teria valido a pena.

Os momentos de vitória descritos neste livro foram fugazes; a
luta continua e sempre continuará. Mas cada conquista, por menor
que seja, cria esperança, e se algo um dia levar a uma vitória definitiva
sobre a extrema direita, será de fato a esperança.

Agradecimentos

Este livro conta a história da ascensão da extrema direita global, contudo, onde quer que a política organizada do ódio tenha surgido, há pessoas que se insurgiram e contra-atacaram. Meus agradecimentos iniciais vão para esses inúmeros antifascistas sem nome, radicais e românticos, por seu sacrifício e sua luta, que continuam a me dar esperança de que podemos vencer.

No âmbito mais pessoal, meus agradecimentos vão para meus amigos, colegas e camaradas da HOPE not hate, cujo trabalho e paixão incansáveis me inspiram todos os dias. É preciso fazer um agradecimento especial ao seu fundador Nick Lowles, por criar a organização que moldou a minha vida durante a última década. Nenhuma história deste livro teria acontecido se ele não tivesse depositado sua confiança em mim e permitido que eu transformasse minha paixão em trabalho. Este livro também conta brevemente a história de vários colegas, em especial Patrik Hermansson, David Lawrence, Simon Murdoch e "Titus". Nada disso teria sido possível sem a coragem e o comprometimento deles. Cada um tem material suficiente para escrever o próprio livro um dia. Também quero agradecer à toda a família HOPE not hate e às várias fontes infiltradas cujos nomes não puderam ser mencionados neste livro.

264 TAMBORES À DISTÂNCIA

Sou muito agradecido à minha agente Kay Peddle, sem a qual este livro nunca teria sido publicado. Sua orientação e paciência são extremamente valorizadas por mim. Também quero agradecer ao meu editor Duncan Heath e a todos na Icon Books, por terem assumido este projeto. Foi um prazer trabalhar com vocês.

Um livro como este depende muito das pesquisas de vários acadêmicos, pesquisadores e antifascistas que produziram trabalhos fascinantes e necessários. Espero que minhas visões gerais truncadas não tenham deturpado nem desvirtuado seu trabalho. As notas deste livro mostram minhas inúmeras fontes de pesquisa. Espero ter referenciado corretamente o trabalho desses autores.

Vários amigos aparecem nestas páginas, a saber, Rob Trigwell, Rob Powell e Ena Miller. Obrigado por compartilharem suas aventuras comigo e por verificarem se eu as contei com exatidão. Obrigado também a Nithi Sevaguru, por sua gentil ajuda na Índia. Outros amigos se deram ao trabalho de ler a primeira versão deste livro e forneceram um *feedback* muito valioso, em especial Craig Fowlie, Duncan Stoddard e Laura Dixon. Suas críticas e recomendações sinceras foram de grande ajuda e melhoraram meu texto de modo significativo.

Assim como a história da extrema direita começa durante o período do pós-guerra, este livro está entremeado de histórias pessoais que cobrem a última década da minha vida. Por vezes este trabalho impediu que eu estivesse presente e, nesses momentos, foi o apoio inabalável dos meus amigos mais próximos que me fizeram superar as dificuldades. Uma menção especial precisa ser feita aos que sempre me deram a mão, alguns deles já tendo sido mencionados anteriormente. Nesse sentido, agradeço, entre outros, a Mark e Kat Neale, Rob Gordon e Charlie Field, Matthew Walker e Sian Cain, Ed Thurlow, Charlie Burness, Ali Horn, James Bowker e Steven Judge. Peço desculpas àqueles que não mencionei por falta de espaço. Fica aqui, então, meus agradecimentos especiais ao restante dos meus amigos de Woking e da universidade.

Por fim, agradeço à minha família. Sem seu amor, eu não teria conseguido. Meu amor e minha gratidão infinitos a minha mãe, meu pai, Philip, Kelly e Rich. Obrigado por sempre juntarem os meus cacos.

Notas

Introdução

1   CAMUS, Jean-Yves; LEBOURG, Nicolas. *Far-Right Politics in Europe*. Londres: Belknap Press, 2017, p. 22.
2   MUDDE, Cas. *The Far Right Today*. Cambridge: Polity Press, 2019, p. 7.
3   Idem.
4   ORWELL, George. "O que é fascismo?". In: *O que é fascismo? E outros ensaios*. São Paulo: Companhia das Letras, 2017.
5   GRIFFIN, Roger, apud MATTHEWS, Dylan. "Is Trump a fascist? 8 experts weigh in". *Vox*, 23 out. 2020. Disponível em: <https://www.vox.com/policy-and-politics/21521958/what-is-fascism-signs-donald-trump>.
6   ORWELL, George. "O que é fascismo?". São Paulo: Companhia das Letras, 2017.
7   PAXTON, Robert O. *A anatomia do fascismo*. Rio de Janeiro: Paz & Terra, 2008, p. 46.
8   ALLARDYCE, Gilbert. "What Fascism is Not: Thoughts on the Deflation of a Concept". *American Historical Review*, 84:2 (1979), p. 367-388.
9   MACKLIN, Graham. *Failed Führers: A History of Britain's Extreme Right*. Abingdon: Routledge, 2020, p. 8.
10 GRIFFIN, Roger. *The Nature of Fascism*. Londres: Routledge, 1991, p. 26.

Capítulo 1: Do Partido Nacional Britânico ao Brexit

1   MULHALL, Joe. *British Fascism After the Holocaust: From the Birth of Denial to the Notting Hill Riots, 1939-1958*. Abingdon: Routledge, 2021, p. 54-56.
2   GOODWIN, Matthew J. *New British Fascism: Rise of the British National Party*. Abingdon: Routledge, 2011, p. 37.
3   TRILLING, Daniel. *Bloody Nasty People: The Rise of Britain's Far Right*. Londres: Verso, 2013, p. 61.
4   Ibid., p. 11-19.
5   Citado em SYKES, Alan. *The Radical Right in Britain*. Basingstoke: Palgrave Macmillan, 2005, p. 136.

Notas 267

6 MACKLIN, Graham. *Failed Führers: A History of Britain's Extreme Right*. Abingdon: Routledge, 2020, p. 481-485.
7 *Freedom*. Cumbria: British National Party, 2001.
8 THURLOW, Richard. *Fascism in Britain: From Oswald Mosley's Blackshirts to the National Front*. Londres: I.B. Tauris, 2009, p. 212. Veja também MULHALL, Joe. *The Unbroken Thread: British Fascism, Its Ideologues and Ideologies, 1939-1960*. PhD dissertation. Royal Holloway, Universidade de Londres, 2016.
9 WALKER, Martin. *The National Front*. Glasgow: Fontana/Collins, 1977, p. 134-138.
10 COLLINS, Matthew apud "It's Not Easy to Burn A Book". BBC Radio 4 podcast audio, 2019. Disponível em: <https://www.bbc.co.uk/programmes/m0002cxn>. Acesso em: 29 jul. 2020.
11 *Freedom*. Cumbria: British National Party, 2001.
12 GRIFFIN, Nick. "Our Fight in the Culture Clash". *Identity* 64, 2006, apud FELDMAN, Matthew; JACKSON, Paul (eds.). Doublespeak: *The Rhetoric of the Far Right Since 1945*. New York: Columbia University Press, 2014, p. 129-130.
13 GOODWIN, Matthew J. *New British Fascism: Rise of the British National Party*. Abingdon: Routledge, 2011, p. 56-61.
14 TRILLING, Daniel. *Bloody Nasty People: The Rise of Britain's Far Right*. Londres: Verso, 2013, p. 139.
15 Disponível em: <https://www.youtube.com/watch?v=R7CUHhJzDc8>.
16 Disponível em: <https://www.youtube.com/watch?v=R7CUHhJzDc8>.
17 Disponível em: <https://www.youtube.com/watch?v=R7CUHhJzDc8>.
18 Disponível em: <https://www.youtube.com/watch?v=R7CUHhJzDc8>.
19 TRILLING, Daniel. *Bloody Nasty People: The Rise of Britain's Far Right*. Londres: Verso, 2013, p. 181.
20 WIGMORE, Tim. "What Killed the BNP?". *New Statesman*, 12 jan. 2016. Disponível em: <https://www.newstatesman.com/politics/staggers/2016/01/what-killed-bnp>.
21 FORD, Robert; GOODWIN, Matthew. *Revolt on the Right: Explaining Support for the Radical Right in Britain*. Abingdon: Routledge, 2014, p. xiiv.
22 Ibid., p. 97.
23 LOWLES, Nick. "Straight out of the Far Right Playbook". *HOPE not hate e-newsletter*, 15 fev. 2016.
24 COPSEY, Nigel. *Anti-Fascism in Britain*. Abingdon: Routledge, 2017, p. 218.
25 Hatred not hope. *Jewish Chronicle*, 17 dez. 2015.
26 RENTON, Dave. *The New Authoritarians: Convergence on the Right*. Londres: Pluto Press, 2019, p. 69.
27 SOBOLEWSKA, Maria; FORD, Robert. *Brexitland: Identity, Diversity and the Reshaping of British Politics*. Cambridge: Cambridge University Press, 2020, p. 10.
28 RENTON, Dave. *The New Authoritarians: Convergence on the Right*. Londres: Pluto Press, 2019, p. 73.
29 SOBOLEWSKA, Maria; FORD, Robert. *Brexitland: Identity, Diversity and the Reshaping of British Politics*. Cambridge: Cambridge University Press, 2020, p. 3.
30 STOCKER, Paul. *English Uprising: Brexit and the Mainstreaming of the Far Right*. Londres: Melville House UK, 2017, p. 11.
31 Idem.
32 Ibid., p. 12.
33 Ibid., p. 11.
34 Idem.

268 TAMBORES À DISTÂNCIA

35 WINLOW, Simon; HALL, Steve; TREADWELL, James. *The Rise of the Right: English Nationalism and the Transformation of Working-class Politics.* Bristol: Policy Press, 2017, p. 201.

36 Ibid., p. 204.

37 Ibid., p. 205

Capítulo 2: O movimento contrajihadista e o protesto antimuçulmano nas ruas

1 Disponível em: <http://www.britishfuture.org/articles/news/million-british-muslims-reject-extremists-on-poppy-wearing/>.

2 BUSHER, Joel. *The Making of Anti-Muslim Protest: Grassroots Activism in the English Defence League.* Abingdon: Routledge, 2016, p. 5.

3 Idem.

4 KASSIMERIS, George; JACKSON, Leonie. "The Ideology and Discourse of the English Defence League: 'Not Racist, Not Violent, Just No Longer Silent'". *The British Journal of Politics and International Relations* 17, 2015, p. 174.

5 Ibid., p. 175.

6 PILKINGTON, Hilary. *Loud and Proud: Passion and Politics in the English Defence League.* Manchester: Manchester University Press, 2016, p. 37.

7 KASSIMERIS, George; JACKSON, Leonie. "The Ideology and Discourse of the English Defence League: 'Not Racist, Not Violent, Just No Longer Silent'". *The British Journal of Politics and International Relations* 17, 2015, p. 185.

8 EDL Mission Statement. *Gates of Vienna*, 15 jan. 2011. Disponível em: <http://gatesofvienna.blogspot.com/2011/01/edl-mission-statement.html>.

9 KASSIMERIS, George; JACKSON, Leonie. "The Ideology and Discourse of the English Defence League: 'Not Racist, Not Violent, Just No Longer Silent'". *The British Journal of Politics and International Relations* 17, 2015, p. 172-173.

10 COPSEY, Nigel. *The English Defence League: Challenging Our Country and Our Values of Social Inclusion, Fairness and Equality.* Londres: Faith Matters, 2010, p. 5.

11 BUSHER, Joel. *The Making of Anti-Muslim Protest: Grassroots Activism in the English Defence League.* Abingdon: Routledge, 2016, p. 135.

12 "EDL leader Tommy Robinson quits group". *BBC News*, 8 out. 2013. Disponível em: <https://www.bbc.co.uk/news/uk-politics-24442953>.

13 GOLDING, Paul apud "Feeble fascist criminals Britain First finally banned from Facebook". *GQ*, 14 mar. 2018. Disponível em: <https://www.gq-magazine.co.uk/article/britain-first>.

14 CLIFFORD, Bennett; POWELL, Helen Christy. "De-Platforming and the Online Extremist's Dilemma". *Lawfare*, 6 jul. 2019. Disponível em: <https://www.lawfareblog.com/de-platforming-and-online-extremists-dilemma>.

15 Idem.

16 NOURI, Lella; LORENZO-DUS, Nuria; WATKIN, Amy-Louise. "Following the Whack-a-Mole: Britain First's Visual Strategy from Facebook to Gab". *Global Research Network on Terrorism and Technology*, Paper No. 4, Royal United Services Institute. Disponível em: <https://rusi.org/sites/default/files/20190704_grntt_paper_4.pdf>.

17 Idem.

Capítulo 3: O efeito do extremismo islâmico e o Estado Islâmico

1 EATWELL, Roger apud LARSEN, Chris Holmsted. "Partners in crime? A Historical Perspective on Cumulative Extremism in Denmark". *CREX*, 14 abr. 2020. Disponível em:

<https://www.sv.uio.no/c-rex/english/news-and-events/right-now/2020/partners-in-crime.html>.

2   Omar Bakri posteriormente contou que nasceu no Líbano. Veja BAXTER, Kylie. *British Muslims and the Call to Global Jihad*. Clayton: Monash University Press, 2007, p. 53.

3   "The Khalifah will return…". Disponível em: <www.muhajiroun.com>. 14 de agosto de 2003.

4   "Al-Muhajiroun – Islamists in the US: Part 2". *Spero News*, 2007. Disponível em: <http://www.speroforum.com/a/7541/AlMuhajiroun-Islamists-in-the-US-Part-2#.UlU0_WDgGWh>. Acesso em: 18 jul. 2013.

5   "Luton parade protesters 'were members of extremist group'". *The Telegraph*, 2009. Disponível em: <http://www.telegraph.co.uk/news/uknews/4976105/Luton-parade--protesters-were-members-of-extremist-group.html>. Acesso em: 18 jun. 2014.

6   CASCIANI, Dominic. "Profile: Islam4UK". *BBC News*, 2010. Disponível em: <http://news.bbc.co.uk/1/hi/uk/8441499.stm>. Acesso em: 18 jun. 2014.

7   "Proposed Wootton Bassett Protest: A publicity Stunt that Deserves Disdain". *Muslim Council of Britain*, 2010. Anteriormente disponível em: <http://www.mcb.org.uk/article_detail.php?article=announcement-853>. Acesso em: 12 out. 2013.

8   "Islam4UK Islamist group banned under terror laws". *BBC News*, 2010. Disponível em: <http://news.bbc.co.uk/1/hi/uk/8453560.stm>. Acesso em: 23 jun. 2014.

9   DOWARD, Jamie; WANDER, Andrew. "The Network". *The Observer*, 6 maio. Disponível em: <https://www.theguardian.com/world/2007/may/06/terrorism.jamiedoward>.

10   Entrevista anônima, 2013.

Capítulo 4: A extrema direita europeia e a crise migratória

1   Disponível em: <https://dangerousspeech.org/wp-content/uploads/2019/11/Konvicka-Czech-Republic-case-study_Final.pdf>.

2   GURIAN, Waldemar apud STONE, Dan. "Goodbye To All That?: The Story of Europe Since 1945". Oxford: Oxford University Press, 2014, p. 1.

3   Ibid., p. viii.

4   Ibid., p. 9.

5   Ibid., p. ix.

6   FUKUYAMA, Francis. "The End of History?". *The National Interest*, Summer 1989, p. 1.

7   PRESTON, Paul apud "Francisco Franco: Is it accurate to call the Spanish dictator a fascist?". *History Extra*, 21 ago. 2020. Disponível em: <https://www.historyextra.com/period/20th-century/was-spanish-dictator-francisco-franco-fascist/>.

8   MUDDE, Cas. *The Far Right Today*. Cambridge: Polity Press, 2019, p. 13.

9   Ibid., p. 14.

10   Ibid., p. 15.

11   Ibid., p. 20.

12   BARTLETT, Jamie; BIRDWELL, Jonathan; LITTLER, Mark. *The New Face of Digital Populism*. Londres: Demos, 2011, p. 15.

13   RENTON, Dave. *The New Authoritarians: Convergence on the Right*. Londres: Pluto Press, 2019, p. 190.

14   FEKETE, Liz. *Europe's Fault Lines: Racism and the Rise of the Right*. Londres: Verso, 2019, p. 5-6.

15   EATWELL, Roger; GOODWIN, Matthew. *Nacional-populismo: a revolta contra a democracia liberal*. Rio de Janeiro: Record, 2020, p. 36.

16   MUDDE, Cas. Op. cit., p. 87-88.

270 Tambores à distância

Capítulo 5: As milícias americanas e a Ku Klux Klan

1 Disponível em: <https://www.thetimes.co.uk/article/we-faced-arrest-after-revealing-plot-to-kill-mp-rosie-cooper-say-anti-fascists-95dxjchpp>.
2 "The Militia Movement", *ADL*. Disponível em: <https://www.adl.org/education/resources/backgrounders/militia-movement>.
3 NEIWERT, David. *Alt-America: The Rise of the Radical Right in The Age of Trump*. Londres: Verso, 2017, p. 80.
4 MUDDE, Cas. *The American Far Right*. Abingdon: Routledge, 2018, p. 5.
5 ZESKIND, Leonard. *Blood and Politics: The History of the White Nationalist Movement From the Margins to the Mainstream*. Nova York: Farrar, Straus and Giroux, 2009, p. xvii.
6 MCARDLE, Terence. "The Day 30,000 White Supremacists in KKK Robes Marched in the Nation's Capital". *The Washington Post*, 11 ago. 2018. Disponível em: <https://www.washingtonpost.com/news/retropolis/wp/2017/08/17/the-day-30000-white-supremacists-in-kkk-robes-marched-in-the-nations-capital/>.
7 "The Tampa Times" apud CHURCHWELL, Sarah. *Behold America: A History of America First and the American Dream*. Londres: Bloomsbury Publishing, 2019, p. 127.
8 Ibid., p. 130.
9 Ibid., p. 137.
10 Ibid., p. 196.
11 "Ku Klux Klan". *Southern Poverty Law Center*, 2019. Disponível em: <https://www.splcenter.org/fighting-hate/extremist-files/ideology/ku-klux-klan>.
12 ZESKIND, Leonard. Op. cit., p. xvi.
13 Citação retirada de um relatório que não está mais disponível. Texto do relatório disponível em LEWIS, Renee: "Report: Anti-immigrant groups collude with homeland security employees", 30 jun. 2015. Disponível em: <http://america.aljazeera.com/articles/2015/6/30/dhs-colluding-with-anti-immigrant-groups.html>.
14 "Loyal White Knights – The Infamous Klan Group Falling Apart At the Seams". *Southern Poverty Law Center*, 7 dez. 2016. Disponível em: <https://www.splcenter.org/hatewatch/2016/12/07/loyal-white-knights-%E2%80%93%E2%80%93-infamous-klan-group-falling-apart-seams>.

Capítulo 6: A ascensão do presidente Trump

1 GABRIEL, Brigitte apud BEINART, Peter. "America's Most Prominent Anti-Muslim Activist is Welcome in the White House". *The Atlantic*, 21 mar. 2017. Disponível em: <https://www.theatlantic.com/politics/archive/2017/03/americas-most-anti-muslim-activist-is-welcome-at-the-white-house/520323/>.
2 "Robert Spencer Profile". *Southern Poverty Law Center*. Disponível: <https://www.splcenter.org/fighting-hate/extremist-files/individual/robert-spencer>.
3 "John Guandolo: America's Leading Anti-Muslim Conspiracist". *Muslim Advocates*. Disponível em: https: <https://muslimadvocates.org/advocacy/john-guandolo-americas-leading-anti-muslim-conspiracist/>.
4 LAWRENCE, David; DAVIS, Gregory. "What is QAnon?". *HOPE not hate*, 22 out. 2020. Disponível em: <https://www.hopenothate.org.uk/2020/10/22/what-is-qanon/>.
5 GABRIEL, Brigitte apud BEINART, Peter. "America's Most Prominent Anti-Muslim Activist is Welcome in the White House". *The Atlantic*, 21 mar. 2017. Disponível em: <https://www.theatlantic.com/politics/archive/2017/03/americas-most-anti-muslim-activist-is-welcome-at-the-white-house/520323/>.

6   SNYDER, Michael. "19 Facts About the Deindustrialization of America That Will Make You Weep". *Business Insider*, 27 set. 2010. Disponível em: <https://www.businessinsider.com/deindustrialization-factory-closing-2010-9?r=US&IR=T>.

7   BONVILLIAN, William B. "US Manufacturing Decline and the Rise of the New Production Innovation Paradigms". *OECD*, 2017. Disponível em: <https://www.oecd.org/unitedstates/us-manufacturing-decline-and-the-rise-of-new-production-innovation-paradigms.htm>.

8   RUSSO, John; LINKON, Sherry Lee. "The Social Cost of Deindustrialization". (Publicado inicialmente em Mccormack, Richard (ed.) *Manufacturing a Better Future for America*) Disponível em: <http://cwcs.ysu.edu/wp-content/uploads/2015/11/The-Social-Costs-Of-Deindustrialization.pdf>.

9   KURTZ, Annalyn. "1 in 6 unemployed are substance abusers". *CNN*, 26 nov. 2013. Disponível em: <https://money.cnn.com/2013/11/26/news/economy/drugs-unemployed/index.html>.

10   "Analysis of Drug-Related Overdose Deaths in Pennsylvania, 2015". *DEA Intelligence Report*, jul. 2016. Disponível em: <https://www.dea.gov/sites/default/files/2018-07/phi071216_attach.pdf>.

11   "The Opioid Epidemic in the United States". State Health Access Data Assistance Center. Disponível em: <https://www.shadac.org/opioid-epidemic-united-states>.

12   "Donald Trump's jobs plan speech". Transcrição disponível em: <https://www.politico.com/story/2016/06/full-transcript-trump-job-plan-speech-224891>.

13   LEE, Michelle Ye Hee. "How Many Trump Products Were Made Overseas? Here's the Complete List". *The Washington Post*, 26 ago. 2016. Disponível em: <https://www.washingtonpost.com/news/fact-checker/wp/2016/08/26/how-many-trump-products-were-made-overseas-heres-the-complete-list/>.

14   KACZYNSKI, Andrew. "Trump on his Trump U Blog: 'Outsourcing Jobs … Not Always A terrible Thing'". *Buzzfeed*, 2 mar. 2016. Disponível em: <https://www.buzzfeednews.com/article/andrewkaczynski/trump-on-his-trump-u-blog-outsourcing-jobs-notalways-a-terr>.

15   MUDDE, Cas. *The Far Right in America*. Abingdon: Routledge, 2018, p. 56.

16   SPOCCHIA, Gino. "45% of Republicans approve of the Capitol riots, poll claims". *The Independent*, 7 jan. 2021. Disponível em: <https://www.independent.co.uk/news/world/americas/us-election-2020/republicans-congress-capitol-support-trumpb1783807.html>.

17   "Tea Party Supporters Overlap Republican Base". *Gallup*, 2 jul. 2010. Disponível em: <https://news.gallup.com/poll/141098/Tea-Party-Supporters-Overlap-Republican-Base.aspx?version=print>.

18   FORMISANO, Ronald P. *The Tea Party: A Brief History*. Baltimore: The John Hopkins University Press, 2012, p. 8.

19   SKOCPOL, Theda; WILLIAMSON, Vanessa. *The Tea Party and the Remaking of Republican Conservatism*. Oxford: Oxford University Press, 2012, p. 5.

20   CONNOLLY, Katie. "What Exactly is the Tea Party?". *BBC*, 16 set. 2010. Disponível em: <https://www.bbc.co.uk/news/world-us-canada-11317202>.

21   PETERS, Jeremy W. "The Tea Party Didn't Get What It Wanted, but It Did Unleash the Politics of Anger". *New York Times*, 28 ago. 2019. Disponível em: <https://www.nytimes.com/2019/08/28/us/politics/tea-party-trump.html>.

22   NEIWERT, David. *Alt-America: The Rise of the Radical Right in The Age of Trump*. Londres: Verso, 2017, p. 139.

23   PETERS, Jeremy. Op. cit.

24   MUDDE, Cas. Op. cit., p. 68.

272 TAMBORES À DISTÂNCIA

25 KRIEG, Gregory. "How did Trump win? Here are 24 theories". *CNN*, 10 nov. 2016. Disponível em: <https://edition.cnn.com/2016/11/10/politics/why-donald-trumpwon/index.html>.

26 Pesquisa de Matt Grossman, discutida em EATWELL, Roger; GOODWIN, Matthew. *National Populism: The Revolt Against Liberal Democracy*. Londres: Pelican Books, 2018, p. 4.

27 RENTON, Dave. *The New Authoritarians: Convergence on the Right*. Londres: Pluto Press, 2019, p. 121.

28 Pesquisa de Diana Mutz, discutida em EATWELL, Roger; GOODWIN, Matthew. *National Populism: The Revolt Against Liberal Democracy*. Londres: Pelican Books, 2018, p. 4-5.

29 MUTZ, Diana apud EATWELL, Roger; GOODWIN, Matthew. *National Populism: The Revolt Against Liberal Democracy*. Londres: Pelican Books, 2018, p. 5.

Capítulo 7: Por dentro da direita alternativa internacional

1 DONOVAN, Jack. *Androphilia: Rejecting the Gay Identity, Reclaiming Masculinity*. 3ª ed. Milwaukee: Dissonant Hum, 2012, p. 206.

2 Disponível em: <https://www.altcensored.com/watch?v=Lvp8NZOauYw>.

3 JORJANI, Jason apud MULHAL, Joe et al. *The International Alt-Right: Fascism for the 21st Century?* Abingdon: Routledge, 2020, p. 11.

4 Criei esta definição da *alt-right* para o livro que publiquei em coautoria, referenciado anteriormente.

5 SPENCER, Richard. "Transcript: Richard Spencer Interview with James Allsup: 'The Alt-Right's Future in Trump's America'". *Sons of Europa*, 19 abr. 2017. Anteriormente disponível em: <http://sonsofeuropa.com/2017/04/19/transcript-richard-spencer-interview-with-james-allsup-the-alt-rights-future-in-trumps-america/>.

6 "Gavin McInnes: What is the Alt-Right?" (vídeo on-line). *Rebel Media*. Disponível em: <https://www.youtube.com/watch?v=UQCZ9izaCa4>. Acesso em: 8 nov. 2018.

7 FRIBERG, Daniel apud "In Europe, Some Ultra-Conservatives Say Their National Identity is At Risk". *ABC News* (vídeo on-line). Disponível em: <https://www.youtube.com/watch?v=xMxHrFabvt0>. Acesso em: 23 nov. 2019.

8 BAR-ON, Tamir. *Where Have All the Fascists Gone?* Abingdon: Routledge, 2007.

9 MURDOCH, Simon. "The Manosphere". *HOPE not hate*, 18 fev. 2019. Disponível em: <https://www.hopenothate.org.uk/2019/02/18/state-of-hate-2019-manosphere-xplained/>.

10 HERMANSSON, Patrik. "Libertarianism and the Alternative Right". *HOPE not hate*, 5 mar. 2018. Disponível em: <https://www.hopenothate.org.uk/2018/03/05/libertarianism-alternative-right/>.

11 Para saber detalhes sobre esses movimentos, veja: MULHALL, Joe et al. *The International Alt-Right: From Charlottesville to the White House*. Londres: HOPE not hate, 2017, p. 12-13.

12 Assistida pelo autor; "Truth Against The World, The Alt-Right Press Conference | Richard Spencer, Peter Brimelow & Jared Taylor, 2016" (vídeo on-line). Disponível em: <https://www.youtube.com/watch?v=aJWLjRK2SRo>. Acesso em: 21 out. 2019.

13 Vídeo de Paul Joseph Watson; republicado em: "3ilm MI, the west is the best, 2016". (vídeo on-line) Disponível em: <https://www.youtube.com/watch?v=AeVyL5pLfZY>. Acesso em: 4 nov. 2019.

14 Para saber mais detalhes sobre a União Mundial de Nacional-Socialistas de Colin Jordan, veja: JACKSON, Paul. *Colin Jordan and Britain's Neo-Nazi Movement*. Londres:

Bloomsbury Academic, 2016. Para saber mais detalhes sobre o movimento contrajihadista, veja: MULHALL, Joe; LOWLES, Nick. *The Counter-Jihad Movement: Anti-Muslim Hatred From the Margins to the Mainstream*. Londres: HOPE not hate, 2015.

15 DEWEY, Caitlin. "The Only Guide to Gamergate You Will Ever Need to Read". *Washington Post*, 14 out. 2019. Disponível em: <https://www.washingtonpost.com/news/the-intersect/wp/2014/10/14/the-only-guide-to-gamergate-you-will-ever-need-to-read/>.

16 LOWLES, Nick et al. *Breitbart: A Rightwing Plot to Shape Europe's Future*. Londres: HOPE not hate, 2016.

17 BOKHARI, Allum; YIANNOPOULOS, Milo. "An Establishment Conservative's Guide to the Alt-Right". *Breitbart*, 29 mar. 2016. Disponível em: <https://www.breitbart.com/tech/2016/03/29/an-establishment-conservatives-guide-to-the-alt-right/>.

18 POSNER, Sarah. "How Donald Trump's New Campaign Chief Created an Online Haven for White Nationalists". *Mother Jones*, 22 ago. 2016. Disponível em: <https://www.motherjones.com/politics/2016/08/stephen-bannon-donald-trump-alt-right-breitbart-news/>.

19 SWAN, Betsy; RESNICK, Gideon. "Alt-Right Rejoices at Donald Trump's Steve Bannon Hire". *The Daily Beast*, 17 ago. 2016. Disponível em: <https://www.thedailybeast.com/alt-right-rejoices- at-donald-trumps-steve-bannon-hire>.

20 "Jared Taylor Profile". *Southern Poverty Law Center*. Disponível em: <https://www.splcenter.org/fighting-hate/extremist-files/individual/jared-taylor>.

21 "Kevin MacDonald Profile". *Southern Poverty Law Center*. Disponível em: <https://www.splcenter.org/fighting-hate/extremist-files/individual/kevin-macdonald>.

22 "Peter Brimelow Profile". *Southern Poverty Law Center*. Disponível em: <https://www.splcenter.org/fighting-hate/extremist-files/individual/peter-brimelow>.

23 LOMBROSO, Daniel; APPELBAUM, Yoni. "'Hail Trump!': White Nationalists Salute the President-Elect". *The Atlantic*, 21 nov. 2016. Disponível em: <https://www.theatlantic.com/politics/archive/2016/11/richard-spencer-speech-npi/508379/>.

24 SMITH, Mitch. "James Fields Sentenced to Life in Prison for Death of Heather Heyer in Charlottesville". *New York Times*, 28 jun. 2019. Disponível em: <https://www.nytimes.com/2019/06/28/us/james-fields- sentencing.html>.

25 TRUMP, Donald apud KESSLER, Glenn. "The 'very fine people' at Charlottesville: Who Were they?". *Washington Post*, 8 maio 2020. Disponível em: <https://www.washingtonpost.com/politics/2020/05/08/very-fine-people-charlottesville-who-were-they-2/>.

Capítulo 8: Identitários na terra e no mar

1 DEARDEN, Lizzie. "Christchurch Shooter Donated Thousands to Far-Right Groups and Websites Before Attack, Report Shows". *The Independent*, 8 dez. 2020. Disponível em: <https://www.independent.co.uk/news/world/australasia/brenton-tarrant-christchurch-donations-generation-identity-b1768056.html>.

2 MURDOCH, Simon. "Man Accused of Halle Terror Attack Partly Inspired by Generation Identity". *HOPE not hate*, 22 jul. 2020. Disponível em: <https://www.hopenothate.org.uk/2020/07/22/man-accused-of-halle-terror-attack-partly-inspired-by-generation-identity/>.

3 MURDOCH, Simon; MULHALL, Joe. *From Banners to Bullets: The International Identitarian Movement*. Londres: HOPE not hate, 2019.

4 EATWELL, Roger. *Fascism: A History*. Londres: Pimlico, 2003, p. 313.

5 MAMMONE, Andrea; GODIN, Emmanuel; JENKINs, Brian (eds). *Varieties of Right-Wing Extremism in Europe*. Abingdon: Routledge, 2013, p. 55.

274 TAMBORES À DISTÂNCIA

6   BENOIST, Alain de; CHAMPETIER, Charles. *Manifesto for a European Renaissance*. UK: Arktos Media, 2012, p. 15.

7   Ibid., p. 32.

8   Ibid., p. 34.

9   FAYE, Guillaume. *Why We Fight: Manifesto of the European Resistance*. Budapeste: Arktos Media, 2011, p. 334.

10 RITZER, George. *Globalization: A Basic Text*. Hoboken: Wiley-Blackwell, 2011, p. 207. Isso também pressupõe que as culturas são entidades claramente demarcadas, ligadas a locais geográficos específicos. Segundo Akhil Gupta e James Ferguson, isso é um "suposto isomorfismo de espaço, local e cultura". Veja GUPTA, Akhil; FERGUSON, James. "Beyond 'Culture': Space, Identity, and the Politics of Difference". *Cultural Anthropology*, 7:1, 1992, p. 7.

11 BENOIST, Alain de apud ZÚQUETE, José Pedro. *The Identitarians: The Movement Against Globalism and Islam in Europe*. Notre Dame, IN: University of Notre Dame Press, 2018, p. 11, 14.

12 FAYE, Guillaume apud ZÚQUETE, José Pedro. *The Identitarians: The Movement Against Globalism and Islam in Europe*. Notre Dame, IN: University of Notre Dame Press, 2018, p. 14.

13 VARDON, Philippe. "Foreword". In: WILLINGER, Markus. *Generation Identity: A Declaration of War Against the '68ers*. UK: Arktos Media, 2013, p. 9.

14 EVOLA, Julius apud FRIBERG, Daniel. *The Real Right Returns: A Handbook for the True Opposition*. United Kingdom, Arktos Media Ltd, 2015, p. 15.

15 VARDON. Philippe. Op. cit, p. 9.

16 WILLINGER, Markus. Op. Cit., p. 14-15.

17 Ibid., p. 24-27.

18 Ibid., p. 71.

19 TROUILLARD, Stéphanie. "France to ban far-right group Generation Identity". *France 24*, 17 fev. 2021. Disponível em: <https://www.france24.com/en/france/20210217-france-to-ban-far-right- group-generation-identity>.

Capítulo 9: A Índia de Modi e o nacionalismo hindu

1   NAIPAUL, V.S. *India: A Million Mutinies Now*. Londres: Picador, 2010, p. 490. (Edição brasileira: *Índia: um milhão de motins agora*. Tradução de S. Duarte. São Paulo: Companhia das Letras, 1997.)

2   FRENCH, Patrick. *India: A Portrait*. Londres: Penguin, 2012, p. 81.

3   PRICE, Lance. *The Modi Effect: Inside Narendra Modi's Campaign to Transform India*. Londres: Hodder and Stoughton, 2016, p. 1.

4   Ibid., p. 85.

5   Ibid., p. 82.

6   MUDDE, Cas. *The Far Right Today*. Cambridge: Polity Press, 2019, p. 51.

7   PRICE, Lance. Op. cit., p. 19.

8   FRENCH, Patrick. Op. cit, p. 62.

9   FRENCH, Patrick. Op. cit, p. 61.

10 Idem.

11 VANAIK, Achin. *The Rise of Hindu Authoritarianism: Secular Claims, Communal Realities*. Londres: Verso, 2017, p. 2.

12 MUDDE, Cas. Op. Cit., p. 44.

13 VANAIK, Achin. Op. cit., p. 1.

14 MUDDE, Cas. Op. Cit., p. 23.

Notas 275

15 ANDERSEN, Walter; DAMLE, Shridhar D. *Messengers of Hindu Nationalism: How the RSS Reshaped India*. Londres: Hurst and Company, 2019, p. xi.

16 Ibid., p. xii.

17 MUDDE, Cas. Op. Cit., p. 93.

18 ANDERSEN, Walter; DAMLE, Shridhar D. Op. cit., p. xviii.

19 ANDERSEN, Walter; DAMLE, Shridhar D. Op. cit., p. xi.

20 VANAIK, Achin. Op. cit., p. 1.

21 TULLY, Mark. "How the Babri Mosque Destruction Shaped India". *BBC*, 6 dez. 2017. Disponível em: <https://www.bbc.co.uk/news/world-asia-india-42219773>.

22 FRENCH, Patrick. Op. cit, p. 64.

23 Ibid., p. 63.

24 DUTTA, Prabhash K. "How RSS and Ram Mandir Campaign Mainstreamed One Other". *India Today*, 6 ago. 2020. Disponível em: <https://www.indiatoday.in/news-a-nalysis/story/rss-ram-mandir-campaign-1708330-2020-08-06>.

25 MUDDE, Cas. Op. Cit., p. 23.

26 MUDDE, Cas. Op. Cit., p. 74.

27 ANDERSEN, Walter; DAMLE, Shridhar D. Op. cit., p. ix.

28 VANAIK, Achin. Op. cit., p. 18.

29 Idem, p. 17.

30 FRENCH, Patrick. Op. cit, p. 89.

31 GRIFFIN, Roger. *The Nature of Fascism*. Londres: Routledge, 1991, p. 26.

32 BANERJEE, Sumanta apud HERMANSSON, Patrick et. al. *The International Alt-Right: Fascism for the 21st Century?* Londres: Routledge, 2020, p. 244.

33 HERMANSSON, Patrick et. al. Op. cit., p. 242.

34 MUDDE, Cas. Op. Cit., p. 30.

35 PRICE, Lance. Op. cit., p. 16.

36 "Opposition is Against Technology but BJP Wants to Promote a Modern India, says Modi". *The Hindu*, 7 mai. 2018. Disponível em: <https://www.thehindu.com/news/national/bjp-wants-to-promote-modern-india-says-narendra-modi/article23799929.ece>.

37 MODI, Narendra apud PRICE, Lance. Op. cit., p. 17.

38 PRICE, Lance. Op. cit., p. 14.

39 Citações em HERMANSSON, Patrick et al. Op. cit., p. 245.

40 Idem.

Capítulo 10: O Brasil de Bolsonaro, a pandemia global e a mudança climática

1 WARD, Alex. "Brazilian President Jair Bolsonaro's Failed Coronavirus Response, in One Video". *Vox*, 2 maio 2020. Disponível em: <https://www.vox.com/2020/5/2/21245243/coronavirus-brazil-bolsonaro-response-video>.

2 PHILLIPS, Tom. "Bolsonaro Says He 'Wouldn't Feel Anything' if Infected With Covid-19 and Attacks State Lockdowns". *The Guardian*, 25 mar. 2020. Disponível em: <https://www.theguardian.com/world/2020/mar/25/bolsonaro-brazil-wouldnt-feel--anything- covid-19-attack-state-lockdowns>.

3 FARZAN, Antonia Noori; BERGER, Miriam. "Bolsonaro Says Brazilians Must Not be 'Sissies' About Coronavirus, as 'All of Us Are Going to Die One Day'". *Washington Post*, 11 nov. 2020. Disponível em: <https://www.washingtonpost.com/world/2020/11/11/bolsonaro-coronavirus-brazil-quotes/>.

4 STOLTON, Samuel. "Covid-19 Crisis Triggers EU Racism Against Asians, Rights Agency Says". *Euractiv*, 8 abr. 2020. Disponível em: <https://www.euractiv.com/section/

global-europe/news/covid-19-crisis-triggers-eu-racism-against-asians-rights-agency--says/>.

5   TOWNSEND, Mark; IQBAL, Nosheen. "Far Right Using Coronavirus as Excuse to Attack Asians, Say Police". *The Observer*, 29 ago. 2020. Disponível em: <https://www.theguardian.com/society/2020/aug/29/far-right-using-coronavirus-as-excuse-to-attack--chinese-and-south-east-asians>.

6   MURPHY, Simon. "Chinese people in UK targeted with abuse over coronavirus". *The Guardian*, 18 fev. 2020. Disponível em: <https://www.theguardian.com/world/2020/feb/18/chinese-people-uk-targeted-racist-abuse-over-coronavirus-southampton>.

7   GRIERSON, Jamie. "Anti-Asian Hate Crimes Up 21% in UK During Coronavirus Crisis". *The Guardian*, 13 maio 2020. Disponível em: <https://www.theguardian.com/world/2020/may/13/anti-asian-hate-crimes-up-21-in-uk-during-coronavirus-crisis>.

8   COSTE, Vincent. "Coronavirus: France Faces 'Epidemic' of Anti-Asian Racism". *Euronews*, 3 fev. 2020. Disponível em: <https://www.euronews.com/2020/02/03/corona-virus-france-faces-epidemic-of-anti-asian-racism>.

9   "Coronavirus: French Asians Hit Back at Racism With 'I'm Not a Virus'". *BBC News*, 29 jan. 2020. Disponível em: <https://www.bbc.co.uk/news/world-europe-51294305>.

10 "Covid-19 Fueling Anti-Asian Racism and Xenophobia Worldwide". *Human Rights Watch*, 12 maio 2020. Disponível em: <https://www.hrw.org/news/2020/05/12/covid-19-fueling-anti-asian-racism-and-xenophobia-worldwide>.

11 LIU, Yuebai. "Coronavirus Prompts 'Hysterical, Shameful' Sinophobia in Italy". *Al Jazeera*, 18 fev. 2020. Disponível em: <https://www.aljazeera.com/news/2020/02/18/coronavirus-prompts-hysterical-shameful-sinophobia-in-italy/>.

12 "Coronavirus-related Incidents of Xenophobia in Poland". *All in for Integration*. Disponível em: <http://www.forintegration.eu/pl/coronavirus-related-incidents-of--xenophobia-in-poland>, e também: <https://www.hrw.org/news/2020/04/06/abused-and-shunned- being-asian-descent-sweden-during-covid-19>.

13 Disponível em: <https://www.ft.com/content/eeda65ea-4424-11ea-a43a-c4b-328d9061c>.

14 Tuíte de Flavio Bolsonaro, 6 set. 2018. Disponível em: <https://twitter.com/Flavio-Bolsonaro/status/1037808900660256773>.

15 PLATT, Damian. *Nothing By Accident: Brazil on the Edge*. Damian Platt, 2020, p. 233.

16 "Jair Bolsonaro: Brazil's Firebrand Leader Dubbed the Trump of the Tropics". *BBC News*, 31 dez. 2018. Disponível em: <https://www.bbc.co.uk/news/world-latin-america-45746013>.

17 BOLSONARO, Jair apud SUWWAN, Leila. "Apoio de FHC à união gay causa protestos". *Folha de São Paulo*, 19 maio 2012. Disponível em: <https://www1.folha.uol.com.br/fsp/cotidian/ff1905200210.htm>.

18 BOLSONARO, Jair apud FISHMAN, Andrew. "Jair Bolsonaro is Elected President of Brazil. Read His Extremist, Far-Right Positions in his Own Words". *The Intercept*, 28 out. 2018. Disponível em: <https://theintercept.com/2018/10/28/jair-bolsonaro-elected-president-brazil/>.

19 Idem.

20 Idem.

21 WALKER, Shaun. "Polish President Issues Campaign Pledge to fight 'LGBT ideology'". *The Guardian*, 12 jun. 2020. Disponível em: <https://www.theguardian.com/world/2020/jun/12/polish-president-issues-campaign-pledge-to-fight-lgbt-ideology>.

22 WALKER, Shaun. "Polish President Scales Down Homophobic Rhetoric as Election Nears". *The Guardian*, 19 jun. 2020. Disponível em: <https://www.theguardian.com/

world/2020/jun/19/polish-president-scales-down-homophobic-rhetoric-poland-election-nears-andrzej-duda>.

23 Veja MURDOCH, Simon. "From Attack to 'Defence': The Changing Nature of Far Right and LGBT+ Politics". *HOPE not hate*, 28 jun. 2019. Disponível em: <https://www.hopenothate.org.uk/2019/06/28/attack-defence-changing-nature-far-right-lgbt-politics/>; e HERMANSSON, Patrik et al. *The International Alt-Right: Fascism for the 21st Century?* Londres: Routledge, 2020, p. 194-203.

24 BOLSONARO, Jair apud FISHMAN, Andrew. "Jair Bolsonaro is Elected President of Brazil. Read His Extremist, Far-Right Positions in his Own Words". *The Intercept*, 28 out. 2018. Disponível em: <https://theintercept.com/2018/10/28/jair-bolsonaro-elected-president-brazil/>.

25 Idem.

26 Idem.

27 Idem.

28 FINCHELSTEIN, Federico. *A Brief History of Fascist Lies*. Oakland: University of California Press, 2020, p. 4.

29 BOLSONARO, Jair apud BINDING, Lucia. "'Trump of the Tropics' – Controversial Quotes by Brazil's New President Jair Bolsonaro". *Sky News*, 1 jan. 2019. Disponível em: <https://news.sky.com/story/trump-of-the-tropics-controversial-quotes-by-brazils--new-president-jair-bolsonaro-11539063>.

30 BOLSONARO, Jair apud MUDDE, Cas. *The Far Right Today*. Cambridge: Polity Press, 2019, p. 33.

31 PLATT, Damian. Op. cit., p. 24.

32 REID, Michael. Brazil: *The Troubled Rise of A Global Power*. New Haven, CT: Yale University Press, 2015, p. 181.

33 SANTOS, Ivanir dos apud REID, Michael. Op. cit., p. 182.

34 REID, Michael. Op. cit., p. 184.

35 Ibid., p. 184.

36 BOLSONARO, Jair apud "What Brazil's President, Jair Bolsonaro, Has Said About Brazil's Indigenous Peoples". *Survival*. Disponível em: <https://www.survivalinternational.org/articles/3540-Bolsonaro>.

37 CANINEU, Maria Laura; CARVALHO, Andrea. "Bolsonaro's plan to legalize crimes against indigenous peoples". *Human Rights Watch*, 1 mar. 2020. Disponível em: <https://www.hrw.org/news/2020/03/01/bolsonaros-plan-legalize-crimes-against-indigenous--peoples>.

38 FINCHELSTEIN, Federico. Op. cit, p. 99.

39 FINCHELSTEIN, Federico. Ibid., p. 98-99.

40 REID, Michael. Op.cit., p. 100.

41 FINCHELSTEIN, Federico. Op. cit., p. 99.

42 FINCHELSTEIN, Federico. Ibid., p. 100.

43 BOLSONARO, Jair apud FISHMAN, Andrew. "Jair Bolsonaro is Elected President of Brazil. Read His Extremist, Far-Right Positions in his Own Words". *The Intercept*, 28 out. 2018. Disponível em: <https://theintercept.com/2018/10/28/jair-bolsonaro-elected-president-brazil/>.

44 Idem.

45 Idem.

46 BOLSONARO, Jair apud MUDDE, Cas. Op. cit., p.35.

47 PLATT, Damian. Op. cit., p. 18.

48 PLATT, Damian. Ibid., p. 22.

49 SILVA, Fernando de Barros. "Dentro do pesadelo". *Piauí,* maio 2020. Disponível em: < https://piaui.folha.uol.com.br/materia/dentro-do-pesadelo-2/>

50 PLATT, Damian. Op. cit., p. 21.

51 PLATT, Damian. Ibid., p. 22.

52 FINCHELSTEIN, Federico. Op. cit., p. 100.

53 SIMÕES, Mariana. "Brazil's Bolsonaro on the Environment, in His Own Words". *New York Times,* 28 ago. 2019. Disponível em: <https:// www.nytimes.com/2019/08/27/world/americas/bolsonaro-brazil-environment.html>.

54 Idem.

55 ANGELO, Mauricio. "Brazil Slashes Budget to Fight Climate Change as Deforestation Spikes". *Reuters,* 2 jun. 2020. Disponível em: <https://uk.reuters.com/article/us-brazil--deforestation-climate-change-a/brazil-slashes-budget-to-fight-climate-change-as-defo-restation-spikes-idUSKBN2392LC>.

56 Idem.

57 Idem.

58 "Jair Bolsonaro: 'Poop Every Other Day' to Protect the Environment". *BBC News,* 10 ago. 2019. Disponível em: <https://www.bbc.co.uk/news/world-latin-ameri-ca-49304358>.

59 "Brazil Foreign Minister Says 'There is no Climate Change Catastrophe". *Reuters,* 11 set. 2019. Disponível em: <https://uk.reuters.com/article/us-brazil-environment-a-raujo/brazil-foreign-minister-says-there-is-no-climate-change-catastrophe-idUKKCN-1VW2S2>.

60 SILVA, Marina apud ZIMMERMANN, Flavia Bellieni. "Bolsonaro's War on the Environment and Climate Change". *Australian Institute of International Affairs,* 6 ago. 2019. Disponível em: <https://www.internationalaffairs.org.au/australianoutlook/bolsonaros--war- on-the-environment-and-climate-change/>.

61 Idem.

62 SCHULMAN, Jeremy. "Every Insane Thing Donald Trump Has Said About Global Warming". *Mother Jones.* Disponível em: <https://www.motherjones.com/environ-ment/2016/12/trump-climate-timeline/>.

63 SCHALLER, Stella; CARIUS, Alexander. "Convenient Truths – Mapping Climate Agendas of Right-Wing Populist Parties in Europe". *Adelphi,* 2019. Disponível em: <ht-tps://www.adelphi.de/en/publication/convenient-truths>.

64 HERMANSSON, Patrik. "The Far Right, Europe and Climate Change". *HOPE not hate,* 2019. Disponível em: <https://www.hopenothate.org.uk/magazine/climate-chan-ge-far-right/the-far-right-europe- and-climate-change/>.

65 LAWRENCE, David. "The Regrowth of Eco-Fascism". *HOPE not hate,* 2019. Disponí-vel: <https://www.hopenothate.org.uk/magazine/climate-change-far-right/the-regrow-th-of-eco-fascism/>.

66 Idem.

67 Idem.

68 *UNHCR Operations Portal: Refugee Situation.* Disponível em: <https:// data2.unhcr.org/en/situations/mediterranean>.

Índice

A

Acampamento Nacional Radical 16, 18
Ação Nacional 23
ACT! for America 64, 152, 155
Against Democracy and Equality (Sunić) 170
Agência da ONU para Refugiados (ACNUR) 113, 253, 254
alegações de vitimização 131, 223
Alemanha 20, 22, 30, 43, 94, 97, 98, 108, 118, 129, 177, 205, 249
Aliança Democrática Nacional (NDA) 228
Aliança Internacional para Liberdades Civis 63
Allardyce, Gilbert 30
All-Polish Youth 16, 17, 18
Al-Muhajiroun 27, 58, 65, 78, 81
Alternative für Deutschland (AfD) 118, 119, 249
alt-right. *Ver* direita alternativa
Alt-Right Corporation 173, 174
ambientalismo 250
Andersen, Walter 224
Anglin, Andrew 180
antissemitismo 49, 77, 129, 189, 239
Araújo, Ernesto 248
Araújo, Suely 247
Arktos Media Ltd. 169, 173, 228
arqueofuturismo 177
Ashcroft, Michael 52

ataques do Onze de Setembro 22, 27, 40, 63, 79, 106, 152, 180
Atkinson, Graeme 43
Áustria 205, 208
Ayling, Alan 65, 68

B

Bailey, Bob 45
Bakri Muhammad, Omar 40, 58, 78
Banerjee, Sumanta 227
banimento 70-74
Banks, Arron 50
Bannon, Steve 188, 228
Barker, Chris 146
Barros e Silva, Fernando de 246
Bartlett, Jamie 98
Beackon, Derek 36, 183
Bedford-Turner, Jeremy 183
Belang, Vlaams 118
Bélgica 105, 118, 177
Bernard, Roman 169
Bianco, Enzo 202
bin Laden, Osama 79
Blackwell, Tracy 18
Bloco Flamengo (VB) 105
Bloco Identitário (BI) 206
blog *Gates of Vienna* 62
Bloomsbury Forum 168
Bodi, Abel 214
Bokhari, Allum 188
Bolsonaro, Jair 19, 236, 240-250
Bowden, Jonathan 191

280 TAMBORES À DISTÂNCIA

Brasil 19, 160, 236-248
Breitbart News 187, 188
Breivik, Anders Behring 23, 24, 62
Brexit 51
Brexitland (Sobolewska e Ford) 51
Brim, Christine 63
Britain First (BF) 69, 73
Buckby, Jack 100
Busher, Joel 64, 68

C
Cameron, David 48
Camus, Jean-Yves 28
Carius, Alexander 249
Carlqvist, Ingrid 100, 172
Carroll, Kevin 58, 60, 69
Carter, Rosie 191
Centro de Políticas de Segurança (CSP) 154
Centro para uma Nova Comunidade (CNC) 134, 144
Champetier, Charles 207
China 237
Chipre 201, 202, 254
Choudary, Anjem 27, 58, 69, 78, 80, 81, 82
Chowdhury, Mohammed 81
Churchwell, Sarah 129
Cidadãos Britânicos contra Extremistas Muçulmanos 64
Clandestinidade Nacional-Socialista 23
Clément, Jean-Michel (também conhecido como Alain Wagner) 63
Clifford, Bennett 72, 73
Clinton, Hillary 133
Collins, Matthew 23, 39, 44, 54
Combat 18 43, 44
comícios da Unite the Right 43, 186
comunidades antagônicas on-line 176, 178
contrajihadismo. *Ver* racismo contra muçulmanos
Copsey, Nigel 49, 67
Cox, Jo 23
crise climática 250
crise financeira 107, 238
Crosby, Jason 157
Cruddas, Jon 45
Cruz, Ted 151
C-Star, navio 194, 203
Czarnek, Przemysław 242

D
Daebritz, Siegfried 98
Daily Mail 198
Daily Mirror 44
Damle, Shridhar D. 224
Dart, Richard 80
de Benoist, Alain 170, 177, 206-209
Defend Europe 194-210
definição de "extrema direita" 170
definição de "fascismo" 29, 227
democracia, ameaças à 31, 103, 171, 174, 244, 246, 258, 259
Democratas Suecos (SD) 20, 105
Demos 98, 106
Deoras, Balasaheb 226
desindustrialização 27
Devi, Savitri 227
Diamond, Jordan 210, 211
Dickson, Sam 169
Die Identitäre Generation (Willinger) 208
diferencialismo cultural 207
Dinamarca 99, 101
direita alternativa
    alt-lite 18, 175, 180, 187, 188, 195
    campanha de Trump em 2016 121
    comício da Unite the Right em 2017 186
    comunidades antagônicas on-line 177
    Conferência "Após a Queda" 168
    Conferência da NPI de 2016 174
    Conferência de Ideias Identitárias (2017) 171
    conglomerado de grupos 176
    definição de *alt-right* 175
    definição de fascismo 179
    documentário *Undercover in the Alt-Right* (HNH) 26
    Gamergate 186
    ideologias 175
    International Alternative Right, The (HNH) 192
    invasão do Capitólio dos EUA em 2021 257
    investigações/operações da HNH 195, 206, 250
    jantar em homenagem a Bowden 191
    nacionalismo 176
    natureza transnacional 11, 180
    racismo contra negros 176

ramificações 205, 210
táticas 190
direita radical 20, 104, 105, 177, 249, 259
direita radical democrática 28
documentário *Undercover* 211
documentário *Undercover in the Alt-Right* (Lindquist e Hermansson) 26
Donovan, Jack 169
Dowson, Jim 69
Duda, Andrzej 17, 241
Dugin, Aleksandr 177
Duke, David 122, 195
Dupré, Tom 212, 213, 214

E

Eatwell, Roger 77, 107
Ebner, Julie 210
ecofascismo 250
Egerstrom, Sven Tomas 197
embarcação de resgate *Aquarius* 195
English Uprising (Stocker) 51
Environmental Justice Foundation 255
Espanha 20, 21, 251
Estado Islâmico (EI) 75, 80, 82, 86, 94, 114
Estados Unidos da América (EUA). *Ver também* Trump, Donald
  abuso de drogas 158
  alt-right 168, 171, 186, 188
  ataques do Onze de Setembro 22, 27
  comícios da Unite the Right 43, 186, 189
  Conferência "Após a Queda" 168
  Departamento de Segurança Interna 134
  desindustrialização 156, 158
  Domingo Sangrento 139
  eleição presidencial de 2016 159
  fascismo 129
  inclusão da extrema direita na política oficial 152, 154, 164, 187
  indústria do aço 159
  invasão do Capitólio em 2021 163, 190, 257
  milícias de cidadãos 122, 142, 177
  movimento pelos direitos civis 128, 130, 131
  nacionalismo/supremacia branca 122, 128, 131, 134, 139, 145, 195

racismo contra muçulmanos e contrajihadismo 62, 63, 70
racismo contra negros 71, 130, 141, 147, 188
terrorismo 23, 40
transformação do Partido Republicano 164
etnopluralismo 205, 207, 209
eurasianismo 177
Europa. *Ver também* movimento identitário
  alt-right 170
  ataques terroristas 94
  crise migratória 27, 97, 107, 117
  eleições de 2019 117
  governos, direita radical 19
  negação da mudança climática 249
  racismo contra asiáticos 237
  racismo contra muçulmanos 62, 94, 108
  resistência do fascismo no pós--guerra 102
Europeus Patrióticos Contra a Islamizaçao do Ocidente (PEGIDA) 94-96, 98, 100
Evola, Julis 208
Extreme Weather, Extreme Denial, Extreme Politics (HNH) 251
extremismo cumulativo 76
extremismo islâmico 27, 77, 82. *Ver também* Estado Islâmico (EI); terrorismo

F

Failed Führers (Macklin) 30
Farage, Nigel 31
Far-Right Politics in Europe (Camus e Lebourg) 28
fatores na ascensão da extrema direita 26, 27, 32, 51, 52, 106
Faye, Guillaume 177, 207
Fekete, Liz 107
Festerling, Tatjana 98
Fidesz 20, 118
Fields, James 189
Finchelstein, Federico 243, 245, 246
Fiss, Daniel 199
Fjordman (também conhecido como Peder Nøstvold Jensen) 63
Flynn, Mike 154
Ford, Robert 48, 51

282 TAMBORES À DISTÂNCIA

Formisano, Ronald P. 164
Forrest, Nathan Bedford 129
Fórum de Londres 172, 183, 184, 186, 193
Forza Nuova 17
Fowlie, Craig 250
França 9, 37, 96, 107, 177, 205, 208, 209, 215, 237
Franco, Francisco 104
Fransen, Jayda 70
Freeson, Reg 42
French, Patrick 223
Frente Nacional/Reagrupamento Nacional (RN) 105, 118, 174, 210
Frente Nacional da Dinamarca 100
Frente Nacional (NF) 36-39, 210
Friberg, Daniel 171, 172, 177, 228
From Banners to Bullets (HNH) 206
Fukuyama, Francis 104

G

Gable, Gerry 42, 43
Gabriel, Brigitte 152, 155
Gaffney, Frank 154
Gamergate 191
Gateway to Terror (HNH) 77
Geller, Pamela L. 63
Geração Identitária (GI) 195
Gilligan, Andrew 213
Goddard, James 18
Golding, Paul 40, 69, 70
Goodwin, Matthew 48, 107
Goswami, Arnab 220
GRECE 170, 177, 206, 208
Grécia 116, 174
Griffin, Nick 37, 45, 46, 50, 65, 211
Griffin, Roger 30, 31, 227
Griffith, D.W. 129
Gronkiewicz-Waltz, Hanna 17
Guandolo, John 154
Guardian, The 198
Guardiões da Fronteira do Alabama (BOA) 122, 140, 144, 149, 152
Guerra Fria 105
Gurian, Waldemar 102

H

Haider, Jörg 106
Haines, David 84
Hall, Steve 52
Hedegaard, Lars 100

Hedgewar, Keshav Baliram 224
Hermansson, Patrik 26, 179, 181, 184, 263
Heyer, Heather 186, 189
hipótese das três ondas 104, 105
Hodge, Margaret 45
homofobia 66, 77, 147, 169, 242, 243, 244
HOPE not hate (HNH) 21, 28, 42, 47, 48, 53, 54, 58, 60, 64, 68, 76, 109, 121, 138, 149, 169, 171, 181, 192, 195
Hopkins, Katie 198
Horton, Johnny Jr. 132
Huffington Post 163
Hungria 19, 174, 214, 238, 245, 247

I

Identitäre Bewegung Österreich 208
Índia
    Aliança Democrática Nacional (NDA) 228
    confronto entre hindus e muçulmanos 219, 222, 225
    fascismo 226
    legislação antimuçulmana 233
    mesquita Babri Masjid 225
    Movimento do Templo de Ram 225
    movimento Hindutva 223
    multiculturalismo 218
    Organização Voluntária Nacional (RSS) 224
    pandemia de covid-19 235
    Partido Bharatiya Janata (BJP) 225, 226, 228
    protesto em Chenai 230
    protesto em Jamia Millia Islamia 234
    Republic TV 220
Índia (Naipaul) 221
integração da extrema direita
    na Europa 18, 96, 98, 106, 108, 118
    no mundo 187, 247
    no Reino Unido 35, 198
    nos EUA 152, 154, 163, 187
International Alternative Right, The (HNH) 192
Iraque 21, 27, 75, 82-84, 89, 90, 92, 94, 112, 115, 194
Islam4UK 58, 80, 81

islamofobia. *Ver* racismo contra muçulmanos
Itália 20, 29, 30, 118, 129, 194, 200, 201, 202, 237

J
Jackson, Leonie 64
Jewish Chronicle 49
Johnson, Greg 179, 191, 192
Jones, Benjamin 216
Jorjani, Jason 173, 192
Jusselme, Damien 253, 254

K
Kaalep, Ruuben 172
Kaczyński, Jarosław 118
Kassimeris, George 65
Khan, Mohammad Sidique 79
Khan, Sadiq 69
Konvička, Martin 98
Ku Klux Klan 14, 26, 122, 128, 139, 146, 149, 152, 177, 189, 195
Kurtagić, Alex 169

L
Larsen, Lars Grønbæk 100
Larsson, Stieg 172
Lawrence, David 186, 242, 250, 263
Lebourg, Nicolas 28
Left Unity 76
Lega Nord (LN) 118
Lei e Justiça (PiS) 17, 19, 118, 241
Le Pen, Jean-Marie 37
Le Pen, Marine 96, 118, 174, 259
libertarismo 179
Liga de Defesa Dinamarquesa 100
Liga de Defesa Inglesa (EDL) 47, 58, 62, 64, 65, 80
Lights in the Distance (Trilling) 254
Lindquist, Bosse 193
Loach, Ken 76
Loud and Proud (Pilkington) 65
Lowles, Nick
   lançamento da HNH 42
   mudança climática, uso pela extrema direita da 250, 251
   operação da Ação Nacional 23
   operação da GI 210
   operação do BNP 46, 48
   operação do UKIP 48

operação extremista islamita 75, 77, 78, 89, 91, 92
operações da *alt-right* internacional 168, 192
operações da direita dos EUA 145, 149, 150
trabalho de inteligência 42-44
Lundin, Anton 23

M
MacDonald, Kevin 170, 188
Macklin, Graham 30
Mair, Thomas 69
Manifesto para um Renascimento Europeu (GRECE) 207
Marrocos 27, 251-255
May, Edward S. 63
McInnes, Gavin 176
Merwe, Ben van der 216
mesquita Babri Masjid 225
Mignone, Roberto 113
migrantes. *Ver* refugiados e migrantes
misoginia 77, 178, 243, 244, 259. *Ver também* sexismo
Miyoshi, Masaki 253
Modi, Narendra
   ascensão de 222, 223
   conta no Twitter 220
   fascismo 228
   laços com a RSS 224
   legislação antimuçulmana 219, 231-237
   Movimento do Templo de Ram 227
   movimento Hindutva 225
   redes internacionais 222, 228, 229
   violência antimuçulmana 222, 223
Mohammed, Ibrahim 232
Molyneux, Stefan 18
Morawiecki, Mateusz 19
Morgan, David 157, 160
Morgan, John 169
Mosley, Sir Oswald 24, 35
Movimento da União (UM) 35
Movimento do Templo de Ram 225
movimento Hindutva 223, 224
movimento identitário
   "A Grande Substituição" 205
   ataques terroristas 22
   Bloco Identitário (BI) 206

284 TAMBORES À DISTÂNCIA

Conferência de Ideias Identitárias (2017) 171
crescimento 207, 209
Defend Europe 194-204
diferencialismo cultural 208
etnopluralismo 205, 207
Geração Identitária (GI) 14, 195, 205
ideologia 205
ligações com ENR 207, 208
ligações transnacionais 205
política anti-imigração 194-204
racismo 207
redes internacionais 210
tentativas de proibição 210
movimento Manosfera 178
movimento Neorreacionário 178, 179
movimentos/grupos transnacionais 15, 20, 24, 25, 63, 180. *Ver também* direita alternativa; movimento identitário
movimentos internacionais. *Ver* direita alternativa; movimentos identitários; movimentos/grupos transnacionais
Movimento Social Italiano (MSI) 105
Muçulmanos contra Cruzadas (MAC) 58, 81
Mudde, Cas 29, 105, 106, 163, 165, 224
Mullen, Robbie 23
Murdoch, Simon
    extrema direita e homossexualidade 242
    movimento Manosfera 178
    operação da Defend Europe 197, 199, 200
    operação da GI no Reino Unido 212, 214, 216
    operação do BNP 45
    relatório da *alt-right* internacional 186
    relatório *From Banners to Bullets* 206
    tentativa da GI de bloquear o *Aquarius* 195
Mutz, Diana 166

N
nacionalismo 16, 26, 36, 62, 131, 176, 177, 180, 189, 207, 224, 225, 226, 250
Naipaul, V.S. 221
nascimento de uma nação, O (Griffith) 129

National Policy Institute (NPI) 168, 173, 174
Nation Divided, A (HNH) 149
Neiwert, David 122, 165
neofascismo 105
New Face of Digital Populism, The (Demos) 106
New Threat?, A (HNH) 214
New York Times 165, 192, 193, 247
Ng, Michael 237
Noruega 23, 215, 216
Nova Direita Europeia (ENR) 170, 174, 176, 177, 178, 206, 207, 208
Nova Zelândia 23, 24, 63, 205
Nowicki, Andy 169

O
Obama, Barack 44, 78, 133-135, 137, 140, 141, 147, 154, 162, 164, 165, 171
Observer, The 81, 149, 215
O'Kelly, Jeffery 160
ondas da extrema direita 104
Orbán, Viktor 11, 19, 118, 245
Organização Internacional para as Migrações (OIM) 254
Organização Voluntária Nacional (RSS) 224, 225, 226, 227, 228
Orwell, George 29, 30
Osborne, Darren 23

P
Palmgren, Henrik 172
pandemia de covid-19 11, 230, 234, 236, 237, 238, 239
Park, Dan 212
Parrott, Matt 170
Partido Bharatiya Janata (BJP) 223-228
Partido da Independência do Reino Unido (UKIP) 35, 48, 49, 50, 51
Partido da Liberdade da Áustria (FPÖ) 105
Partido do Brexit 31, 118
Partido do Povo Suíço (SVP) 105
Partido Nacional Britânico (BNP)
    ascensão eleitoral 41
    campanhas contra a HNH 21, 22, 43
    declínio 47
    eleição de 2010 49
    eleitores migrando para o UKIP 48
    modernização 37

Índice   285

origens 36
primeiro membro do Parlamento 42
publicações 37, 40
racismo contra muçulmanos 38, 39
racismo contra negros 36, 38
violência 45
Pasa, Faika 202
Paxton, Robert O. 30
Pelosi, Nancy 164
Peters, Jeremy W. 165
Pilkington, Hilary 65
Platt, Damian 246
Polônia 14, 16, 17, 19, 26, 118, 171, 238, 241, 247
Poohl, Daniel 172
populismo 11, 105, 119, 164, 227
Portugal 104
Posobiec, Jack 18
Poujade, Pierre 105
Povo Unido de Luton (UPL) 64, 65, 80
Powell, Christy 72
Preston, Paul 105, 181
Price, Lance 228

Q
QAnon 154, 239, 257
Quensel, Anna-Sofia 181

R
racismo. *Ver* racismo contra asiáticos; racismo contra negros; racismo contra muçulmanos; antissemitismo
racismo contra asiáticos 238
racismo contra muçulmanos. *Ver também* Partido Nacional Britânico (BNP); Liga de Defesa Inglesa (EDL)
    contrajihadismo internacional 62
    na Europa 205
    na Grã-Bretanha 39, 64, 69
    na Índia 219, 221, 222, 226
    na Nova Zelândia 23, 205
    nos EUA 63, 70, 106
racismo contra negros 38, 39, 130, 141, 147, 164. *Ver também* Ku Klux Klan
Ramsey, Paul 172
Rasmussen, Tore 212, 215, 216
REACH Initiative 83
Reagrupamento Nacional/ Frente Nacional (RN) 105, 118, 174, 210
Rede de Ligas de Defesa 64

redes sociais 24, 69, 70, 71, 72, 74, 106, 143, 145, 150, 187, 190, 201, 204, 206, 209, 221, 257
Red Ice Creations 173
refugiados e migrantes 27, 108, 109, 117, 253, 254
Reid, Michael 244
Reid, Richard 81
Reino Unido
    alteridade 38
    alt-right 185
    antielitismo 52
    antissemitismo 49
    bombardeios de Londres 79, 80
    Brexit 51, 51, 52, 174
    economia 36, 51
    inclusão da extrema direita na política oficial 35, 198, 199
    influência da extrema direita 35
    jantar em homenagem a Bowden 191
    pandemia de covid-19 239
    Partido do Brexit 118
    racismo contra asiáticos 237
    racismo contra muçulmanos e contrajihadismo 62. *Ver também* Liga de Defesa Inglesa (EDL)
    racismo contra negros 36, 38
    recrutamento do EI 78
    sentimentos contra imigrantes 37, 39, 47
    tensões raciais 36
    terrorismo 39, 79, 80, 107
    tumultos racistas 39
relatório *Following the Whack-a- -Mole* (Nouri et al.) 73
Renton, Dave 51, 107, 166
República Tcheca 26, 98
revista *Expo* 172, 174, 181, 183
Rigby, Lee 68, 81
Rise of the Right, The (Winlow, Hall e Treadwell) 52
Ritsema-Anderson, Sheri 91
Robertson, Colin 172
Robinson, Tommy (Stephen Yaxley- -Lennon) 18, 58, 59, 64, 66, 67, 69 70, 73, 74 97-102, 220
Roof, Dylann 23, 24
Rosário, Maria do 243
Rudolph, Jonathan 211
Ruffin, Gianni 238

286 TAMBORES À DISTÂNCIA

Rushdie, Salman 39

S
Salazar, António de Oliveira 104
Salvini, Matteo 118
San Giorgio, Piero 169
Santos, Ivanir dos 244
Schaller, Stella 249
Searchlight 42-44
Seccombe, Sebastian 211
Segunda Guerra Mundial 38, 94, 102, 103, 163, 184
Sellner, Martin 198, 200, 205, 210-212, 214
Sevaguru, Nithi 231, 264
sexismo 169, 175, 178, 187, 209, 243
Silva, Marina 248
Simmons, William J. 129
Síria 27, 78, 82, 88, 89 91, 92, 112, 115, 194, 254
site *Jihad Watch* 63, 153
site *The Daily Stormer* 180, 188, 196
Sleeping Giants 201
Sobolewska, Maria 51
Söderman, Magnus 172
Southern, Lauren 195, 197, 214
Southern Poverty Law Center (SPLC) 130, 143, 144
Spencer, Richard 168, 173, 176, 180, 188
Spencer, Robert B. 63, 64, 153
Steadman, Stead 172, 184, 185, 191
Stegemann, Hannes 255
Stocker, Paul 51
Stone, Dan 103
Stop Islamisation of Nations 63
Suécia 181
Sunić, Tomislav 170
supremacistas brancos 122, 128, 177, 189. *Ver também* racismo contra negros; Ku Klux Klan

T
Tanweer, Shehzad 79
Tarry, Sam 43
Taylor, Jared 169, 170, 175, 179, 188
Tea Party 67, 164
teorias da conspiração 136, 147, 154, 205, 239, 257
terminologia 28
terrorismo 10, 20, 22, 27, 117, 130, 250

Thatcher, Margaret 36, 51
Three Percenters 123
Times, The 213
Titus 54, 56, 58, 60, 61, 67, 263
Townsend, Mark 215, 217
Treadwell, James 52
Trent, Steve 255
Trigwell, Rob "Trig" 83, 264
Trilling, Daniel 41, 254, 256
Trump, Donald 10, 12, 19, 28, 29, 64, 70, 121, 131, 151, 155, 159, 160, 164-166, 187, 221, 257, 258
Tvedt, Tore 215
Twain, Mark 235
Tyndall, John 36

U
União Contra o Fascismo (UAF) 43
União de Defesa de Comerciantes e Artesãos 105

V
Vajpayee, Atal Bihari 223
Vanaik, Achin 223
Van Grieken, Tom 118
Vardon, Philippe 208
vício em drogas 158
Vigrid 215
violência
    incitação à 147, 245
    uso da 68, 128, 129, 147, 150, 189, 222, 231. *Ver também* terrorismo
Von Beyme, Klaus 104

W
Waters, Anne Marie 101
Watson, Paul Joseph 180, 188
Weston, Paul 101
Willinger, Markus 208
Winlow, Simon 52

X
xenofobia 106, 108, 164, 255. *Ver também* refugiados e migrantes

Y
Ye'or, Bat 63
Yiannopoulos, Milo 29, 187, 188

Z
Zeman, Miloš 98

Em www.leyabrasil.com.br você tem acesso a novidades e conteúdo exclusivo. Visite o site e faça seu cadastro!

A LeYa Brasil também está presente em:

facebook.com/leyabrasil

@leyabrasil

instagram.com/editoraleyabrasil

LeYa Brasil

ESTE LIVRO FOI COMPOSTO EM DANTE MT STD,
CORPO 12 PT, PARA A EDITORA LEYA BRASIL